Jüdisches Wien
Jewish Vienna

Mit einem Vorwort von Robert Schindel
und einer Einleitung von Klaus Lohrmann

Redaktion: Julia Kaldori
Ins Englische übertragen von
Nick Somers und Lisa Rosenblatt

Mandelbaum Verlag Wien

Gedruckt mit Unterstützung des Kulturamtes der Stadt Wien,
Abteilung Wissenschaft

ISBN 3-85476-098-1

Der Text dieses Buches ist eine bearbeitete und aktualisierte Fassung des Buches
Michaela Feurstein, Gerhard Milchram: Jüdisches Wien, Stadtspaziergänge
© Böhlau Verlag Ges.m.b.H. & Co KG. 2001

Redaktion: Julia Kaldori
Übersetzung ins Englische: Nick Somers, Lisa Rosenblatt
Satz und Lektorat: Martin Gastl, Thomas Geldmacher
Umschlagbilder: Michael Baiculescu, Archiv
Umschlaggestaltung: Michael Baiculescu
Druck: Interpress, Budapest

Inhalt

Contents

Mein Wien
Robert Schindel

1.

Mein Wien ist ein nachblutender Witz. Es gibt keine witzigere Stadt als Wien, nicht einmal Tel Aviv. Der Witz dieser Stadt steigt die Wendeltreppe herauf, die im Inneren des Wienkörpers bis in nebelige Vorzeit hinunterführt, gedreht um eine nicht vorhandene Wirbelsäule, um durch die Goschen in Form eines melodiösen Rülpsers ins Tageslicht zu fahren, aber sofort wiederum im Gehorch der Wiener zu verschwinden. So stapelt und akkumuliert sich Monstrosität in winzigen Witzteilchen und fleischt sich den Einwohnern ein für alle Mal ein.

Seit meinem vierten Lebensmonat lebe ich in dieser Stadt an der Donau und an der Wien und habe das Lachen von der Pike auf gelernt.

Das erste Gelächter, das mir entgegenschoss, beinhaltete die Geschichte vom Judenbalg, den findige Kinderschwestern inmitten der nationalsozialistischen Volkswohlfahrt vor den Zugriffen der Gestapo versteckten. Da lag der schwarzhaarige, nicht gerade unbenaste Säugling inmitten der blonden Engerln in der Kinderkrippe und war halt der Franzos, dessen Zwangsarbeitereltern bei einem Bombenangriff ums Leben gekommen sind, indes seine wahren Juden- und Kommunisteneltern nach Auschwitz abgereist wurden. Da lag er neben den Wiener Putzerln und fürchtete sich wie sie vor den Eisenstücken, die häufig vom Himmel fielen. Und wo lag er? Nicht irgendwo in Wien, in einer der Kinderkrippen der NSV wurde er nächtlings wie die andern in den Luftschutzkeller getragen, sondern in der Leopoldstadt, im Herzen der Judenstadt vor dem Krieg, im Zentrum der Mazzesinsel, die die Wiener nunmehr Glasscherbeninsel tauften, schrie der Säugling, von Hitler unbemerkt, sich der Befreiung entgegen.

Die Leopoldstadt war schon in Vorzeiten ein Ansiedlungsgebiet der Juden gewesen. Damals hieß die Vorstadt „Im Werd". Doch der urgemütliche Kaiser Leopold der Erste schmiss sechzehnhundertsiebzig sämtliche Juden aus der Stadt, und nannte die Gegend hierauf sich zu Ehren Leopoldstadt, um ein Beispiel für den nachblutenden Witz zu geben. Pünktlich dort haben sich die Juden wieder hinbegeben, als sie das stupend wieder durften, bis sie siebzig Prozent im Bezirk waren, aber neunzehnvierundvierzig/-fünfundvierzig waren bloß ich und zwei Dutzend weitere Versteckte dort nicht aufgefunden worden. Bis heute wohne ich in der Leopoldstadt.

My Vienna
Robert Schindel

1.

My Vienna is a bleeding joke, a wound that won't heal. No city is funnier than Vienna, not even Tel Aviv. This city's chuckle climbs up the spiral staircase found in Vienna's very core, which leads down to the dim and distant past, winding around a non-existent spine; up the staircase out of the trap into the day in the form of a melodious belch, to be immediately consumed again in the ear canals of the Viennese. Monstrosities pile up and accumulate in minute joke-particles, embedding themselves forever in the flesh of the inhabitants.

Since I was four months old, I have lived in this city on the Danube and the River Wien and I have learned this laughter from the very depths.

The first fit of laughter that shot my way carried the story of the little Jewish boy who the clever nurses hid from the clutches of the Gestapo in the midst of the National Socialist public weal. There lay the black-haired, not really button-nosed infant among the blonde angels in the nursery and was called simply Franzos, whose parents, forced into hard labor, had died in a bomb attack (while his real, Jewish, communist parents were taken to Auschwitz). There he lay, next to the little Viennese sweethearts and like them, feared the iron scraps that every so often rained from the sky. And where did he lie? Not just in any old NSV[1] nursery in Vienna was he carried, like all the others, into the bomb shelters each night, but in Leopoldstadt. Here, in what had been the heart of the Jewish quarter before the war, in the center of the Matzo island that the Viennese now christened glass-shard island, the infant, unnoticed by Hitler, howled onwards to liberation.

Leopoldstadt had already been an area of Jewish settlement in the dim and distant past. Back then the suburb was called "Im Werd" (*island*). But the extremely easygoing Emperor Leopold I threw all sixteen hundred seventy Jews out of the city and named the area henceforth Leopoldstadt, in his honor; just to open up and keep the joke bleeding. The Jews proceeded to go precisely there, right back where, astonishingly, they had been permitted to return, until they comprised seventy percent of the district. But in 1944/1945, it was just me and a few dozen other clandestine Jews that hadn't been discovered. I still live there today, in Leopoldstadt.

Forty-nine times the guest was thrown out the door of the pub; the fiftieth time he came back in through the ceiling. Thus describes Jaroslav Hašek's "Schwejk."

Neunundvierzigmal hat man den Gast bei der Tür aus dem Wirtshaus herausgeworfen. Nach dem fünfzigsten Mal aber ist er übers Dach zurückgekommen. So liest es sich beim *Schwejk* von Jaroslav Hašek. Das zweite Gelächter beinhaltet die Liebe zu dieser Stadt. Aus dem Erdreich oder aus den Wolken kehrten Geister in Gestalt ihrer fleischlichen Nachkommen nach Wien zurück.

Unlängst lud der damalige Kunstminister Rudolf Scholten den in Wien auf Kurzbesuch weilenden Filmemacher Billy Wilder in seine Wohnung ein, und dazu ein paar Leute, die hierauf andächtig den Anekdoten der fast neunzigjährigen Witzkugel lauschen durften. Ich sah, dass Wilder so was nicht zum ersten Mal machte oder machen musste, denn eine Art Sekretär warf ihm unermüdlich Hölzchen zu, damit der Anekdoten kein Ende sei. Das müdete den alten Herrn beträchtlich, daweil wir uns in Kompanie die Bäuche hielten und Seitenstechen bekamen. Er hetzte uns wahrlich das Jahrhundert rauf und runter, und Scholtens Wohnung bebte unter dem Gepruste und Gekuddere, in dessen Zentrum, gleichsam im Auge der Lachstürme, eine nicht geringe Traurigkeit durchaus zu spüren war. Doch der Sekretär war gnadenlos, und bei dem langen Leben des Urwieners Wilder würden wir vermutlich noch heute sitzen und lachen, wenn nicht der alte Sir sich plötzlich zu mir gewandt hätte, um mich zu fragen, was denn mit der Admira los sei. Ich war ja zufällig neben ihm zu sitzen gekommen und hatte bemerkt, dass er mich zwischen den Anekdoten immer wieder etwas beäugte. Das ist ein intellektueller Wiener Jude, dachte sich Wilder, der muss doch was von Fußball verstehen. Und Billy Wilder pflegte sich nicht zu irren, wenn es um solche Dinge ging. „Ach Gott, die Admira", antwortete ich. „Nebbochanten. Ich bin Austria-Anhänger." – „Alle Juden waren Austria-Anhänger", sagte er. „Nur ich nicht." – „Sondern?" – „Na eben Admira." – „Was, Admira", staunte ich ihn an, „wie sind Sie denn auf die Idee gekommen?" Auf Ja und Nein befanden wir zwei uns in einer intensiven Fußballdiskussion. Schall und Vogel nahmen an unserem Tisch Platz, daweil die Übrigen sich von den Lachschmerzen zu erholen begannen und sich in kleine Redegrüppchen aufteilten. Wilder sprach mit einer Wärme von den Fußballern, er entsann sich genau, und ich packte mein bisschen Wissen über jene Jahre aus dem Fundus und warf ihm Fußballernamen zu wie vorher der Sekretär seine Witzhölzel. Schließlich erzählte er mir exklusiv jene Geschichte, die ich schon kannte, weil sie der Torberg schon berichtet hatte, aber ich ließ mir nichts anmerken:

Vor dem Krieg gabs doch die jüdische Fußballmannschaft, die Hakoah. Die spielten ziemlich gut, überhaupt für jüdische Verhältnisse. Es begab sich, dass die

The second fit of laughter carries the love of this city. From out of the earth or out of the clouds, ghosts returned to Vienna in the shape of their carnal offspring.

Not long ago, former Minister of the Arts Rudolf Scholten invited Billy Wilder, who was in Vienna for a short visit, to his apartment. He also invited a few people who were thus allowed to listen reverently to the anecdotes of the nearly ninety-year old jokester. I saw that this wasn't the first time that Wilder had done or had to do this kind of thing. A secretary of sorts tossed him endless kindling to keep the anecdotes going. The effort tired the old man considerably, while we, the company, held onto our bellies and the cramps in our sides. He truly toured up and down the century and Scholten's apartment shook under the fits of laughter, at the center of which was a definite sense of—no meager portion of—sadness, in the eye of the storm of laughter, as it were. But the secretary was merciless and we would probably still be sitting and laughing today following the long life of the "Urwiener"[2] Wilder if the old sir hadn't suddenly turned to me and asked how things were going for Admira, the soccer team. As chance would have it, I had been seated next to him and I noticed that he had been studying me from time to time between the jokes. That is an intellectual Viennese Jew, thought Wilder, he must know something about soccer. And Billy Wilder was not one to make a mistake about this type of thing. "What?!, Admira," I answered, "You Nebbish. I'm an Austria fan." "All the Jews were Austria fans," he said, "but not me." "Then what?" "You got it, Admira." "Admira?" I gasped, "How did you ever get that idea in your head?" Agreeing and disagreeing, the two of us dove into an intense discussion of soccer. Schall and Vogel[3] sat down at our table while the others, recovering from their fits of laughter, dispersed into small groups and conversed. Wilder spoke warmly of the soccer players, remembered them in great detail and I searched my memory for the bits of knowledge I had about those years, tossing the names of soccer players at him the way that the secretary had tossed him kindling for his jokes. In the end, he passed a story on to me, exclusively, that I knew because Torberg had already told it, but I didn't let on:

Before the war there was the Jewish soccer team, Hakoah. They played quite well, especially for Jews. As it turned out, the damned Jews would be the ones to tip the scales. If they beat Admira, then Rapid would win the championship. Rapid was, and still is, the team with the most fans in the city, and these fans couldn't stand the Jews any more than anyone else could back then. But now the Rapid fans ventured out into enemy territory, to Jedlersee—to the other side of the Danube no less—to cheer against the local team, Admira, and thus to cheer for Hakoah.

Saujuden zum Zünglein an der Waage wurden. Wenn sie gegen Admira gewinnen, wird Rapid Meister. Rapid, das war und ist der anhängerstärkste Klub der Stadt, und diese Anhänger konnten nun die Juden noch weniger leiden als an sich üblich – damals. Nun aber pilgern die Rapid-Anhänger ins feindliche Jedlersee – noch dazu über die Donau –, um gegen die dort ansässige Admira zu schreien, also zu Hakoah zu halten. In welchen Wörtern entstieg dieser Witz der Wendeltreppe der Geschichte und entfuhr den Goschen der Rapid-Anhänger? „Gemma, Gemma. Hoppauf, Herr Jud!" Die Juden dankten es ihnen, schlugen die Admira, Rapid wurde Meister, und Wilder weinte. Dann ging er vor der Zeit nach Berlin und rechtzeitig nach Hollywood.

Aber die seltsame Liebe der Herausgeschmissenen zu den Hinausschmeißern, wurzelt sie in dieser Heimeligkeit, in der Umarmung des wienerischen und des jüdischen Witzes, wobei bei diesem im Auge das Lächeln, bei jenem aber der Tod steht?

Ich jedenfalls bin ein passabler Fußballer geworden und gewesen. Auf der Jesuitenwiese des Praters haben wir gespielt – die Wiese musste Jesuitenwiese heißen – und das *Hoppauf, Herr Jud!* begleitete mich durch die Kindheit.

2.

Wie kommt denn dieser Mensch dazu, unser Wien so jüdisch anzufärbeln und gleichzeitig als so antisemitisch hinzustellen?

Unser Wien war immer eine gemütliche Stadt. Und den Herrn Tennenbaum aus dem Gemeindebau haben wir gern gehabt. Ein haglicher, feiner Herr war das, und dann ist er nach Amerika abdampft, hat sich in Florida oder wo die Sonn aufn Bauch scheinen lassen, daweil uns die Bomben aufn Schädel gfallen sind. Nachn Krieg ist er zurückkommen, war angfressen, weil wir Bombenopfer ihm nicht genug den „Gschammsta Diener" gmacht haben, und ist wieder weggefahren. Was können bitte wir dafür? Bei uns, Sie Saukerl, hat vorm Krieg ein jeder leben können. Was die Judenfeindschaft anlangt, das verstehen Sie nicht. Wir Wiener sind nicht a so. Das war ja gar nicht persönlich gemeint, das war bei uns Usus, wie auch gegen die Ziegelböhm, gegen die Krawodn, das war ja familiär. Der Adolf aber hat uns die ganze Judenpflanzerei verdorben. Seither darf man ja gegen gewisse Kreise kein lautes Wort sagen, sonst bist gleich ein Faschist. Was wissen denn Sie von der Wiener Seele. Die werden Sie naturgemäß nie ergründen.

Wir waren immer unpolitisch, merken Sie sich das! Und bevor Sie fortfahren, das eigene Nest zu beschmutzen, schauen Sie sich lieber Ihre Landsleute an und was die

With what cheer did this joke creep up the spiral stairway of history and abduct the mouths of the Rapid fans? "Go, Go. Go get 'em—Herr Jew!" The Jews rewarded them for it, they beat Admira, Rapid won the championship, and Wilder was in tears. Then he went to Berlin and left for Hollywood before it was too late.

But the strange love of the exiled for those who have exiled them; is it rooted in this sense of home, in embracing the Viennese and Jewish jokes, although the one has laughter in the eye, and the other death?

In any case, I became and still am a fairly good soccer player. We played on the field in Prater, the Jesuitenwiese—the field would have to be called Jesuitenwiese, wouldn't it—and the words "Go get 'em, Herr Jew" accompanied me throughout my childhood.

2.

How does this person get off coloring our Vienna as so Jewish and at the same time representing it as so anti-Semitic?

Our Vienna was always a cozy city. And we always liked Herr Tennenbaum from the council flats. A contented, fastidious, fine man he was, and then he took off for America; let the sun beat down on his belly in Florida, or somewhere like that, while bombs were raining on our heads. After the war he came back, peeved because we bomb victims didn't play the humble servant as much as he wanted us too, and so he left again. What the hell were we supposed to do about it? You bastard, before the war everyone could live here as they wanted. You don't understand the prejudice against the Jews. We Viennese don't hate the Jews like that. It was never meant personally; it was just customary, just like against Ziegelböhm,[4] against Krawodn,[5] that was all in the family. But Adolf spoiled all the fun of telling Jewish jokes. Since then, no one is allowed to say anything against certain circles or you are immediately branded a Fascist. What do you know anyway about the Viennese soul? It's only natural that you could never understand it.

We have always been apolitical, remember that! And before you take off and foul your own nest, do yourself a favor and look around at your compatriots and what they're doing to the Arabs. You've been an Austrian from birth? Hmm, yah, according to your passport, well nowadays anyone can become an Austrian in no time flat. A Viennese like me? Don't make me laugh. Don't tell me… your ancestors come from Brünn? Really? Your ancestors are from Brünn? Well, then, know what? Let me invite you for a glass of wine. No offense meant. You know, well, I'd believe in a second that you're a Schlawiner.[6] But a true Wiener? Look at that, anything's possible…

mit den Arabern machen. Sie sind ein Österreicher seit der Geburt? Ja, ja passmäßig, da ist heutzutage schnell einer ein Österreicher. Ein Wiener wie ich? Dass ich nicht lach. Kommen leicht Ihre Vorfahren aus Brünn? Wirklich, Ihre Vorfahren kommen auch aus Brünn? Na dann. Weißt was? Ich lad dich auf ein Achterl ein. Nix für ungut. Trotzdem: Dassd ein Schlawiner bist, glaub ich dir sofort. Aber ein echter Weaner? Was es alles gibt …

3.

Ganz andere Gestalten irrlichterten durch meine Wiener Kindheit. Neben dem Grünen Prater aufgewachsen, spielten wir – wie schon gesagt – in diesem Fußball, was verboten war. „Tschif, der Praterschas", hieß es, wenn der Prateraufseher mit seinem Fahrrad in der Ferne sichtbar wurde. Wir nahmen den Ball auf und spielten Handball, was gestattet war. Der Praterschas (da Brodaschas) überwachte und sortierte jedes Grasbüschel und war fast so gefürchtet wie sein Bruder im Geiste, der Kinderverzahrer, der auch ein intimes Verhältnis zu Grasbüscheln, aber auch zu dämmrigen Kellerstiegen hatte. Er ist die mythische Gestalt Wiener Kindheiten gewesen.

Die Erwachsenenwelt der Fünfzigerjahre gab zwei sich abwechselnde Geräusche von sich und orchestrierte damit unser Heraufkommen: Gejeier und Händegespuck. Es war die Musik der Kriegs- und Aufbaugeneration. Eben hatten sie noch geschossen, jetzt spucken sie in die Hände und bauen auf, eben hatten sie *Heil Hitler!* gerufen, jetzt jeiern sie von demselben als Dämon und Verführer. Dieses Geklage über den Opfergang einer Generation war mit einem *Hoppauf, Österreich!* verschmolzen. Die verzopften christlichen Dreißigerjahre in der Maske der Fünfziger wollten wieder gutmachen, was die schön-schaurigen Vierziger angerichtet hatten.

Die Besonderheit meines Wiens dabei war, dass sich die Akteure ohne viel Aufhebens von der Bühne in den Zuschauerraum begaben und von sich behaupteten, stets dort gesessen zu sein. Damit knüpften sie an das an, was den Habitus seit langem gebildet hat: Der Wiener ist von Beruf Zuschauer. Er saß immer schon in den Parkettreihen des großen Welttheaters. So beglotzte er den Dreißigjährigen Krieg gradso wie die Revolutionen, die im fernen Frankreich abliefen und von denen er offiziell gar nichts wusste. Der Wiener Kongress ging direkt in die Hausmusik über.

Mit dem Wiener meine ich natürlich nicht die Mehrheit der Wiener in den Vorstädten, die wie die unteren Klassen überhaupt selbstverständlich ihre Haut

3.

Very different characters flitted through my Viennese childhood. I grew up next to the park, the Prater, and, as I already mentioned, we played football there; which was not allowed. "Tschif, der Praterschas,"[7] we'd say when we could see the Prater guard cycling by in the distance. We'd pick up the ball and play handball because that was allowed. The Praterschas (da Brodaschas) guarded and sorted through every tuft of grass and was almost as feared as his brother in spirit, the Kinderverzahrer,[8] who, too, had an intimate relationship with tufts of grass, but also with dimly lit cellar stairways. He was the mythical figure of Viennese childhoods.

The adult world of the fifties emitted two alternating tones and thereby orchestrated our upbringing: whining and spitting in the hand. It was the music of the war and reconstruction generation. Just a minute ago they were shooting and now they were spitting into their hands and starting to rebuild; a minute ago they were shouting "Heil Hitler" and now they were complaining that they had been tricked by a demon seducer. This complaint about the sacrificed generation blended together with a "Go get 'em Austria." The tightly-wound, conservative Christian thirties wanted—in the mask of the fifties—to do penance for what the beautifully gruesome forties had done.

What was unique about my Vienna was that the actors moved from the stage to the auditorium without making much of a fuss and then claimed to have always been sitting there in the audience. By doing so, they simply continued what had been a long established tradition: the Viennese are, by profession, observers. They have always sat in the front seats of the great world theater. From there, they gawked at the Thirty Years' War the same way as at the revolutions that were going on in faraway France, of which they officially knew nothing. The Congress of Vienna blended directly into Biedermeier house music.

When I say the Viennese, naturally I don't mean the majority of the Viennese in the outer lying districts, who, like the lower classes, of course didn't have much choice in the matter and were ruined in these and those wars. I don't mean the nameless proletarian and semi-proletarian Viennese imprisoned in misery, who remain hidden until the present day by the bombastic Biedermeier screen. I mean the petite-bourgeoisie, along with the middle classes, the cleverly weepy spectator class that left an even stronger mark on this city than the battling workers and students of 1884 or even those of 1934.

That cliché would truly come to life—the cliché of the Wiener that the Schrammel boys created from the music of Strauss and Lanner.

zu Markte tragen mussten und in jenen und diesen Kriegen zuschanden gingen. Ich meine nicht die namenlos im Elend eingesperrten proletarischen und halbproletarischen Wiener, die vom bombastischen Paravent des Biedermeier bis heute verdeckt bleiben. Den Kleinbürger meine ich, den Mittelstand dazu, das Pfiffig-Weinerliche einer Zuschauerschicht, das dieser Stadt stärker den Stempel aufdrückte als die kämpfenden Arbeiter und Studenten von achtzehnachtundvierzig oder gar die von neunzehnvierunddreißig.

In den Musiken von Strauß und Lanner, in denen der Schrammel-Buam bildete sich das Klischee eines Wieners heraus, das wahrhaftig lebendig wurde.

Dieser Wiener nun, eine Mischung aus Blockwart, Schütze Arsch und Heurigensänger, saß auf der Galerie und spuckte auf unsere Kindheitsbühne. Diese Spucke, abwechselnd in die eignen Hände und in die Gesichter der Nachkommenschaft, das waren die neuen Werte, das war das demokratische Österreich.

Es ging wahrlich demokratisch zu in Wien. Die zweihunderttausend Juden gingen damals keinem ab. Es gab zwar keine Schriftsteller, keine Künstler, keine Wissenschaftler, keine brauchbaren Zeitungen mehr, aber wer benötigte denn so was? Man war bodenständig, unter sich, durchschnittlich, aber arrogant. Unter diesen Bedingungen gelang der Wiederaufbau meiner Stadt exzellent.

Und doch war mein Wien stets ein jüdisches Wien, obwohl ich damals gar kein Jude sein wollte. Das war das dritte Gelächter, in das ich teilweise schon selber einfiel. Denn in Wien lernt man das Lachen von der Pike auf. Auch das Sterben.

4.

Der Tod ist eine viel zu ernste Angelegenheit, als dass man die seelische Kompetenz über ihn Nichtwienern überlassen darf.

„Der Tod, das muss ein Wiener sein, grad wie die Liab a Französin. Denn wer führt dich pünktlich zur Himmelstür? Ja, da hat nur der Wiener das Gspür dafür."
(Georg Kreisler)

Der Wiener hat ja eine Leidenschaft zum Theater, grade wenn es mitten im Leben spielt. Jeder Mord ist hier vor allem ein Mordstheater, ein Ereignis, und wird nicht vergessen. Was ist schon Frankreich mit seinem Landru gegen unsere Akteure von Hugo Schenk über Adrienne Eckhardt (Fleischmaschine), Gufler, Engleder (Maurerfäustl), Bergmann und retour. Bernhards *Heldenplatz* wird ebenso leidenschaftlich diskutiert wie der Mord an Ilona Faber beim Russendenkmal. Hörts auf mit der Politik; auf die Ereignisse kommts an. Woher sie kommen, wohin sie gehen, was daraus wird, dazu reicht die Geduld eines

Now, this Wiener—a mixture of block warden, low-life, and minstrel singer in the vineyard taverns—sat in the gallery and spit on the stage of our childhood. This spittle, spit alternately into his own hands and then into the face of his off-spring, represented the new values that were the democratic Austria.

Vienna was moving along very democratically. No one missed the two hundred thousand Jews back then. Okay, so there were no more writers, artists, or scientists, and no readable newspapers anymore, but who needed them anyway? You were just natural, rooted in the earth, among your own people—average, but arrogant. Reconstruction of my city was a huge success under these conditions.

And nonetheless, my Vienna was still a Jewish Vienna although back then I did not at all want to be a Jew. That was the third fit of laughter, into which even I sometimes fell. In Vienna, one gets to know laughter from the very depths: and also death.

4.

Death is much too serious an affair to grant the non-Viennese any spiritual competence in the matter.

"Death, that must be a Viennese man, just like love's a French Madame. Who else, after all, leads you to heaven's gate on time? Yes, only a Viennese could get that right" (Georg Kreisler).

The Viennese have a passion for theatre, especially when it is played out right in the midst of life. Here, every murder is, first and foremost, murderous theater, an event never to be forgotten. What, may I ask, is France with its Landru compared to our actors from Hugo Schenk to Adrienne Eckhardt (the meat grinder), Gufler, Engleder (the brick hammer), Bergmann, and back again. Bernhard's *Heldenplatz* is discussed just as passionately as the murder of Ilona Faber at the Russian memorial. Forget politics; the event is what's important. Where you're from, where you're going, what's happening; a sensitive spectator does not have the patience for all that. Nothing develops for my Vienna; either it was already there or it never existed. With such a photographic memory, you rule over death.

Thus, in the fifties, Georg P. appeared with a pistol at the hospital where his wife was lying in bed, tore open the door, pushed the nurse aside and called, "Hedwig, pack up, we're going to heaven." She survived the attack; he sits by God in heaven.

And Wolfgang Ambros sings: "The Zentralfriedhof[9] lives, with all of its dead." It is possible to indulge beautifully under ancient trees in this huge gravestone park. Along the main street in Simmering are the first, second, third, and fourth

sinnlichen Zuschauers nicht aus. Für mein Wien entwickelt sich nichts; es war immer schon da, oder das gibts gar nicht. Mit so einem Fotogedächtnis hat man die Kompetenz über den Tod.

Und so erschien der fünfundvierzigjährige Georg P. mit einer Flinte im Spital, in dem seine Ehefrau lag, riss die Tür auf, schob die Krankenschwester zur Seite und rief: „Hedwig, pack zsamm, wir fahren in Himmel!" Sie überlebte den Anschlag, er sitzt beim Himmelvater.

Und Wolfgang Ambros singt: „Es lebe der Zentralfriedhof mit allen seinen Toten." Schön kann man sich in diesem riesigen Grabsteinpark ergehen unter alten Bäumen. Entlang der Simmeringer Hauptstraße erstes, zweites, drittes, viertes Tor, gegenüber die Grabsteingeschäfte, eines neben dem anderen. Eines dieser Geschäfte verkauft Grabsteine und Gebrauchtwagen, besser gesagt, Gebrauchtwagen und Grabsteine. Und wenn Wiens Wonnemonat, der November, seinen Nebel auf Gerechte und Ungerechte legt, dann spüren auch die Millionen Toten ihn bis ins Bein. Da geht der Wiener aufrecht zwischen den Gräbern unter blattlosem Gezweig, und auch in seinem Herzen ist der Nebel zuhaus, und er spürt den grünen Blick des Todes aus dem Nebel. „Ja, als a Toter, da macht an des Leben erst a Freud", singt Arik Brauer, und so ist es bei uns daheim.

Der Tod ist in Wien allgegenwärtig, er ist der rauschige Vater des wienerischen Gelächters. Das Sterben aber, das dramatische Vorspiel, das ist ein Buschenschank, ein Heuriger und seine Musik.

5.

Sie mit Ihren Klischees! Wie soll aus dieser Stadt je was werden, wenn sogar die linken Schriftsteller die Klischees bedienen?! Oder sind Sie bloß auf sie hereingefallen? Und was ist mit dem Roten Wien, Sie Spießer? Wussten Sie, dass in Wien die erste Abwehrschlacht gegen den Faschismus geschlagen wurde und die Simmeringer Arbeiter die tapfersten waren? Nix Zentralfriedhof. Und der Widerstand gegen die Nazis von Kommunisten, Sozialdemokraten und Christen? Waren das etwa keine Wiener? Die Wiener, die gegen die Stalinisten ... Die Wiener, die gegen die Amerikaner ... Die Wiener für Neutralität ... gegen Neonazis. Und die Achtundsechziger, die das Wien bissl auslüfteten. Haben Sie das schon vergessen?

Überhaupt, wer lacht schon in Wien? Sparpakete, korrupte Politik, Provinzialismus, wer bitte lacht? Ich nicht, Herr Schriftsteller. Die Armen werden ärmer, die Reichen reicher, kein Wunder, dass der Haider leichtes Spiel hat. Das ist der Einzige, der

gates; across the way are the gravestone shops, one after the other. One sells grave-stones and used cars, or perhaps it is better to say used cars and gravestones. And if Vienna's merry month, which is not in May, but November, hangs its mist over the righteous and unrighteous, then the millions of dead also feel it down into their haunches. The Wiener walks there, upright, under the barren branches, between the graves and the mist settles in his heart, and he feels the green gaze of death from out of the fog. "Yah, life is first a pleasure when you're dead," sings Arik Brauer, and that's how it is for us, here at home.

Death is omnipresent in Vienna, it is the intoxicated father of Viennese laugh-ter. Dying, however, the dramatic foreplay; that is a vineyard tavern, a wine bar and its music.

5.

You and your clichés! How should anything ever come of this city if even liberal writers stick to clichés. Or were you simply taken in by them? And what about red, socialist Vienna, you fool? Did you know that the first battle of resistance against fascism was fought in Vienna and the workers from Simmering were the most courageous? Forget the Zentralfriedhof. And the resistance to the Nazis by the Communists, Social Democrats, and Christians? Weren't they also Viennese? The Viennese who were against the Stalinists… the Viennese who were against the Americans… the Viennese for neutral-ity… against Neonazis. And the sixties generation, now they brought some fresh air into the city. Have you forgotten all that already?

Anyway, who even laughs anymore in Vienna? Budget cuts, corrupt politics, provin-cialism, who, may I ask, laughs? Not me, Herr Writer. The poor just keep getting poorer and the rich, richer; no wonder Haider has it so easy. He's the only one who laughs. And he's one of those Upper Austrians. They don't have any idea about Vienna. Are you even Viennese? You don't look it in the slightest.

Oh, I see. No, we have to have some respect. Okay, good, each to his or her own Vienna, please excuse me. But don't forget politics. The Viennese are, namely, not interested in politics. You say that you said that? I'm the one who's saying that! They execute politics. Back then? What do you mean "back then"? Always! All the time!

We need a new Vienna. Are you with us? Then simply forget everything! Let's begin! My Vienna and your Vienna could one day be our Vienna. No harm intended, com-rade. By the way, can I invite you for a glass of wine?

lacht. Und das ist schon wieder ein Oberösterreicher. Sie haben von Wien keine Ahnung. Sind Sie überhaupt ein Wiener? Sie schauen gar nicht so aus.

Ach so. No, das muss man respektieren. Okay, gut, jedem sein Wien, entschuldigen Sie. Aber vergessen Sie doch nicht das Politische. Der Wiener interessiert sich nämlich nicht für Politik. Das haben Sie gesagt? Ich sag das! Er exekutiert sie. Damals? Was heißt damals? Immer! Allerweil!

Wir brauchen ein neues Wien. Machen Sie mit? Dann vergessen Sie einfach alles! Fangen wir an! Mein Wien und Ihr Wien könnten doch dereinst unser Wien sein. Nix für ungut, Genosse. Übrigens, darf ich Sie auf ein Achterl einladen?

6.
Man erzählt Witze, und die Vergangenheit kommt zurück.

„Da war bei uns im Gemeindebau, hamma an Judn gehabt, einen gewissen Tennenbaum, sonst a netter Mensch, und da haben sie so Sachen geschmiert gehabt gegen die Nazis auf die Trottoirs, auf die Gehsteige. Er hats aufwischen müssen, der Tennenbaum. Na, net er allein. Die andern Juden auch. Ich hab ihn hingeführt, dass ers aufwischt. Der Hausmeister hat zugschaut und hat glacht. Er war halt immer bei einer Hetz dabei. Nachn Krieg ist er zruckkommen, der Tennenbaum. Hab ich ihm begegnet auf der Straßn, hab ich gsagt: ‚Derre, Herr Tennenbaum.‘ Schaut er mich nicht an. Sag ich noch amal: ‚Derre, Herr Tennenbaum.‘ Er schaut mich wieder nicht an. Hab i ma denkt: ‚Siehst du, jetzt ist er bös.‘ " (Helmut Qualtinger: *Der Herr Karl*)

Ich möchte so gern von meinem Wien erzählen, wie es sich in mir aufbaut, wenn ich nicht da bin. Von den kranken Kastanienbäumen, vom Flieder, von der Meierei im Prater, von den Kaffeehäusern, um die herum diese Stadt gebaut ist, von meiner Leopoldstadt, von den Solidaritäten und Verhaberungen, von den Kämpfen um mehr Gerechtigkeit und von den Intrigen um eine Gerechtigkeit, die eigne.

Aber die Wiener sind doch die bösartigsten Leute der Welt, und die Stadt selbst ist eine einzige Genievernichtungsmaschine, sagt Thomas Bernhard, der jüngste Heilige derer, die ihn vernichten wollten.

Deshalb ist Wien noch unter Narkose gefährlicher als das historische Chicago. Unblutig, mit einem leichten Kater schubst man sich selber in die Grube, nicht ohne vorher noch ein Aspirin geschluckt zu haben. Man lacht und wird leer. Man trinkt und stirbt. Man singt, und die Leute bleiben stehen. Man erzählt Witze, und die Vergangenheit kommt zurück.

6.

You tell a joke and the past comes back.

"In the council flats, where we lived, there was a Jew, a certain Tennenbaum. A nice guy otherwise, and they scribbled anti-Nazi slogans on the pavement, on the sidewalks. He had to wash it off, Herr Tennenbaum. No, not him alone. The other Jews, too. I brought him there, so that he could scrub them off. The janitor watched and laughed. He always showed up for a good laugh.

After the war, he came back, Tennenbaum. So I meet up with him on the street and say, 'Good day, Herr Tennenbaum.' He doesn't look at me and so I say again, 'Good day, Herr Tennenbaum.' Again, he doesn't look at me. So I think: look at that, now he's mad." (Helmut Qualtinger: *Der Herr Karl*)

I like to tell of my Vienna, how it is formed in me, whenever I'm not there: of the diseased chestnut trees, the lilacs, the Meierei[10] in the Prater, the cafés around which this city is built, of my Leopoldstadt, the solidarities and cliques, the battles for more justice and intrigues for a certain justice; one's own.

But the Viennese are the most evil people in the world and to quote Thomas Bernhard—the youngest saint of those who wanted to destroy him—the city itself is one single genius-destroying machine.

That's why, even under narcosis, Vienna is more dangerous than historical Chicago. Bloodless, with a slight hangover, you push yourself into the pit, but not without first taking an aspirin. You laugh and are emptied. You drink and die. You sing, and the people stand still. You tell a joke and the past comes back.

Translator's Notes:

1 National Socialist welfare organization.
2 An "original" "native" Viennese (Wiener); of Viennese descent.
3 Toni Schall and Adolf Vogel were soccer players on Austria's "Wunderteam" in the thirties.
4 Exploited brick workers from Bohemia.
5 Derogatory term for a Croatian.
6 A derogatory term—a worthless, good for nothing, cunning, and sly person.
7 A warning call that the park warden was coming.
8 A threatening figure who snatches children.
9 Central cemetery.
10 Feudal Estate—now a restaurant.

Kleine Geschichte der Wiener Juden
Klaus Lohrmann

Wer aufmerksam durch Wien geht, besonders durch die Leopoldstadt und die Innere Stadt, wird bald bemerken, dass jüdisches Leben und jüdische Kultur nicht nur Geschichte sind, sondern lebendige Zeichen in der Stadt setzen. Neben den sozialen und kulturellen Einrichtungen und Veranstaltungen der Israelitischen Kultusgemeinde Wien spielen die Zeugnisse der Geschichte insofern eine bedeutende Rolle, als sie bewusst zur Konfrontation mit einer Vergangenheit einladen, die jeden Betrachter zur Stellungnahme zwingt. Die Geschichte der Juden in Wien erschöpft sich nicht in einer Serie von Verfolgungen, doch macht deren tragische Dramatik einen wesentlichen Teil der Historie aus. Der vorliegende Stadtführer beinhaltet dreierlei: die Erinnerungen an die verschiedenen Epochen jüdischen Lebens in Wien, die Auseinandersetzung mit dem oft grausamen Verhältnis zwischen Christen und Juden und schließlich die Zeugnisse aktuellen jüdischen Lebens in der Stadt, das sich künftig hoffentlich ohne gewaltsame Zerstörungen entwickeln möge.

Die Anfänge. Die Geschichte des Wiener Judentums im Mittelalter reicht vom Ende des zwölften Jahrhunderts bis zur Verfolgung und Zerstörung der Gemeinde in den Jahren 1420 und 1421. Vor allem im späten 14. und frühen 15. Jahrhundert wirkten hier für das gesamte Judentum bedeutende Persönlichkeiten. Nach zögerlichen Anfängen im 13. Jahrhundert wuchs die Gemeinde rasch und wurde nach 1360 zu einem der wichtigsten jüdischen Zentren in ganz Europa, wobei allerdings zu bedenken ist, dass zu dieser Zeit die Juden in Frankreich nur mehr eine geringe Rolle spielten und aus England überhaupt vertrieben worden waren.

Als vermutlich erster Jude siedelte sich um 1190 ein gewisser Schlom in Wien an. Er war der Münzmeister von Herzog Leopold V. und hatte in dieser Funktion Silber für die Münzproduktion zu beschaffen. Seine Dienste wurden aber überflüssig, als England das Lösegeld für König Richard Löwenherz in großen Mengen Silber bezahlte.

Schlom besaß Grundstücke in Wien; er errichtete in der Seitenstettengasse die erste Synagoge der Stadt (1204 urkundlich erwähnt) und ließ einen Weinberg in der näheren Umgebung Wiens bewirtschaften. 1196 wurden er und 15 Mitglieder seines Haushalts von vagierenden Kreuzfahrern ermordet.

A Brief History of the Viennese Jews
Klaus Lohrmann

Visitors to Vienna, if they take a closer look at Leopoldstadt or the city center in particular, will soon notice that Jewish life and Jewish culture have not disappeared but are a vital part of the city today. Apart from social and cultural facilities and events organized by the Jewish Community, the vestiges of Jewish life in Vienna from earlier times are important as a reminder of the city's past and the fate of its Jewish inhabitants. In fact, there is more to the history of the Jews of Vienna than persecution and banishment, but the tragedy of these events nevertheless plays a prominent role. This guide fulfills three functions: it recalls the various eras of Jewish life in Vienna, it documents the relationship between Christians and Jews and its often cruel aftermath, and finally, it highlights modern Jewish life in the city, which will hopefully be able to evolve in the future without violent interruptions.

Beginnings. The history of the Jews of Vienna in the Middle Ages extends from the end of the twelfth century until their banishment and the destruction of the community in 1420 and 1421. A number of major Jewish figures lived in Vienna in the late fourteenth and early fifteenth centuries in particular. After a hesitant start in the thirteenth century, the community grew rapidly and after 1360 it was one of the most important Jewish centers in Europe, although it should be remembered that at this time the role of the Jews in France was minimal, and the Jews had been banished from England altogether.

The first Jew to settle in Vienna—around the year 1190—is thought to have been a man named Shlom. He was mint master to Duke Leopold V and was responsible for obtaining silver to make coins. His services became superfluous, however, when England paid a huge ransom in silver for the release of King Richard the Lionheart.

Shlom owned property in Vienna: he built the first synagogue in the city in Seitenstettengasse (mentioned in records in 1204) and had a vineyard close to Vienna. In 1196, he and fifteen members of his household were murdered by roaming crusaders .

Development of the community. After Frederick II and the Babenberg Duke Frederick the Quarrelsome had settled their differences, the latter issued a charter

Die Entstehung der Gemeinde. Nachdem Kaiser Friedrich II. und der Babenbergerherzog Friedrich der Streitbare ihr Verhältnis zueinander geregelt hatten, stellte Letzterer am 1. Juli 1244 ein Judenprivileg aus, das den Judenschutz unter drakonischer Strafandrohung bei Übergriffen etablierte. Der größte Teil der Bestimmungen umfasste die Regelung der Pfandkredite, die ganz offensichtlich das Kreditwesen fördern sollte. Es ist jedoch unklar, ob das Privileg einen Anreiz für potenzielle Einwanderer darstellen sollte oder sich an bereits in Österreich ansässige Juden richtete.

Jedenfalls scheint eine größere Zuwanderung von Juden nach Wien erst in den Siebziger- oder Achtzigerjahren des 13. Jahrhunderts erfolgt zu sein, während Juden in Krems und Wiener Neustadt schon in den Fünfziger- und Sechzigerjahren nachweisbar sind. Andererseits soll Isak bar Mosche, genannt Or Sarua, einer der bedeutendsten Rabbiner des 13. Jahrhunderts, um 1265 in Wien gelebt haben. Die Anwesenheit eines derart angesehenen Gelehrten würde auf eine Gemeinde von einigem Gewicht deuten. Isak bar Mosche legte mit seinem Werk *Lichtsaat (Or Sarua)* einen umfassenden rituellen Kodex vor, in dem auch das Zivilrecht eingehend behandelt und die Entwicklung der rabbinischen Gelehrsamkeit in Europa verarbeitet wird.

Die Synagoge auf dem Judenplatz. Es ist nicht ganz einfach, die Errichtung der Synagoge auf dem Judenplatz genau zu datieren. Jedenfalls muss sie nach der von Ottokar Přemysl initiierten Absiedlung des herzoglichen Hofes vom heutigen Platz Am Hof in die neue Burg beim Widmertor, den Kern der heutigen Hofburg, erfolgt sein. 1276 residierte König Rudolf I. von Habsburg bereits in den fertig gestellten neuen Räumlichkeiten; man kann also davon ausgehen, dass die zweite Wiener Synagoge in den Siebzigerjahren des 13. Jahrhunderts erbaut wurde.

Die älteste Erwähnung des Schulhofs der Juden, des Platzes vor der Synagoge, fällt ins Jahr 1294. Dieser Platz – heute steht dort das Mahnmal – wurde vermutlich aus dem zum herzoglichen Hof gehörigen Areal herausgeschnitten.

13. und 14. Jahrhundert. Spätestens mit der Errichtung der habsburgischen Herrschaft in Österreich 1282 waren die Würfel für eine rasche Entwicklung der Wiener Gemeinde gefallen. Die Gemeinde war wie ihr christliches Gegenüber oligarchisch organisiert, das heißt, wenige führende Familien übten den entscheidenden Einfluss in religiös-rechtlichen, wirtschaftlichen und sozialen Angelegenheiten aus. Zunächst waren es der vermutlich aus Böhmen oder

to the Jews on July 1, 1244, affording protection and threatening anyone who interfered with draconian punishment. The conditions for granting this privilege had mainly to do with mortgage and loan regulations and were obviously designed to stimulate lending. It is not clear, however, whether the charter was meant to encourage immigrants or whether it was aimed at Jews already living in Austria.

The major influx of Jews to Vienna did not start until the 1270s and 1280s, although there are records of Jews living in Krems and Wiener Neustadt in the 1250s and 1260s. At the same time, Itzchak bar Moshe, known as Or Zarua, one of the most important rabbis of the thirteenth century, is thought to have lived in Vienna around 1265. The presence of such a redoubtable figure would appear to indicate that the community was already of some importance. His most famous work, *Seed of Light*, was a comprehensive ritual code that also dealt in detail with civil law and the development of rabbinical scholarship in Europe.

Synagogue on Judenplatz. It is not easy to put an exact date on the origins of the synagogue on Judenplatz. It must have been built after the removal of the ducal court, initiated by Ottokar Premysl, from what is now Platz Am Hof to the new residence at Widmer Gate, the heart of the present-day Hofburg. In 1276, King Rudolf I of Habsburg already resided in the new premises; it is therefore fairly certain that the second Viennese synagogue was built in the 1270s.

The earliest mention of the "Schulhof der Juden," the area in front of the synagogue, is in 1294. This area—today the site of the Holocaust monument—was presumably taken from the land belonging to the ducal court.

Thirteenth and fourteenth centuries. By the time the Habsburgs came to power in Austria in 1282, the Jewish community in Vienna was already beginning to develop rapidly. Like its Christian counterpart, it was an oligarchy, with just a few leading families exerting a decisive influence on religious, legal, economic, and social affairs. Until 1340, the leaders of the community were the members of the Lebman family, who are thought to have originally come from Bohemia or Moravia. After this time, David Steuss and his extended family took over this function.

There was plenty of room for the community to grow. Contact with the duke of Austria was maintained by "Judenmeister," rabbis, or members of the leading

Mähren eingewanderte Lebman und seine Nachkommen, die bis etwa 1340 in der Wiener Gemeinde die entscheidende Rolle spielten. Danach übernahmen David Steuss und seine weit verzweigte Sippe diese Funktion.

Für das Gemeindeleben bestand ein beachtlicher Spielraum. Als Kontaktpersonen zum Herzog von Österreich dienten die so genannten Judenmeister – Leute, die das jüdische Recht kannten, fallweise auch eine rabbinische Ausbildung genossen hatten oder Rabbiner waren und vom Herzog manchmal als Ratgeber herangezogen wurden. Die namentlich bekannten Judenmeister stammten aus dem Kreis der führenden Familien. Obwohl in Wien, anders als in den rheinischen Städten oder in Nürnberg, kein Judenrat ausdrücklich erwähnt wird, kann man wohl in jenen drei Rabbinern, die 1338 den Wiener Bürgern bestätigten, dass ihnen künftig ein niedrigerer Zinssatz berechnet würde, den Kern eines Judenrates vermuten. Die Existenz verschiedener anderer Funktionsträger wie des so genannten Zechmeisters, des Kantors, des Gerichtsdieners oder des Badestubenvorstehers bezeugen ein geordnetes Gemeindeleben.

Die Zechmeister waren die Vorsteher von Bruderschaften, von christlichen Quellen „Zechen der Juden" genannt, die verschiedenste soziale und rituelle Verpflichtungen wahrnahmen. An Organisationsformen wie diesen sind die Ähnlichkeiten des Lebens von Juden und Christen in der Stadt zu erkennen, denn auch Christen überließen soziale und karitative Aufgaben häufig diversen Bruderschaften.

Die Gemeinde verfügte darüber hinaus über weitere Einrichtungen wie den Friedhof vor dem Kärntner Tor, der Mitte des 14. Jahrhunderts, zur Zeit der Pest, erweitert werden musste, ein Spital mit einer Fülle von Aufgaben, die von der Verwaltung der Armenkasse über die Krankenpflege bis zur Unterbringung von Reisenden reichten, oder mehrere rituelle Bäder, darunter ein Frauenbad auf dem Judenplatz und eine Wunderburg genannte Mikwe am Tiefen Graben.

Daneben bestanden aber auch Badehäuser, die in profaner Weise der Hygiene und dem gesellschaftlichen Leben dienten. Schon ab dem 13. Jahrhundert versuchten Theologen – im Rahmen ihrer Bemühungen, die sozialen Kontakte zwischen Christen und Juden einzuschränken –, das gemeinsame Baden von Christen und Juden zu unterbinden. Diese Bemühungen erwiesen sich zunächst als vergeblich. Erst nach 1360 kaufte die jüdische Gemeinde ein Badehaus vor dem Kärntner Tor und einige Zeit später ein weiteres in der heutigen Kleeblattgasse, die direkt an die Judenstadt grenzte. Es ist zu vermuten, dass die Juden vorher die allgemeinen Bäder besucht hatten.

families familiar with Jewish law and in some cases with rabbinical training, whom the duke would occasionally call upon for advice. Although there is no official mention of a council of Jewish elders like the ones in the cities of the Rhine or in Nuremberg, the three rabbis who in 1338 promised the citizens of Vienna a lower interest rate must have had a similar function. The existence of other functionaries such as the "Zechmeister," cantor, clerk of the court, or bath superintendent shows that the community must have been well organized.

The "Zechmeister" headed guilds or "Zechen," which had a wide range of social and ritual functions. In fact, the life of the Jews and Christians in the city showed certain similarities, since many social and welfare tasks in the Christian community were also frequently carried out by different guilds.

The Jewish community had other institutions including a cemetery outside Kärtner Gate, which seems to have been expanded in the mid-fourteenth century at the time of the plague, a hospital with a wide variety of functions, from managing the poor fund and looking after the sick to accommodating travelers, several ritual bath houses including one for women on Judenplatz, and a mikvah on Tiefer Graben.

There were also bath houses that were used for hygienic and non-ritual purposes. As early as the thirteenth century, theologians had attempted to prevent Jews and Christians from bathing together as a means of restricting social contact between the two religions. These attempts were initially unsuccessful. It was not until 1360 that the Jewish community purchased a bath house outside Kärntner Gate, followed by a second one some time later just outside the Jewish quarter in today's Kleeblattgasse. Prior to this time, the Jews had presumably used the public baths.

Business activities. Business created the closest contacts between Jews and Christians. Not only did Christians borrow money from Jews; there were also numerous instances of direct or indirect partnerships. In spite of the various prohibitions, Christians invested money with Jews, taking the profits while the Jews were required—until the fifteenth century—to pay tax on this capital. There were also joint transactions completed by Jewish and Christian businessmen. And on rare occasions, Jews also borrowed money from Christians.

The most common form of business contact, however, was through moneylending. Borrowing from Jews had the advantage that the money was quickly available and the repayment terms were flexible.

Geschäftstätigkeit. Die dichtesten Kontakte zwischen Juden und Christen bestanden zweifellos im Geschäftsleben. Sie erschöpften sich nicht bloß darin, dass Christen bei Juden Geld aufnahmen; vielmehr sind immer wieder mittel- und unmittelbare Geschäftspartnerschaften erkennbar. Trotz vielfältiger Verbote legten beispielsweise Christen Geld bei Juden an, um so genannte Wuchergewinne zu erzielen – die Steuern für dieses Kapital hatten bis ins 15. Jahrhundert die Juden zu bezahlen. Ferner gab es Transaktionen, die in Kooperation von jüdischen und christlichen Unternehmern abgewickelt wurden. Auch kam es (wenn auch selten) vor, dass Juden bei Christen Geld aufnahmen. Jedoch bestand die am weitesten verbreitete Form des Geschäftskontakts darin, dass sich Christen von Juden Geld ausborgten. Die Vorteile, bei einem Juden Kredit aufzunehmen, bestanden in der Schnelligkeit, mit der das Geld zur Verfügung stand, und in der großen Zahl von Möglichkeiten, die Rückzahlungsbedingungen zu modifizieren.

Juden waren geradezu verpflichtet, liquid zu sein. Am deutlichsten tritt dies bei der Bezahlung der Taglöhner in den Weinbergen zutage: Wer etwa seine Arbeits- kräfte am Ende des Tages nicht entsprechend entlohnen konnte, musste ein Pfand herausgeben, das vom Weinzierl, dem Richter des Weinbergs, bei einem Juden in Geld umgesetzt wurde, mit dem die Taglöhner bezahlt wurden. Ähnliches galt bei Zwischenkrediten: Kam es bei einer Rückzahlung zwischen christlichen Geschäftspartnern zu Problemen, konnte der Gläubiger, wenn dies vereinbart worden war, sich sein Geld bei einem jüdischen Kreditor verschaffen, und der Schuldner stand nun bei diesem in der Kreide, zuzüglich der anfallenden Zinsen.

Im Allgemeinen waren diese Geschäfte mit ihren geringen Summen und kurzen Laufzeiten nicht sehr einträglich. Gute Verdienstmöglichkeiten bestanden bei Kreditgeschäften mit der politischen Führungsschicht und dem bedeutenden Bürgertum. Herzog Friedrich der Streitbare wies in seinem Judenprivileg darauf hin, dass die Kredite, die der Adel von den Juden erhielt, von großer Bedeutung waren und er persönlich für eine ordnungsgemäße Rückzahlung sorgen würde.

Daneben waren Darlehen gegen ein Grundstückspfand in der Führungsschicht stark verbreitet. Ab den Sechzigerjahren des 14. Jahrhunderts betrafen diese Darlehensformen in Wien auch Handwerker; zeitweise war beinahe die Hälfte aller Häuser in Wien an Juden verpfändet.

Die Gemeinde auf ihrem Höhepunkt. Von 1350 bis 1400 wuchs die jüdische Gemeinde Wiens vor allem durch Zuwanderung stark an. Die Ursache dafür lag vorwiegend in den wirtschaftlichen Reformen von Herzog Rudolf IV. (1339 bis

Jews were more or less required to have cash on hand at all times. If a wine-grower could not pay his casual workers at the end of the day, for example, he was obliged to issue a pledge that was kept by a Jewish money-lender in exchange for cash. A similar procedure applied when a Christian debtor was unable to repay a loan. The Christian creditor would obtain the money from a Jewish money-lender and the debtor would now owe the money together with interest on it to the Jewish creditor.

The small sums involved and short loan periods meant that this type of business was not very profitable. Transactions with members of the ruling elite and leading citizens offered better prospects. The charter issued by Duke Frederick the Quarrelsome attached considerable importance to loans granted to the aristocracy by Jews, and the duke personally guaranteed that they would be duly repaid.

Loans with property as collateral were common among the ruling class. From the 1360s onwards, craftsmen were also able to take out loans of this type. At times, almost fifty per cent of the houses in Vienna were pledged to Jews.

The high point of the community. In the second half of the fourteenth century, the Jewish community grew considerably, helped above all by the large influx of Jews from other areas. This can be explained particular by the economic reforms of Duke Rudolf IV (1339–1365), who introduced taxation for the aristocracy and members of the clergy and in doing so stimulated the money-lending business run by the Jews.

The immigrants came mostly from the town of Ödenburg (now Sopron in Hungary) and smaller towns in Austria. The synagogue must have been enlarged at this time with funds being provided by David Steuss. The Jewish community had eight hundred to nine hundred members, about five per cent of the population of Vienna.

The favourable business situation was accompanied by a remarkable development in the religious and intellectual activities in the community between 1360 and 1400, which were famed throughout the German empire, attracting renowned scholars such as Abraham Klausner and Meir von Fulda, who married into the family of David Steuss.

1365), der unter anderem die Steuerpflicht für Adel und Klerus einführte. Dadurch wurde die Kreditorentätigkeit von Juden noch intensiviert. Die Zuwanderer kamen vor allem aus dem heute ungarischen Ödenburg und kleineren Städten Österreichs. In diese Zeit fiel wohl eine neuerliche Erweiterung der Synagoge in Wien, die vermutlich von David Steuss finanziert wurde. Die jüdische Gemeinde zählte damals 800 bis 900 Mitglieder, das entsprach etwa fünf Prozent der Stadtbevölkerung.

Die ausgezeichnete geschäftliche Situation in der Zeit zwischen 1360 bis 1400 wurde von einer glänzenden religiös-wissenschaftlichen Entwicklung der Gemeinde begleitet, die im gesamten Deutschen Reich Anerkennung fand. Berühmte Gelehrte zogen nach Wien, unter ihnen Abraham Klausner und Meir von Fulda, der in die Familie von David Steuss einheiratete.

Niedergang, Verfolgung und Vertreibung. Der Höhepunkt jüdischer Kultur- und Geschäftstätigkeit in Wien barg aber zugleich die Ursachen für den Untergang in sich. Die Bestrebungen von Herzog Albrecht III. (1350–1395), oppositionelle Adelige zu entmachten, wirkten sich mittelbar negativ auf die jüdische Gemeinde aus, weil immer weniger Edelleute Kredit bei Juden nahmen. Der Herzog stand nämlich auf dem Standpunkt, dass das Geld, das die Juden in Umlauf brachten, zu seinem Schatz gehöre und er daher unmittelbaren Einfluss auf die Gestaltung der Rückzahlung habe. Entlastete er einen der politischen Opposition nahe stehenden Schuldner nicht, geriet dieser meist in Schwierigkeiten und musste seine einflussreichen Positionen räumen.

Gleichzeitig warnte die katholische Kirche unermüdlich davor, mit Juden Geschäfte zu machen, und ab 1400 engagierten sich zunehmend auch christliche Bürger im Darlehensgeschäft, sodass sowohl das Auftragsvolumen als auch die Bedeutung der jüdischen Bürger Wiens im Allgemeinen zurückging.

1406 kam es in der Judenstadt zu einem Brand, der zahlreiche Plünderungen mit sich brachte; besonders Studenten sollen sich unrechtmäßig bereichert haben. Der Schaden betrug mehr als 100.000 Pfund, eine Summe, von der man 30 bis 50 sehr gut ausgestattete Häuser kaufen konnte. Dieses tragische Ereignis führte zwar nicht zur Verarmung der Juden, aber ihre Steuerleistungen sanken merkbar.

Am Beginn der Verfolgung 1420/1421 stand die Diskussion, ob nicht die Zwangstaufe doch ein geeignetes Mittel zur Bekehrung der Juden sei. Gleichzeitig kamen politische Elemente ins Spiel. Herzog Albrecht V. unterstützte Kaiser Siegmund bei der Bekämpfung der Hussiten, die den Kaiser an der Machtübernahme

Decline, persecution, and banishment. The flourishing cultural and business development of the Jewish community also contained the seeds for its downfall. The attempts by Duke Albert III (1350–1395) to neutralize aristocratic opponents had an indirect effect on the Jewish community, because fewer and fewer nobles would borrow money from Jews. The duke was of the opinion that the money brought into circulation by Jews belonged to his treasury and that he could therefore determine directly how it should be repaid. To thwart political opponents, he would ensure that they did not obtain favorable terms, thereby often forcing them to give up their influential positions.

The Catholic Church was also indefatigable in warning against doing business with Jews and from 1400 onwards increasing numbers of Christian citizens took up money-lending, with the result that the volume of business and the importance of the Jewish citizens of Vienna dwindled.

In 1406, a fire broke out in the Jewish quarter and looters, including many students, were able to run rampage through the houses. The damage ran to around one hundred thousand pounds, a sum of money that would have been sufficient to buy thirty to fifty fully furnished houses. This tragic event did not completely impoverish the Jews, but the amount of taxes they paid dropped markedly.

Prior to the persecutions of 1420 and 1421, there was much discussion as to whether forced baptism might not be the best way to convert the Jews. At this time, however, a political element also came into play. Duke Albert V supported Emperor Siegmund in his war against the Hussites, who were trying to prevent the Emperor from taking over power in Bohemia. Members of the Theology Faculty in Vienna even claimed that Jews were supplying the Hussites with arms.

After an unsuccessful campaign against the Hussites in the summer of 1420, Albert returned to Austria and vented his anger on the Jews. Most of them were banished to neighboring Moravia and Hungary. Others were put in a rudderless boat and left to drift down the Danube to Hungary. Fortunately for them, they were generally well received there.

The Jews who remained in Vienna suffered a terrible martyrdom, which is at the origins of Vienna's questionable and bloody reputation within the Jewish tradition. Many were tortured to death and a number committed suicide in the synagogue to escape forced baptism. The surviving two hundred or three hundred, mostly wealthy Jews were burnt at the stake on the Gänseweide in Erdberg.

in Böhmen zu hindern suchten. Mitglieder der Wiener theologischen Fakultät sprachen sogar von Waffenlieferungen der Juden für die Hussiten. Nachdem im Sommer 1420 ein Feldzug gegen die Hussiten erfolglos verlaufen war, kehrte Albrecht nach Österreich zurück und richtete seinen Zorn gegen die Juden. Die meisten wurden in die Nachbarländer Mähren und Ungarn verjagt – jene, die in Ungarn landeten, befanden sich in jenem berühmten ruderlosen Schiff, das die Donau hinuntertrieb –, wo sie im Allgemeinen gute Aufnahme fanden.

Die übrig gebliebenen Wiener Juden erlebten ein schreckliches Martyrium, das den zweifelhaften Ruf der Metropole als Blutstadt in der jüdischen Tradition begründete. Viele starben unter der Folter, und um einer neuerlichen Zwangstaufe zu entgehen, begingen zahlreiche Juden in der Synagoge Selbstmord. Die überlebenden, meist wohlhabenden etwa 200 bis 300 Juden wurden auf einem Scheiterhaufen auf der Gänseweide in Erdberg verbrannt.

Von diesem Zeitpunkt an gab es während der nächsten 150 Jahre kaum nennenswertes jüdisches Leben in Wien; der Schwerpunkt lag in Böhmen und Mähren, und zunehmend spielte Prag die zentrale Rolle.

Die Entstehung einer neuen jüdischen Gemeinde. Die Zahl der ständig in Wien lebenden Juden war um 1580 so angewachsen, dass etwa zu dieser Zeit ein neuer jüdischer Friedhof in der Seegasse in der Vorstadt Rossau angelegt wurde – der älteste Grabstein stammt aus dem Jahr 1582. Im gleichen Jahr war auch erstmals von „hofbefreiten Juden" in Wien die Rede. Dabei handelte es sich nicht um Hoflieferanten, sondern um Leute, die im Rahmen ihrer Geschäftstätigkeit über Privilegien verfügten, die ihnen eine gewisse Freizügigkeit zusicherten. Schließlich verdichteten sich die Rechte der Juden und führten zu einer Neubildung der Gemeinde zu Beginn des 17. Jahrhunderts. Der Siedlungsschwerpunkt lag im Gebiet um den Kienmarkt, den heutigen Ruprechtsplatz, wo die Juden auch später die meisten ihrer Geschäftslokale besaßen. 1622 plante man die Errichtung einer Synagoge in der Sterngasse, wofür Ferdinand II. bereits ein Privileg erteilt hatte. Der Plan wurde allerdings durch die Anweisung neuer Wohnstätten im Jahr 1624 fallen gelassen.

Mit Patent vom 6. Dezember 1624 stellte Kaiser Ferdinand II. (1578–1637) die Wiener Juden unter den Schutz des Hauses Österreich und wies ihnen einen Teil des Unteren Werd, der heutigen Leopoldstadt, als Wohngebiet zu. Über die Schlagbrücke beim Rotenturmtor erreichten die Juden leicht ihre Geschäftslokale am Kienmarkt. Der Grund für Ferdinands Großzügigkeit war der Dreißigjährige

From this time on, there was no Jewish life worth mentioning in Vienna for hundred and fifty years. The Jewish communities moved to Bohemia and Moravia, and Prague became the most important center of Jewish life.

Development of a new Jewish community. The number of Jews living permanently in Vienna had grown by 1580 to such an extent that a new cemetery in Seegasse had to be opened. The oldest tombs there date from 1582. In the same year, mention is made for the first time of "privileged" Jews, who were granted certain freedoms to carry out business. The Jews gradually acquired more rights, enabling them to form a new community in the early seventeenth century. They settled around Kienmarkt, today's Ruprechtsplatz, where most of the Jewish businesses were also located. In 1622, Ferdinand II authorized a plan to build a synagogue in Sterngasse, but the idea was ultimately dropped when new residences were built in the area in 1624.

The patent of December 6, 1624, placed the Jews under the protection of Emperor Ferdinand II (1578–1637) and granted them a section of the Unterer Werd, today's Leopoldstadt, to live in. They were able to reach their businesses on Kienmarkt by a bridge at Rotenturm Gate.

Ferdinand was motivated to grant the Jews these privileges because of the financial burden caused by Austria's involvement in the Thirty Years' War. By ensuring that the Jews in his realm could go about their business undisturbed, he could generate more taxes to finance the war. The subsequent privilege of March 8, 1625, guaranteed the Jews a high degree of freedom to conduct trade and commerce. At the same time, the community became self-governing with its own judges, a rabbi, and community facilities, including a synagogue. In the Jewish quarter in Unterer Werd there was even a second and larger synagogue, which had been built to accommodate the ever-growing number of Jews living in Vienna. Today, the Leopoldstadt parish church stands on the site of this second synagogue.

Some of the stones marking the boundaries of the Jewish quarter have survived. One of them is in the Historical Museum on Karlsplatz. At this time, the community had over one thousand and three hundred members, although the official, probably exaggerated figure claimed that there were three thousand Jews living in Vienna.

Krieg. Der Kaiser sorgte dafür, dass die Juden in seinem Herrschaftsgebiet ihren Geschäften ungestört nachgehen und damit höhere Steuern zahlen und Kriegskontributionen leisten konnten. Das Privileg vom 8. März 1625 garantierte den Juden ein hohes Maß an Handels- und Gewerbefreiheit. Zugleich entwickelte sich die Selbstverwaltung der Gemeinde mit eigenen Richtern, der Anstellung eines Rabbiners und dem Bau von Gemeindeeinrichtungen, unter denen die Synagoge hervorragte. In der Judenstadt im Unteren Werd gab es vermutlich zwei Synagogen; die zweite, größere wurde aufgrund des starken Anwachsens der Gemeinde errichtet. An ihrer Stelle steht heute die Leopoldstädter Pfarrkirche.

Einige der Grenzsteine der Judenstadt sind noch erhalten, einer davon befindet sich im Wien Museum Karlsplatz. Um diese Zeit betrug die Zahl der Gemeindemitglieder etwas über 1300, nach – eher übertrieben anmutenden – Schätzungen der Behörden hielten sich damals gar 3000 Juden in Wien auf.

Erneute Vertreibung. So günstig die Verhältnisse auch erscheinen mochten – 1632 wurde die innere Organisation der Gemeinde bestätigt –, 1637 begannen mit dem Regierungsantritt von Ferdinand III. (1608–1657) erneut Schwierigkeiten. Treibende Kraft war die an einer Ausweisung der Juden interessierte Wiener Bürgerschaft. Viele ungewöhnliche Ereignisse in der Stadt wurden den Juden in die Schuhe geschoben – Ereignisse, die aber keinen Grund für eine Ausweisungsdiskussion darstellten. Erst als zur Zeit Leopolds I. (1659–1705) die Kirche sich in Gestalt des Wiener-Neustädter Bischofs Leopold Karl Kollonitsch einschaltete, eskalierte die Situation: Es kam zu einer generellen Ausweisung, die 1669 beschlossen und 1670 durchgeführt wurde. Der Sekretär des Bischofs wurde der erste Pfarrer der statt der Leopoldstädter Synagoge errichteten Kirche, die noch heute eine in jeder Hinsicht schauerliche weil triumphale Erinnerung an die Vertreibung darstellt. Den Vorwand für die Vertreibung bildeten theologische Gründe, die durch den Vorwurf der Spionage für die Türken gestützt wurden. Wirtschaftliche Argumente setzte man bewusst hintan, weil die Hofkammer durchaus wusste, dass das Unternehmen in dieser Hinsicht völliger Unsinn war. Die meisten Wiener Juden emigrierten nach Mähren und Ungarn; berühmt wurden darüber hinaus die Auswanderer nach Brandenburg und Berlin.

Eine der Folgen der Vertreibung war die dramatische Verschlechterung der wirtschaftlichen Situation. Die Lage war dermaßen ernst, dass der Kaiser bereits wenige Jahre später mit einigen Mitgliedern reicher jüdischer Familien Verhandlungen über eine Rückkehr führte.

Second banishment. Although the Jewish community seemed to be well established, the accession of Ferdinand III (1608–1657) in 1637 heralded fresh difficulties. The driving force behind these problems were the citizens of Vienna, who wished to see the Jews banished. Many unusual events in the city in the following years were blamed on the Jews, although the occurrences did not in themselves present any grounds for banishment. It was not until the reign of Leopold I (1659–1705), when the Church, led by the Wiener Neustadt bishop Leopold Karl Kollonitsch, advocated limiting the rights of Jews and banishing some of them, that the situation escalated.

The general banishment of the Jews was ordered in 1669 and carried out a year later. The bishop's secretary was the first minister of the church erected on the site of the Leopoldstadt Synagogue, which even today acts as a triumphant and therefore all the more terrible reminder of the banishment. The pretext for the banishment was a theological one, backed by accusations that the Jews had been spying for the Turks. Economic arguments were deliberately played down, because the Treasury was well aware that in those terms the undertaking was completely senseless. Most Viennese Jews went to Moravia and Hungary, and a significant group headed for Brandenburg and Berlin.

One of the consequences of the banishment was the dramatic deterioration in the economic situation, which became so serious that a few years later the Emperor started negotiating with members of rich Jewish families for their return to Vienna.

Court agents. Members of the Jewish community had been suppliers to the Court before the banishment in 1670. In the 1670s, a figure of singular importance to the imperial court appeared for the first time. Samuel Oppenheimer concluded supply agreements with the Court for the army and imperial household. He was allowed to move freely throughout the entire Empire and Habsburg lands and enjoyed an excellent reputation among Christian and Jewish suppliers and money-lenders, which enabled him to conduct his business in the first place.

Since the Court was unable to pay for many of the services that Oppenheimer provided, however, the entire economic system collapsed on his death in 1703, bankrupting the state treasury in Austria. Oppenheimer's nephew, Samson Wertheimer, enjoyed similar privileges but was a much more cautious businessman. He also served as a rabbi in Eisenstadt.

Die Hofjuden. Hoflieferanten hatte es in der jüdischen Gemeinde Wiens schon vor der Vertreibung von 1669/1670 gegeben. Aber in den Siebzigerjahren des 17. Jahrhunderts trat in der Gestalt von Samuel Oppenheimer eine Erscheinung von singulärer Bedeutung mit dem kaiserlichen Hof in Verbindung. Oppenheimer schloss mit dem Wiener Hof Lieferungsverträge für das Heer und den kaiserlichen Haushalt. Er genoss Freizügigkeit im ganzen Reich und in den habsburgischen Ländern sowie darüber hinaus hohes Ansehen unter christlichen wie jüdischen Lieferanten und Geldgebern, was ihm seine Geschäfte erst ermöglichte. Da der Hof aber viele Leistungen Oppenheimers nicht bezahlen konnte und wollte, brach mit dessen Tod 1703 ein ganzes Wirtschaftssystem zusammen, das den Staatsbankrott in Österreich auslöste. Oppenheimers Neffe Samson Wertheimer verfügte über ähnliche Privilegien, ging aber vorsichtiger an seine Geschäfte heran. Außerdem übte er das ungarische Landesrabbinat im Esterházy'schen Eisenstadt aus.

Die sich bald nach Oppenheimer und Wertheimer in Wien ansiedelnden Juden waren zwar kaum in einer vergleichbaren Position, aber dennoch Vertreter der wirtschaftlichen und geistigen Führungsschicht. Sie kamen vor allem aus Mähren und Ungarn nach Wien. Eine einflussreiche Position nahm der von der Iberischen Halbinsel stammende Diego d'Aguilar ein. Er sollte den Tabakhandel und -verkauf möglichst gewinnbringend organisieren und sorgte ferner für Hilfsgelder für den Kaiser, speziell aus England.

Die Abgabenzahlungen, die Betreuung des Friedhofs in der Seegasse und der Betrieb des Spitals bildeten erste Elemente einer wieder entstehenden jüdischen Gemeinde in Wien. Zu dieser Zeit betrug die offiziell erfasste Zahl der Juden in Wien etwa 500. Weit mehr dürften sich unerlaubt in der Stadt aufgehalten haben.

1763 gründeten junge Juden die Beerdigungsbruderschaft Chewra Kadischa, die sich auch um den Rossauer Friedhof in der Seegasse kümmerte, der bis 1784 bestand. Mit der Anlage der Kommunalfriedhöfe wurde ein Teil des Währinger Friedhofs die letzte Ruhestätte der Wiener Juden.

Die Entwicklung hin zu einer eigenständigen jüdischen Gemeinde setzte sich über das Toleranzzeitalter hinaus fort, indem den Juden nach und nach eine Vertretung und schließlich sogar der Bau einer Synagoge gestattet wurde.

Veränderungen durch die Toleranzpolitik. Am 2. Jänner 1782 publizierte Kaiser Joseph II. ein Toleranzpatent für die Juden in Wien und Niederösterreich. Es war dies eines von mehreren Patenten für die einzelnen Länder, die aus wirt-

The Jews who began to settle in Vienna in the wake of Oppenheimer and Wertheimer did not enjoy nearly the same privileges, but were nevertheless representatives of an economic and intellectual elite. Most of them came from Moravia and Hungary. Diego d'Aguilar, who arrived in Vienna from the Iberian Peninsula, also had a prominent role to play. He reorganized the trade and sale of tobacco, and also raised funds for the Emperor, particularly from England.

Paying levies, tending the cemetery in Seegasse, and running the hospital were the first elements of a new Jewish community in Vienna. At this time, there were around five hundred officially registered Jews, although many more probably lived in the city without authorization.

In 1763, a group of young Jews established a burial society, the Chevra Kadisha. One of its functions was to look after the Rossau cemetery in Seegasse, which was used until 1784. When public cemeteries came into existence, part of Währing cemetery was allocated to the Jews of Vienna.

The Jewish community continued to develop and its members were gradually granted increasing recognition—a process culminating in the permission to construct a synagogue.

Tolerance Patent. On January 2, 1782, Emperor Joseph II promulgated a Tolerance Patent for the Jews of Vienna and Lower Austria. This was one of several patents issued for the different provinces. For all the retrospective enthusiasm for Joseph's Tolerance Patent, the text failed to address one of the basic questions of the time: the social equality of the Jews. Instead, there were a few superficial concessions such as the lifting of the obligation to wear beards. As far as immigration was concerned, nothing changed: only wealthy Jews, who were likely to be of benefit to the state, were allowed to settle.

Most of the immigrants were therefore wholesalers, tobacco dealers and manufacturers. Under these circumstances, it is hardly surprising that in Vienna, unlike Bohemia, the Emperor's far-reaching education program did not apply to the Jews, and Jewish children were almost exclusively taught by private tutors.

Jewish emancipation. Towards the end of the eighteenth century, several Jews had achieved considerable recognition in Viennese society. The organization of the tobacco monopoly, for example, was in the hands of Israel Hönig, who was awarded the aristocratic title Hönigsberg, and Nathan Arnstein and Bernhard

schaftlichen und bevölkerungspolitischen Gründen aufeinander abgestimmt waren. Bei aller retrospektiven Begeisterung für die Toleranzpolitik Josephs fällt doch auf, dass der Text eine der Grundfragen der Zeit nicht berührt: Die bürgerliche Gleichstellung der Juden fand nicht statt. Stattdessen gab es einige äußerliche Retuschen, die sich auf die Aufhebung der Verpflichtung, Bärte zu tragen, und ähnliche Fragen bezogen. Was die Zuwanderung betraf, blieb es bei den überkommenen Bedingungen: Nur wohlhabende Juden, die dem Staate nützlich sein konnten, durften sich in Wien niederlassen.

So handelte es sich bei den Zuwanderern meist um Großhändler, Tabakpächter und Fabrikanten. Bei diesen sozialen Verhältnissen war es kein Wunder, dass das breit angelegte Bildungsprogramm des Kaisers für die Wiener Juden – anders als etwa in Böhmen – kaum Bedeutung hatte. Die Kinder wurden fast ausschließlich von privaten Lehrern unterrichtet.

Jüdische Emanzipation. Gegen Ende des 18. Jahrhunderts erlangten einige Juden hohes Ansehen in der Wiener Gesellschaft. Die Organisation des Tabakwesens etwa lag in den Händen Israel Hönigs, geadelt als Hönigsberg, und Nathan Arnstein und Bernhard Eskeles gründeten das Bankhaus Arnstein & Eskeles. Weitere wichtige Vertreter des Wiener Judentums dieser Zeit waren Isak Löw Hofmann, ein Vorfahre von Hugo von Hofmannsthal, und Lazar Biedermann, die durchsetzten, dass die Behörden Juden als Gesprächspartner anerkannten. Weiters erbrachten jüdische Familien während der Napoleonischen Kriege gewaltige Leistungen für die Staatsfinanzen und steigerten dadurch noch ihr Ansehen. Ausdruck dieser Wertschätzung war etwa der Salon der Fanny Arnstein, in dem Künstler und Politiker aus und ein gingen.

Nach den Napoleonischen Kriegen wollte man ein Bauwerk errichten, das der neu gewonnenen Bedeutung Ausdruck verleihen und zugleich auch für die jüdische Identität stehen sollte: Die Pläne für die Erbauung des Wiener Stadttempels entstanden, der 1826 fertig gestellt wurde. Mit Josef Kornhäusel wurde der berühmteste Wiener Architekt der Zeit für den Bau gewonnen.

Obwohl es noch mehr als 20 Jahre dauern sollte, ehe eine wirkliche Gemeinde sich konstituierte, entstand mit der Etablierung eines öffentlichen religiösen Lebens der Juden auch gleich der Konflikt zwischen Traditionalisten und Fortschrittlichen. Die Querelen entluden sich um die Mitte des Jahrhunderts im so genannten Orgelstreit, in der Organisation einer orthodoxen Gruppe von Juden und zum Teil in der Gründung verschiedener Synagogengemeinschaften,

Eskeles founded Bankhaus Arnstein & Eskeles. Other important representatives of the Viennese Jewish community at this time were Isak Löw Hofmann, an ancestor of Hugo von Hofmannsthal, and Lazar Biedermann, who persuaded the authorities to give a hearing to Jewish interests. During the Napoleonic Wars, Jewish families also made massive contributions to the state treasury and increased their standing in this way as well. One example of the elevated status of some Jewish families was the salon of Fanny Arnstein, which was frequented by artists and politicians.

After the Napoleonic Wars, it was decided to construct a building that would give expression to this new status and to the Jewish identity. To this end, the City Temple was planned by Josef Kornhäusel, one of the most famous Viennese architects of the time, and completed in 1826.

Although it was to be another twenty years or more before a real community was constituted, the establishment of public religious life also brought to light the conflict between the traditionalists and the progressives. The dispute came to a head in mid-century over the "organ conflict," as it was called, which led indirectly to the formation of an orthodox group and the setting up of other synagogue congregations that, while officially belonging to the Jewish community, generally went their own way.

Serving the system. In 1816, Salomon Rothschild moved to Vienna. He was a banker who reorganized the Vienna stock exchange and worked closely with Prince Metternich and his wife. He was ennobled in 1822 and was later active in mining and railway construction.

The first real representatives of the typical Jewish businessman of the Gründerzeit were probably Jonas Königswarter and Hermann Todesco. The old established Jews who had cooperated with the state and shared responsibility for its financial transactions were thus gradually replaced by younger liberals, who sought greater economic freedom. Together with young critics who were dissatisfied with the social situation, they were among the leaders who paved the way for the revolution in 1848.

Revolution 1848. Adolf Fischhof, a young Jewish doctor, felt called upon on March 13, 1848, to say an "inflammatory word" to the restless crowd that had gathered in the courtyard of a house in Herrengasse. His speech sparked off the revolution. Fischhof was the first of a series of Jewish politicians who forged the

die formal zwar unter dem Dach der Einheitsgemeinde blieben, aber ein beträchtliches Eigenleben führten.

In den Diensten des Systems. 1816 zog Salomon Rothschild nach Wien. Im Bankwesen tätig, organisierte er die Wiener Börse neu und arbeitete eng mit Fürst Clemens Metternich und dessen Frau zusammen. 1822 wurde er als Freiherr in den Adelsstand erhoben, später engagierte er sich im Berg- und Eisenbahnbau.

Die ersten wirklichen Vertreter des gründerzeitlichen Typs jüdischer Unternehmer waren aber vermutlich Jonas Königswarter und Hermann Todesco. Die Gruppe der eng mit dem Staat kooperierenden und für dessen finanzielle Transaktionen mitverantwortlichen Juden wurde also von liberalen, um ökonomische Freiheit ringenden jüngeren Leuten abgelöst. Zusammen mit jungen Kritikern, die mit den sozialen Verhältnissen unzufrieden waren, gehörten sie zu jenen, die der Revolution von 1848 den Weg ebneten.

Revolution 1848. Adolf Fischhof, ein junger jüdischer Arzt, fühlte sich am 13. März 1848 dazu berufen, an die unschlüssige Menge, die im Hof des Landhauses in der Wiener Herrengasse versammelt war, „ein zündendes Wort" zu richten. Seine Rede gilt als auslösendes Moment für die Revolution. Fischhof steht chronologisch am Beginn einer Reihe jüdischer Politiker, die in den folgenden Jahrzehnten Pläne zur Durchsetzung der liberalen Verfassung und zur letztlich nicht gelungenen Bewältigung des Nationalitätenproblems in der Monarchie schmiedeten. Ein Ergebnis der Revolution war die verfassungsmäßige Gleichstellung der Juden mit allen anderen Bürgern. Da diese Verfassung aber oktroyiert war – die konservativen Kräfte hatten gesiegt –, misstraute sogar Isaac Noa Mannheimer, der Wiener Rabbiner, den in Aussicht gestellten Maßnahmen. Tatsächlich dauerte es noch über zehn Jahre, bis sich die Gleichstellung vollzog.

Immerhin entstand nun die jüdische Gemeinde als Kultusgemeinde. Damit wurde entschieden, die Juden als religiöse Gemeinschaft zu begreifen. 1852 gab sich die Gemeinde ein provisorisches Statut. Auf dieser Basis und vor dem Hintergrund einer sich rasch ausweitenden Zuwanderung entwickelte sich ein weit verzweigtes kommunales Leben, in dem die sozialen Aufgaben an erster Stelle standen. Bis in die Siebzigerjahre des 19. Jahrhunderts dominierten Zuwanderer aus Böhmen, Mähren und Ungarn. Erst danach gewann die Immigration aus Galizien an Bedeutung, was mit dem Zusammenbruch der beskidischen Erdölförderung und Petroleumproduktion in Zusammenhang stand.

plans in the following decades for a liberal constitution and for the ultimately unsuccessful resolution of the nationality problem in the monarchy. One result of the revolution was the constitutional equality of the Jews with all other citizens. Since this constitution was imposed by the conservatives, however, even Isaac Noa Mannheimer, the rabbi of Vienna, was skeptical about the proposed measures. In fact it took another ten years before real equality could be achieved.

The Jewish community now existed officially as a religious community. In 1852, it was granted provisional status. On this basis, and with the increasing influx of Jews from other parts of the monarchy, communal life began to flourish and welfare institutions were established. Until the 1870s, most of the immigrants came from Bohemia, Moravia, and Hungary, and it was not until the end of the century that Jews from Galicia started arriving in large numbers as a result of the collapse of oil extraction and paraffin production in Beskidy.

The Leopoldstadt Temple was completed in 1858 and became a focus of the growing community. Adolf Jellinek preached there and was held in high esteem for his knowledge of Jewish and other matters. For traditional Jews, however, the new temple, which held three thousand people, was a thorn in the side because of the "progressive" nature of the services held there.

Gründerzeit. Jews exercised a number of independent professions from banker to tobacco dealer, and they were particularly prominent in the textile trade. Even today, the large windows in the buildings on Franz-Josefs-Kai are a reminder of the huge textile warehouses of those days. Many Jewish immigrants worked as commercial clerks and traveling salesmen.

The Jews of the following generation started to turn to more intellectual professions such as medicine and the law, and an increasing number were active in the art world. It is significant that patronage of the arts and public discussion of art and culture in newspapers or bourgeois salons were frequently fostered by Jews. By the turn of the century, intellectual Jews had become a permanent component and even the characterizing element of cultural life in Vienna.

Leading Jewish families made a decisive contribution to the cultural scene during the Gründerzeit. Many of the Ringstrasse residences were built by Jews and they also helped finance opera houses and theatres, organized art exhibitions and were involved in the Secession project. One of the proudest communal achievements was the laying out of Zentralfriedhof (Central Cemetery), the Jewish section of which was opened at Gate one in 1874.

Neben dem Stadttempel wurde der 1858 fertig gestellte Leopoldstädter Tempel zum Zentrum der sich entwickelnden Gemeinde. Adolf Jellinek wirkte dort als berühmter Prediger und galt nicht nur in jüdischen Angelegenheiten als Gelehrter. Für traditionell gesinnte Juden war der neue große Tempel, der 3000 Personen Platz bot, ständiger Anlass zu Kritik, da sie den dort gehaltenen Gottesdienst für zu fortschrittlich hielten.

Gründerzeit. Die selbstständig arbeitenden Juden übten Berufe vom Bankier bis zum kleinen Tabakhändler aus, besondere Bedeutung kam aber dem Textilgewerbe zu. Noch heute erinnern die großen Fenster der Häuser am Franz-Josefs-Kai an die Lager der Stofffirmen. Zahlreiche jüdische Immigranten wurden als Handlungsgehilfen und reisende Verkäufer beschäftigt.

In der folgenden Generation wandten sich viele Juden intellektuellen Berufen zu: Zum Teil waren sie als Wissenschaftler tätig, besonders bekannt waren Ärzte und Rechtsanwälte, und zunehmend betätigten sich Juden auch als Künstler. Nicht unwichtig ist, dass das Mäzenatentum und die öffentliche Kunst- und Kulturdiskussion in Zeitungen oder bürgerlichen Salons häufig von Juden getragen wurden. Die intellektuellen Juden waren ein fixer Bestandteil, geradezu ein Markenzeichen des kulturellen Lebens im Wien der Jahrhundertwende.

Führende jüdische Familien waren an den kulturellen Leistungen des gründerzeitlichen Wien entscheidend beteiligt: Viele der Ringstraßenpalais hatten jüdische Bauherren, Juden beteiligten sich an der Finanzierung von Theatern und Opern, organisierten Kunstausstellungen und wirkten an der Verwirklichung des Secessionsprojektes mit. Eine der stolzesten kommunalen Leistungen des Liberalismus war die Anlage des Zentralfriedhofs, dessen jüdischer Teil beim ersten Tor 1874 eröffnet wurde.

Antisemitismus des 19. Jahrhunderts. Aber weder die Verfassungsentwicklung noch der wirtschaftliche Erfolg einiger jüdischer Familien verhinderten das Vorhandensein judenfeindlichen Denkens und Handelns. Die Federführung diesbezüglich lag wie schon in den vorangegangenen Jahrhunderten bei Teilen der christlichen Kirche, wenn auch allmählich rassistische Argumente eine Rolle zu spielen begannen. Die *Wiener Kirchenzeitung* unter langjähriger Führung von Sebastian Brunner war auf diesem Gebiet speziell berüchtigt.

Einen propagandistischen Höhepunkt erreichte die politisch instrumentalisierte Judenfeindschaft in den Jahren, als Karl Lueger um die Macht in Wien rang.

Anti-Semitism in the nineteenth century. Neither the new constitution nor the economic success of some Jewish families was able to put a stop to anti-Semitic activities and ideas. The driving force behind this anti-Semitism, as in previous centuries, was parts of the Christian Church, although racist arguments also began to rear their ugly head at this time. The *Wiener Kirchenzeitung*, edited for many years by Sebastian Brunner, was particularly notorious in this respect.

Politically motivated anti-Semitism climaxed in the years when Karl Lueger was involved in communal politics. He made numerous anti-Semitic utterances, including one in a speech on the Jewish Law in 1890, which was particularly malicious. After his election as mayor of Vienna, he moderated his tone and the attacks. Religiously motivated anti-Semitism culminated in a dispute between Joseph Samuel Bloch, rabbi and member of parliament, and August Rohling, professor of bible studies at the university, and Josef Deckert, priest of Weinhaus parish, who claimed that the Talmud advocated hostility to Christians and that Jews did indeed carry out the ritual killing of Christian boys.

Many associations at this time tried to combat anti-Semitism. The Jews enjoyed the support of the Habsburgs, and in his later years Emperor Franz Joseph I was to condemn attacks on Jews.

Between the wars. Anti-Semitism found fertile soil in which to grow in Vienna after World War I. In 1915 and 1917 there had been two massive waves of immigration of Galician and Polish Jews, who presented an additional social burden to a city that was already in dire financial straits. In spite of the enormous bureaucratic obstacles put up by the Austrian authorities, a large number of these immigrants were able to settle in Vienna. In the early 1920s, almost all political parties, including the Social Democrats, had anti-Jewish slogans in their election manifestos.

The growing anti-Semitism in Austria naturally strengthened the position of the Zionists, although there were also Jews, in the Jewish National Party, for example, who sought to protect their interests within Austria. More and more young people were learning about farming and agriculture, however, in preparation for emigration to Palestine. Prominent figures, including Desider Friedmann, the last president of the Jewish Community before 1938, and the famous rabbi Zwi Peres Chajes, also increasingly sided with the Zionists.

In spite of the difficult situation, which had even seen acts of violence against Jews—one such incident being an attack at the Anatomy Institute of the University

Unter seinen zahlreichen antisemitischen Äußerungen erlangte seine Rede zum Israelitengesetz 1890 Bekanntheit, die vor Bosheit nur so strotzte. Nach seiner Wahl zum Wiener Bürgermeister mäßigte Lueger aber seine Sprache und seine Angriffe. Die religiös motivierte Judenfeindschaft kulminierte in den Auseinandersetzungen, die der Rabbiner und Abgeordnete zum Reichstag Joseph Samuel Bloch mit August Rohling, einem Universitätsprofessor für Bibelwissenschaften, und dem Weinhauser Pfarrer Josef Deckert führte und in deren Verlauf Letztere behaupteten, der Talmud fordere Feindschaft gegenüber Christen und Juden würden tatsächlich Ritualmorde an christlichen Knaben begehen.

Verschiedene Vereinigungen machten sich um diese Zeit bereits gegen den Antisemitismus stark. Eine wichtige Stütze hatten die Juden auch im Hause Habsburg, denn Kaiser Franz Joseph I. verurteilte in seinen späteren Jahren Attacken auf Juden.

Die Zwischenkriegszeit. Die Verhältnisse in Wien nach dem Ersten Weltkrieg förderten die Judenfeindschaft. In zwei Wellen, 1915 und 1917, war eine große Zahl von galizischen und polnischen Juden nach Wien geflohen, die die wirtschaftlich erschöpfte Stadt vor zahlreiche soziale Probleme stellten. Trotz enorm restriktiven bürokratischen Praktiken seitens der österreichischen Behörden wurde ein großer Teil der Zuwanderer in Wien sesshaft. Anfang der Zwanzigerjahre bedienten sich praktisch alle Parteien, selbst die Sozialdemokraten, in ihrer Wahlpropaganda antijüdischer Slogans.

Der massiv zunehmende Antisemitismus in Österreich stärkte natürlich die Positionen der Zionisten, obwohl es etwa in der Jüdischen Nationalen Partei durchaus auch Juden gab, die ihre Interessen innerhalb Österreichs wahren wollten. Aber immer mehr Vertreter der jungen Generation absolvierten landwirtschaftliche Ausbildungen, um sich auf die Emigration nach Palästina vorzubereiten. Auch die Vorsteher der Kultusgemeinde schlossen sich in wachsendem Maße den Zionisten an, unter ihnen Desider Friedmann, der letzte Präsident der Kultusgemeinde vor 1938, und der bedeutende Rabbiner Zwi Peres Chajes.

Trotz dieser schwierigen Situation, die sogar zu gewaltsamen Angriffen gegen Juden führte – erinnert sei an den Überfall auf das anatomische Institut der Universität Wien, das unter der Leitung von Julius Tandler stand –, nahm das Leben offenbar seinen normalen Lauf. Viele in der Öffentlichkeit angesehene Personen waren Juden, und die seit etwa 1930 rasch wachsende nationalsozialistische Bewegung schien zunächst eine vernachlässigbare Größe. Nach außen hin

of Vienna, which was directed by Julius Tandler—life apparently continued normally. Many public figures were of Jewish origin, and the National Socialist movement, which had been growing rapidly since 1930, was not yet taken seriously. The Dollfuss-Schuschnigg regime also appeared to protect the Jews, although there were plenty of anti-Semites within its ranks.

1938 to 1945. The annexation of Austria by Hitler in March 1938 was a catastrophe for Austrian Jews. They were forced by the fanatical mob to wash streets and pavements with toothbrushes, and in no other city in Nazi Germany was anti-Semitism accompanied by such sadistic acts. The number of suicides soared. The arrival of Adolf Eichmann and his SS thugs marked the start of the systematic registration and expulsion of the Jews. Some one hundred and twenty thousand people managed to escape or emigrate. In 1941, the deportations to ghettos in Poland and White Russia began, and from there to the extermination camps, where sixty-five thousand Austrian Jews were put to death.

Post-1945. Of the one hundred and eighty thousand Jews living in Vienna in 1938, few managed to survive the war. When the Jewish Community (Kultus-gemeinde) was reformed, most of its members were displaced persons from Eastern Europe. The majority emigrated to the U.S. and Palestine and only a few former Viennese Jews returned to their homes. There were rarely official invitations to return—and then only to prominent Jews like Arnold Schönberg.

Within the Community, not many people expected that Jewish life could continue in Vienna. Most of the younger Jews contemplated emigration to Israel. The remnants of anti-Semitism, which continued to flicker, were not encouraging. The Jews who remained in Vienna tried to assimilate and live as unobtrusively as possible, and the politics of the leaders of the Jewish Community were strongly influenced by the Socialist Party.

With the emergence of a new generation in Austria, the Jewish Community began to change course. Since the 1980s, community life has begun to flourish again on several levels. It was helped by the fact that Jewish foundations abroad had rediscovered Vienna and helped to finance religious and educational insti-tutions. The joint activities of Jewish and non-Jewish institutions and persons in developing public schooling for Jewish children is particularly noteworthy.

schützte das Dollfuß-Schuschnigg-Regime die Juden, obwohl es auch in diesen
Kreisen nicht an handfestem Antisemitismus mangelte.

1938 bis 1945. Der „Anschluss" Österreichs an das Deutsche Reich im März
1938 war vor allem für die österreichischen Juden eine Katastrophe. Juden wurden von einer fanatisierten Meute dazu gezwungen, Straßen und Gehsteige mit
Hand- und Zahnbürsten zu reinigen – in keiner anderen Stadt Nazideutschlands
nahm der Antisemitismus dermaßen offen sadistische Züge an. Die Zahl der
Selbstmorde stieg sprunghaft an. Das Eintreffen von Adolf Eichmann und seinen
SS-Schergen kennzeichnete den Beginn der systematischen Erfassung und Vertreibung der Juden. Etwa 120.000 Menschen gelang es, zu flüchten oder aus-
zuwandern. Im Jahr 1941 begannen die Deportationen in die polnischen und
weißrussischen Gettos und weiter in die Massenvernichtungslager. 65.000 österreichische Juden wurden Opfer der Schoah.

Die Entwicklung nach 1945. Von den 180.000 1938 in Wien wohnhaften
Juden hatten nur wenige im Untergrund überlebt. Als es zur Wiedergründung
der Kultusgemeinde kam, waren die meisten ihrer Mitglieder aus Osteuropa
stammende *displaced persons*. Deren größter Teil wanderte allerdings in die USA
und nach Palästina beziehungsweise ab 1948 nach Israel aus. Nur wenige ehema-
lige Wiener Juden kehrten in den folgenden Jahren in ihre Heimatstadt zurück.
Offizielle Einladungen zur Heimkehr ergingen nur selten – und wenn, dann nur
an prominente Juden wie zum Beispiel Arnold Schönberg. In der Kultusgemeinde
rechneten nur wenige damit, dass es in Wien jüdisches Leben auf längere Sicht
hin geben würde. Die meisten jüngeren Juden dachten an die Emigration nach
Israel. Der hin und wieder aufflackernde Antisemitismus begünstigte diese
Tendenzen. Man versuchte, unauffällig und angepasst zu leben; die Politik des
Kultusvorstands spielte sich im Schatten der Sozialistischen Partei ab.

Nachdem aber eine neue Generation in Österreich aufgewachsen war, kam es
zu einem Umdenken. Ab den Achtzigerjahren des vorigen Jahrhunderts begann
sich das Gemeindeleben auf den verschiedensten Gebieten neu zu entfalten.
Hilfreich war, dass jüdische Stiftungen im Ausland Wien neu entdeckten und
sich in der Finanzierung von Religions- und Bildungseinrichtungen engagierten.
Bemerkenswert war auch das gemeinsame Agieren von jüdischen und nichtjüdischen Einrichtungen und Personen beim Aufbau des allgemeinen Schulwesens
für jüdische Kinder.

New culture of remembrance. The crimes committed against the Jews had been widely publicized through the Nuremberg Trials and equivalent proceedings in Vienna, but for decades an attitude of denial, silence, and claimed ignorance prevailed in Austria. War memorials tended to serve solely as warnings against Fascism and they were mostly erected at the instigation of the Socialists and Communists. The Holocaust itself remained largely unmentioned and was modestly concealed behind the anti-war and anti-Fascist slogans. It was not until the Waldheim affair that public criticism about the need to remember the Holocaust became louder.

Refusing to remember is tantamount to not wanting to remember, which in the light of the unthinkable crimes committed against the Jews raises serious moral questions. This recognition, which has grown in strength in the generation born after 1945, has led to the acceptance of a certain responsibility, which in turn has laid the groundwork for a new culture of remembrance. This development has been given extra force by the commandment imposed on the Jews themselves not to forget.

The Jewish Community has made enormous efforts to revive cultural life. Museums and other cultural events now frequently feature Jewish artists, something that would have been inconceivable twenty-five years ago. This focus on the creativeness of Jewish artists, who made an inestimable contribution to Viennese intellectual life, has influenced the cultural climate for some years now and given it fresh vigor. We can only hope that it is the sign of a sustainable process of change.

Neue Erinnerungskultur. Die an den Juden verübten Verbrechen waren zwar spätestens seit den Nürnberger Prozessen – oder auch den Wiener Volksgerichtsverfahren – öffentlich bekannt. Dennoch herrschte in Österreich jahrzehntelang eine Atmosphäre des Leugnens, Totschweigens und angeblichen Nichtwissens vor. Den Kriegerdenkmälern wurden antifaschistische Mahnmale gegenübergestellt, die meist auf die Initiative von Sozialdemokraten und Kommunisten entstanden. Ausgespart blieb durchgehend der Holocaust, den man verschämt in der Formel „Gegen Krieg und Faschismus" versteckte. Spätestens mit der Diskussion um die Kriegsvergangenheit des damaligen Bundespräsidenten Kurt Waldheim erreichte die Frage nach der Notwendigkeit, an den Holocaust zu erinnern, eine breite und zunehmend kritischere Öffentlichkeit.

Sich nicht zu erinnern bedeutet eigentlich, sich nicht erinnern zu wollen, was bei der jede menschliche Vorstellungskraft übersteigenden Dimension der Verbrechen an Juden eine neue schwere moralische Irreleitung bedeutet. Diese Erkenntnis, die sich doch auf breiterer Ebene in der nach 1945 geborenen Generation durchgesetzt hat, führte zur Übernahme einer gewissen Verantwortung, die den Boden für eine neue Erinnerungskultur bereitete. Verstärkt wurde diese Entwicklung durch das den Juden aufgetragene Gebot „Erinnere dich!".

Die Israelitische Kultusgemeinde hat enorme Anstrengungen unternommen, um das kulturelle Leben in der Gemeinde wieder zu beleben. Der gesamte künstlerische Betrieb Wiens fokussiert immer wieder auf Werke jüdischer Künstler – diese Situation unterscheidet sich doch deutlich von Verhältnissen, wie sie noch vor 25 Jahren in Wien geherrscht haben. Die intensive Auseinandersetzung mit Kunstwerken, die von Juden geschaffen wurden und die als wesentlicher Teil der Wiener Geistesgeschichte gelten, prägt das kulturelle Klima der Stadt seit Jahren und hat es von Grund auf erneuert. Es ist zu hoffen, dass diese Situation Ergebnis eines nachhaltigen Veränderungsprozesses ist.

Ausgelassene Feierstimmung beim jüdischen Straßenfest 2003 am Judenplatz.

Lively, festive atmosphere at the Jewish street festival 2003 at Judenplatz.

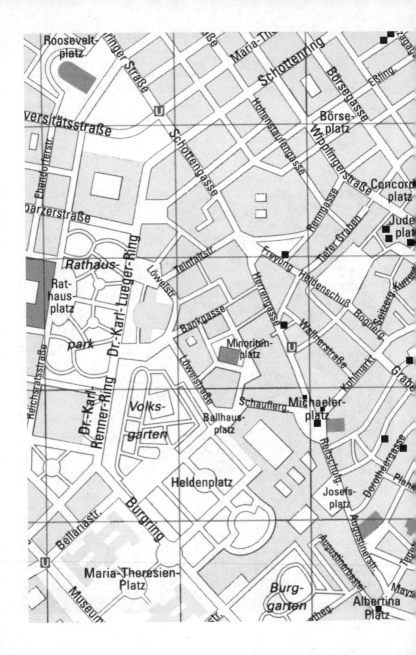

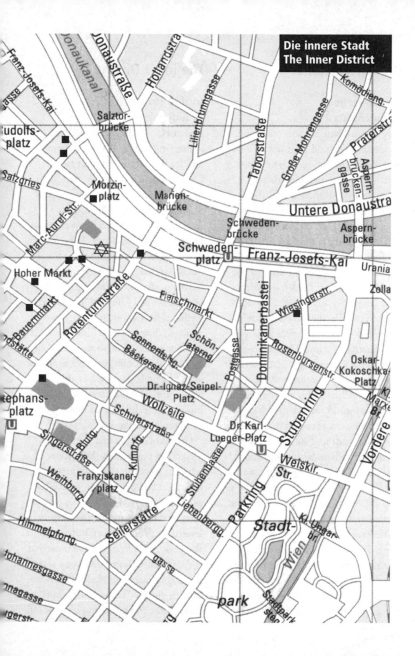

Die innere Stadt
The Inner District

Die Innere Stadt

Jordan-Haus
1., Judenplatz 2

Das Jordan-Haus ist das älteste Gebäude am Platz und zeigt noch eine mittelalterliche Fassade. Der Name leitet sich vom ersten christlichen Besitzer Georg Jordan ab, der dieses Haus 1497 an der Stelle eines älteren Baus errichten ließ. Er war es wahrscheinlich auch, der an der Fassade ein Relief mit der Darstellung der Taufe Jesu im Jordan anbringen ließ. Das auf den ersten Blick harmlose mittelalterliche Relief trägt eine lateinische Inschrift, die auf die Vertreibung und Verbrennung der Juden in den Jahren 1420 und 1421 anspielt: „Durch die Fluten des Jordan wurden die Leiber von Schmutz und Übel gereinigt. Alles weicht, was verborgen ist und sündhaft. So erhob sich 1421 die Flamme des Hasses, wütete durch die ganze Stadt und sühnte die furchtbaren Verbrechen der Hebräerhunde. Wie damals die Welt durch die Sintflut des Deukalion gereinigt wurde, so sind durch das Wüten des Feuers alle Strafen verbüßt."

Die Ereignisse der ersten Vertreibung der Juden aus Wien werden hier in einen heilsgeschichtlichen Kontext gestellt, der die Vertreibung und Verbrennung der Juden als eine Reinigung interpretiert. Die „furchtbaren

The Inner District

Jordan House
1., Judenplatz 2

Jordan House, the oldest building on the square, still retains its medieval façade. It is named after its first Christian owner, Georg Jordan, who built the house in 1497. He was also probably responsible for the relief showing the baptism of Jesus that can be seen on the façade. A closer study of this apparently harmless medieval relief reveals a Latin inscription referring to the expulsion and burning of the Jews in 1420/21: "Just as the Jordan cleanses bodies of pestilence and evil, dissolves even hidden sins, so did rage sweep through the entire city in 1421 and punish the terrible crimes of the Hebrew dogs. Just as the world was cleansed by the Flood, so were all punishments duly meted out today through the raging fire."

The events of the first Vienna Gesera are put here in the context of religious salvation that interprets the expulsion and persecution of the Jews as a purification. The "terrible crimes" refer to the accusations traditionally leveled by the Catholic Church against the Jews. Apart from the assertion that they had killed Jesus, they were also accused of using the blood of children in their rituals ("blood libel"), host desecration and poisoning of wells, all

Verbrechen" sprechen jene Vorwürfe an, die die katholische Kirche jahrhundertelang gegen die Juden erhob. Ausgehend vom Gottesmordvorwurf, entwickelten sich Beschuldigungen von Ritualmord, Hostienschändung und Brunnenvergiftung, die immer wieder zu fürchterlichen Verfolgungen führten und auch im Falle der Gesera von 1420 und 1421 als Erklärungsmuster herangezogen wurden.

Nach langen Diskussionen über die Verantwortung der katholischen Kirche an der Verfolgung und Vernichtung von Juden entschloss sich die Erzdiözese Wien 1998, am Haus Judenplatz 6 eine Tafel anzubringen, die die Mitschuld der Kirche an mittelalterlichen Judenverfolgungen und der Schoah eingesteht.

Lessing-Denkmal
1., Judenplatz

1935 wurde auf dem Judenplatz ein von Siegfried Charoux geschaffenes Standbild des Dichters Gotthold Ephraim Lessing aufgestellt, das im Jahr 1939 von den Nazis zerstört wurde. 1968 schuf Charoux ein zweites Denkmal, das bis 1982 am Franz-Josefs-Kai unterhalb der Ruprechtskirche stand und dann an der Stelle des ursprünglichen Denkmals postiert wurde. Lessing weilte 1775 und 1776 anlässlich einer Reise nach Leipzig, Berlin, Dresden auch in Wien und

Siegfried Charoux' Lessing in Bronze überblickt den Judenplatz.

Siegfried Charoux's bronze Lessing looks over Judenplatz.

of which brought terrible reprisals and can also be cited as explanations for the Gesera of 1420/21.

After long discussions on the responsibility of the Catholic Church for the persecution and annihilation of Jews, the Archdiocese of Vienna decided in 1998 to affix a plaque on the house at Judenplatz 6 admitting the Church's shared responsibility for the medieval persecution of the Jews and for the Holocaust.

51

wurde von Kaiser Joseph II. in einer Audienz empfangen. Als wichtigster Vertreter der deutschen Aufklärung vertrat Lessing in seinen Stücken deren Ideen und setzte sich für die Tolerierung der Juden ein. Einer seiner Mitstreiter und Freunde war Moses Mendelssohn, der Begründer der Haskala, der jüdischen Aufklärung. Ihm setzte Lessing mit der Titelfigur in *Nathan der Weise* ein ewiges Denkmal. In Wien gelangte das Werk zwar erst 40 Jahre nach seinem Erscheinen zur Uraufführung, dennoch hatte Lessing auch in Wien Einfluss auf die Veränderung des geistigen Klimas.

Museum Judenplatz
1., Judenplatz 8

Im so genannten Misrachi-Haus befindet sich heute das Museum Judenplatz, das gleichzeitig mit der Enthüllung des Mahnmals von Rachel Whiteread eröffnet wurde. Als Außenstelle des Jüdischen Museums Wien widmet es sich vorrangig der Geschichte des mittelalterlichen Judentums in Österreich.

Parallel zu den Vorbereitungen des Mahnmalwettbewerbs begannen 1995 archäologische Grabungen nach den Überresten der mittelalterlichen Synagoge. Die ersten Funde führten zu langwierigen Diskussionen darüber, ob nicht die Fragmente der Synagoge das geeignetere Mahnmal seien, da der mittelalterliche Antijudaismus der

Lessing Monument
1., Judenplatz

In 1935, a statue by Siegfried Charoux of the poet Gotthold Ephraim Lessing was erected on Judenplatz. It was destroyed by the Nazis in 1939. In 1968, Charoux created a second monument, which stood until 1982 on Franz-Josefs-Kai below St. Ruprecht's Church before being moved to the site of the original statue.

Lessing visited Vienna in 1775/76 during a journey to Leipzig, Berlin, and Dresden and was received by Joseph II. He was the most important representative of the German Enlightenment and his plays advocated tolerance for the Jews. Moses Mendelssohn, founder of the Haskala or Jewish Enlightenment, was one of his supporters and friends and is immortalized as the main protagonist in *Nathan the Wise*. Although the work did not appear in Vienna until 40 years after its original publication, Lessing can nevertheless be said to have had an important influence on the changing intellectual climate in the city.

Judenplatz Museum
1., Judenplatz 8

The Judenplatz Museum is located in Misrachi House on Judenplatz. Its opening coincided with the unveiling of the memorial by Rachel Whiteread. It focuses on the history of medieval

Vorläufer des Antisemitismus und in letzter Konsequenz der „Endlösung" gewesen sei.

Schlussendlich wurde ein Kompromiss gefunden, der es ermöglichte, Rachel Whitereads Mahnmal auf dem geschichtsträchtigen Ort zu belassen und die archäologischen Funde der Öffentlichkeit zugänglich zu machen. Über das Museum Judenplatz sind die Ausgrabungen nun unterirdisch zu besichtigen; das Museum bietet Informationen zu den Ausgrabungen und zur Geschichte der Wiener Juden im Mittelalter. Dabei wurden museologisch neue Wege beschritten. Synagoge und mittelalterliche Judenstadt wurden in digitaler Form rekonstruiert, und verschiedenste Aspekte mittelalterlichen jüdischen Lebens sind an vier interaktiven Stationen mittels moderner Computertechnologie abrufbar.

Weiters sind Grabungsfunde sowie ein Modell des Gebetshauses und der Judenstadt zu sehen. Den eigentlichen Kern des Museums bilden dennoch die Überreste der im Jahr 1421 zerstörten Synagoge.

Im Erdgeschoß ermöglicht eine vom Dokumentationsarchiv des österreichischen Widerstandes zusammengestellte Datenbank Recherchen über die 65.000 österreichischen jüdischen Opfer der Schoah und liefert Informationen über die historischen Hintergründe des Holocaust.

Jews in Austria and is part of the Jewish Museum Vienna.

At the same time as preparations were being made for a competition for the design of a memorial, archaeological excavations began in 1995 to uncover the remains of the medieval synagogue. The initial findings gave rise to protracted discussions as to whether the remains of the synagogue might not be a "better" memorial, since medieval anti-Semitism was a precursor of modern anti-Semitism and ultimately of the Final Solution. A compromise was eventually reached with Rachel Whiteread's memorial being erected on the historical site and the remains of the synagogue being opened to the public. The excavations can be seen in the basement of the Judenplatz Museum, which provides information on the old synagogue and the medieval Jewish community. The museum itself has numerous innovative features, including a virtual reconstruction of the synagogue and medieval Jewish quarter. There are also four audiovisual computer stations showing various aspects of Jewish life at the time (the rabbi, holidays and ceremonies, the community, the Gesera). Finally, some of the remnants found during the excavations are also on show, together with a model of the synagogue and Jewish quarter. The core of the museum is formed by the

Juden im Mittelalter

Bereits 904 findet sich in der Raffelstätter Zollordnung die erste urkundliche Erwähnung von Juden im Raum Österreich, aber erst um das Ende des zwölften Jahrhunderts wird in Wien ein Jude namens Schlom mit seiner Familie nachweisbar. Er arbeitete als Münzmeister für Herzog Leopold V. und wurde 1196 von durchziehenden Kreuzrittern erschlagen.

Um sich an einem bestimmten Ort niederzulassen, brauchten die Juden im Mittelalter in ganz Europa so genannte Judenschutzbriefe, durch die die Herrscher ihnen gegen die Zahlung besonderer Abgaben Schutz garantierten. 1238 übertrug Kaiser Friedrich II. das für die Juden im gesamten Reich geltende Recht in abgeänderter Form auf die Wiener Juden. 1244 stattete der Babenberger Friedrich der Streitbare die Juden Österreichs mit einem neuen, aktualisierten Privileg aus. Damit war die rechtliche Basis für eine größere Ansiedlung gelegt, die sich in der Nähe der Babenbergerresidenz im Bereich des heutigen Judenplatzes entwickelte. Im Gegensatz zum Getto des 17. Jahrhunderts, wo den Juden ein begrenzter Raum zugewiesen wurde, in dem sie sich niederlassen mussten, war die Wiener Judenstadt eine freiwillige Ansiedlung.

Ab dem ausgehenden 13. Jahrhundert sind eine Synagoge, ein koscherer Fleischhof, ein rituelles Badehaus und ein Spital nachweisbar. Diese für eine Gemeinde unabkömmlichen Einrichtungen zogen weitere Juden an, die sich in der Judenstadt niederließen. Die Gemeinde entwickelte sich rasch zu einer der bedeutendsten im mitteleuropäischen Raum und brachte zahlreiche Gelehrte von überregionaler Bedeutung hervor. Genannt sei hier nur Rabbi Isak bar Mosche, der nach seiner wichtigsten Schrift auch Or Sarua (Lichtsaat) genannt wird. Dieses Werk nimmt auch heute noch einen bedeutenden Rang in der rabbinischen Literatur ein.

Beruflich gab es für die Juden in ganz Europa zahlreiche Einschränkungen: Die wenigen Berufsmöglichkeiten, die ihnen offen standen, waren das Kreditgeschäft und der Handel, zusätzliche jene Berufe, die für ein funktionierendes Gemeindeleben notwendig sind, wie Rabbiner, Bäcker, Wirt oder Arzt.

Zu Beginn des 15. Jahrhunderts wurde die Situation der Juden zusehends schwieriger. Der christliche Antijudaismus einerseits, ökonomische Interessen andererseits führten 1420 und 1421 zur Vertreibung, zur so genannten

Die Zerstörung der Synagoge und eines Wohnblockes – beide fehlen in dieser spät-
mittelalterlichen Darstellung – im Zuge der ersten Wiener Gesera 1421 schuf den
Judenplatz in seiner heutigen Form. Stich, um 1450.

The destruction of the synagogue and a residential neighborhood—both missing in
this late medieval depiction—in the course of the first Viennese Gesera (gruesome
pogrom of 1421), creating Judenplatz in its current form. Etching, approx. 1450.

ersten Wiener Gesera. Ein Großbrand in der Judenstadt und nachfolgende
Plünderungen minderten die Steuerkraft der jüdischen Gemeinschaft erheb-
lich. Die Stimmung gegen die Juden erreichte schließlich anlässlich eines
Feldzuges von Herzog Albrecht V. gegen die Hussiten – die erste gefähr-
liche Opposition zur katholische Kirche – ihren negativen Höhepunkt. Die
Wiener Juden wurden der Kollaboration mit dem Feind bezichtigt und mit
der Zwangstaufe bedroht. Gemeindemitglieder, die sich nicht zur Taufe
zwingen ließen, begingen im Herbst 1420 in der Synagoge Selbstmord. Die
noch lebenden mittellosen Juden wurden ausgewiesen, die wohlhabenden
im März 1421 bei lebendigem Leib öffentlich verbrannt.

Nach der Zerstörung der Wiener Judenstadt gab es in Wien über einen
Zeitraum von rund 150 Jahren kein jüdisches Leben mehr.

Jews in the Middle Ages

The first official record of Jews in Austria goes back to the Raffelstetten Tolls from the year 904. At the end of the twelfth century there is mention for the first time of a Jew living with his family in Vienna. His name was Shlom and he worked as mint master for Duke Leopold V. He was murdered in 1196 by knights on their way to the Crusades.

In order to settle anywhere in Europe, Jews required the permission of the ruler, who would guarantee them protection on payment of a special levy. In 1238, Emperor Frederick II extended a modified version of the general laws applying to Jews to those living in Vienna. In 1244, the Babenberg Frederick the Quarrelsome granted the Jews of Austria a new privilege, establishing the legal basis for the large-scale settlement of Jews near the Babenberg residence around today's Judenplatz. Unlike the seventeenth century ghetto, where the Jews were forced to live in a small area, the medieval Jewish quarter was populated on a voluntary basis.

Towards the end of the thirteenth century, the Jewish quarter had a synagogue, kosher butcher, ritual bath house, and hospital. The existence of these essential facilities attracted further Jews to Vienna. The community very quickly evolved into one of the most important in central Europe and produced several scholars whose repute spread well beyond Vienna. Among them was Rabbi Itzchak bar Moshe, also known as Or Zarua ("Seed of Light") after his most famous work, which even today is an important component of rabbinical literature.

Throughout Europe, Jews were highly restricted in the professions they could exercise: the only work available to them was money-lending and commerce, along with the professions vital to community life such as rabbi, baker, shopkeeper, or doctor.

By the beginning of the fifteenth century, the situation of the Jews had steadily worsened. Anti-Semitism and economic interests resulted in the first Vienna Gesera (banishment) in 1420/21. A fire in the Jewish quarter and subsequent plundering considerably reduced the tax base of the Jewish community. The anti-Jewish mood came to a head with the campaign by Duke Albert V against the Hussites—the first dangerous opposition to the Catholic Church. The Jews were accused of collaborating with the enemy and threatened with forcible baptism. Members of the community

Im Jahr 1421 starben etwa 200 bis 300 Juden in den Flammen eines Scheiterhaufens auf der Erdberger Gänseweide. Zeitgenössischer Holzschnitt.

In 1421, an estimated 200 to 300 Jews were burned at the stake on a pasture in Erdberg. Contemporary wood carving.

who refused to be baptized barricaded themselves in the synagogue and committed suicide in autumn 1420. The surviving Jews without means were banished and the wealthier ones were publicly burnt alive in March 1421. The destruction of the Jewish quarter marked the end of Jewish life in Vienna for around one hundred and fifty years.

Mahnmal für die Opfer der Schoah
1., Judenplatz

Der Errichtung des Mahnmals für die 65.000 österreichischen Opfer der Schoah ging eine langwierige Diskussion voraus. Auslöser war das Mahnmal gegen Krieg und Faschismus von Alfred Hrdlička auf dem Albertinaplatz, dessen „straßenwaschender Jude" von vielen als eine verewigte Erniedrigung empfunden wurde. 1994 machte Simon Wiesenthal dem Wiener Bürgermeister Michael Häupl den Vorschlag, ein eigenes Mahnmal für die österreichischen jüdischen Opfer der Schoah zu errichten. Im Rahmen eines internationalen Wettbewerbs entschied sich die Jury für den Entwurf der britischen Künstlerin Rachel Whiteread – eine Stahlbetonkonstruktion, deren Außenflächen als nach außen gewendete Bibliothekswände gestaltet sind. Auf der Bodenplatte stehen die Namen jener Orte, an denen österreichische Juden während der NS-Herrschaft zu Tode kamen. Whiteread nahm die Charakterisierung des jüdischen Volkes als „Volk des Buches" als Leitthema für ihre Arbeit auf. Das Buch steht als Symbol für das Lernen und den Bestand jüdischer Tradition trotz Diaspora und Vertreibung. Das Konzept bezieht sich auch auf ein weiteres Motiv jüdischer Tradition, nämlich

remains of the synagogue, which was destroyed in 1421.

On the ground floor, visitors can also consult a database compiled by the Documentation Archive of Austrian Resistance containing the names of the 65,000 Austrian Jews who were killed during the Holocaust and providing information about the historical background to this tragedy.

Monument to the Victims of the Holocaust
1., Judenplatz

The erection of a monument to the 65,000 Austrian victims of the Holocaust was preceded by drawn-out discussions and arguments. The idea was originally put forward because Alfred Hrdlička's monument against war and fascism on Albertinaplatz, which depicted a Jew scrubbing the pavement, was seen by many as merely a further humiliation. In 1994, Simon Wiesenthal suggested to Michael Häupl, mayor of Vienna, that a separate monument to the 65,000 Austrian Jewish victims of the Holocaust be erected. An international competition was held and the jury selected a design by the British artist Rachel Whiteread. It consists of a reinforced concrete structure, the walls of which represent a library with the book spines facing inwards. On the plinth are the names of the locations

Rachel Whitereads Mahnmal für die Opfer der Schoah am Judenplatz.
Rachel Whiteread's memorial for the victims of the Shoah, Judenplatz.

die Memorbücher (Jiskorbücher), in denen an das Leben wichtiger Gemeindemitglieder, aber auch an die Zerstörung jüdischer Gemeinden erinnert wurde und die somit gewissermaßen auch Mahnmale für die Opfer von Vertreibungen sind.

Das Monument wurde am 25. Oktober 2000 in der Anwesenheit von Simon Wiesenthal und zahlreichen Vertretern der Wiener Stadtpolitik enthüllt und gemeinsam mit dem Museum Judenplatz der Öffentlichkeit übergeben.

where Austrian Jews were killed by the National Socialists.

The work also makes reference to the characterization of the Jewish people as "People of the Book." Books stand for learning and the survival of the Jewish tradition in spite of the Diaspora and banishment. Another motif is the tradition of Yiskor or commemorative books, which record the lives of important figures, but also the destruction of the community, and act as "memorials" to the victims of persecution.

Palais Arnstein
1., Hoher Markt 1

Die Familie Arnstein gehörte zu den alteingesessenen jüdischen Familien Wiens, deren Name bereits 1682 erwähnt wurde. 1795 wurde Nathan Adam Arnstein für seine Verdienste um die Staatsfinanzen in den Adelsstand erhoben. Trotz seiner hervorragenden Stellung bei Hof unterlag aber auch er den diskriminierenden Bestimmungen, die es Juden verboten, Immobilien zu erwerben. Für den bedeutenden Finanzier wurde allerdings eine Ausnahme gemacht, und er konnte am Rande des Vorortes Braunhirschen ein kleines Schlösschen erwerben, das als Arnstein'sches Schloss in die Annalen des 15. Bezirkes einging. Heute findet der Interessierte dort nur mehr die Arnsteingassse.

Das Palais am Hohen Markt, an dessen Stelle sich heute ein karger Wohnbau aus den Fünfzigerjahren erhebt, konnten die Arnsteins 1796 nur anmieten; es entwickelte sich aber dank Nathans Frau Fanny rasch zu einem Zentrum des Wiener Geisteslebens. Mit ihrem berühmten Salon durchbrach sie die Barriere zwischen Hochadel, Bürgertum und tolerierten Juden und verwirklichte in diesem engen Rahmen die jüdische Emanzipation. Hausbälle mit bis zu 400 Gästen, literarische Abende und Konzerte ließen Fanny zur ungekrönten Königin

The memorial was unveiled on October 25, 2000, in the presence of Simon Wiesenthal and numerous local politicians at the same time as the opening of the Judenplatz Museum.

Palais Arnstein
1., Hoher Markt 1

The Arnstein family was one of the most well-established Jewish families in Vienna and was mentioned in records as early as 1682. In 1795, Nathan Adam von Arnstein was ennobled for his services to the state treasury. In spite of his outstanding position in the court, he was still subject to the discriminatory regulations preventing Jews from purchasing real estate. An exception was made for him, however, and he was able to purchase a small chateau in an outlying district called Braunhirschen, which was entered as "Palais Arnstein" in the annals of what is now the fifteenth district. Today the only remaining trace is a street called Arnsteinstrasse.

In 1796, he was only allowed to rent the residence on Hoher Markt, the site of which is occupied today by an unprepossessing apartment block built in the 1950s. Thanks to Nathan's wife Fanny, the residence quickly developed into an intellectual meeting place. The renowned salon broke down the barriers between the aristocracy, bourgeoisie, and tolerated Jews and

der Wiener Gesellschaft aufsteigen. Selbst Kaiser Joseph II. bezeichnete sie als Freundin und ließ es sich nicht nehmen, ihre Veranstaltungen höchstpersönlich zu besuchen. Einen Höhepunkt erlebte ihr Salon zur Zeit des Wiener Kongresses, als sich sämtliche Diplomaten dort zum informellen Gedankenaustausch zusammenfanden. Selbst Fürst Metternich, der diese Treffen durch seine Geheimpolizei überwachen ließ, verkehrte in ihrem Salon. 1814 führte Fanny von Arnstein einen in Wien noch unbekannten Berliner Brauch ein: Der erste Weihnachtsbaum Wiens wurde in ihrem Salon aufgestellt.

Henriette von Pereira-Arnstein führte die Tradition ihrer Mutter fort. Ihr folgten weitere jüdische Salonnièren wie Josefine von Wertheimstein und ihre Schwester Sophie von Todesco, die in der zweiten Hälfte des 19. Jahrhunderts die führende Rolle in der Wiener Literatur- und Theaterwelt übernahm.

Judengasse

Seit wann die Judengasse ihren Namen trägt, lässt sich nicht mehr genau rekonstruieren. „Judengasse" wurde jedenfalls vielerorts die Hauptverkehrsader eines jüdischen Viertels genannt. Nach der Vertreibung der Juden aus Wien 1670 war es nur mehr einzelnen kaiserlich privilegierten

permitted the latter, at least in this confined circle, a certain degree of emancipation. Balls with as many as four hundred guests, literary evenings, and concerts made Fanny into the uncrowned queen of Vienna society. Even Emperor Joseph II, who counted her among his friends, was not averse to visiting her personally. The salon reached its acme during the Vienna Congress, when the diplomats attending the Congress met there informally to exchange ideas. Even Metternich, whose secret police monitored these meetings, was to be seen there. In 1814, Fanny introduced a hitherto unknown custom from Berlin, when Vienna's first Christmas tree was erected in her salon.

Henriette von Pereira-Arnstein continued the tradition started by her mother. She was followed by other Jewish salonnières such as Josefine von Wertheimstein and her sister Sophie von Todesco, who took over the leading role in Vienna's literary and theatre circles in the second half of the nineteenth century.

Judengasse

It is no longer possible to determine when the name Judengasse was first used, but it is mentioned in numerous records as the main street in a Jewish quarter. After the banishment of the Jews from Vienna in 1670,

Gruss aus Wien.

Judengasse.

Ansichtskarte der Judengasse, eines Zentrums jüdischer Geschäftstätigkeit bis 1938.
Postcard of Judengasse, a center of Jewish commercial activity until 1938.

Familien gestattet, sich in der Residenz niederzulassen. Trotz der geringen Anzahl der hier ansässigen jüdischen Familien gab nach der Zerstörung des Gettos bald wieder diverse Projekte, die Wiener Juden auf einem bestimmten Areal anzusiedeln. 1772 wurden einige Juden gezwungen, aus einem Hause in der Krugerstraße in einen neu erbauten Trakt des Hauses „zum Weißen Stern" am Kienmarkt zu übersiedeln – der Besitzer war Franz Anton von Sonnenfels, der Bruder von Joseph von Sonnenfels. Wahrscheinlich geht

only isolated "privileged" families were allowed to settle in Vienna. In spite of the small number of Jewish families in Vienna, soon after the destruction of the ghetto there were already projects for settling Vienna's Jews in a limited area.

In 1772, some Jews were forced to move from a house on Krugerstrasse to a newly built wing of the house "Zum Weissen Stern" on Kienmarkt. The owner was Franz Anton von Sonnenfels, the brother of Joseph von Sonnenfels. The name Judengasse

der Name Judengasse auf die am Kienmarkt ansässigen Juden zurück.

Von der zweiten Hälfte des 19. Jahrhunderts bis zum Zweiten Weltkrieg
war die Judengasse Ausläufer des so
genannten Textilviertels, auch Fetzen-
viertel genannt. Die Geschichte dieses
Stadtteils ist gleichzeitig Teil der
Wiener jüdischen Geschichte. Die
Aufhebung des Zunftzwangs eröffnete
den Juden in der zweiten Hälfte des
19. Jahrhunderts auch den Weg in den
Detailhandel. Einer der bevorzugten
Wirtschaftszweige war der Textilhandel,
der im ersten Bezirk rund um die
Marc-Aurel-Straße und den Salzgries
sein Zentrum fand.

Zahlreiche Geschäfte wurden 1938
„arisiert", nur wenige der ursprünglichen Eigentümer kehrten nach dem
Zweiten Weltkrieg zurück. Heute
erinnern oft nur mehr die Namen
der Geschäftsschilder an die einstigen
jüdischen Besitzer.

Ein Schnäppchen in der Judengasse,
1920er-Jahre.

A special bargain at Vienna's Judengasse,
during the 1920s.

Theodor-Herzl-Gedenktafel
1., Herzlstiege

Die Gedenktafel wurde anlässlich des
100-jährigen Jubiläums der Veröffentlichung von Theodor Herzls Schrift
*Der Judenstaat. Versuch einer modernen
Lösung der Judenfrage* (1896) angebracht, in der er sich für die Gründung
eines eigenen jüdischen Staates aussprach. Ähnliche Ideen gab es zwar
schon vor ihm, Herzl gilt jedoch als

probably refers to the Jews living on
Kienmarkt.

From the second half of the nineteenth century until World War II,
Judengasse was on the edge of the textile district. The history of this district
coincides in part with the history of
the Jews in Vienna. The abolition of
laws restricting Jews to certain professions in the latter half of the nineteenth century made it possible for
them to start retail businesses. Trade

der Begründer des politischen Zionismus. 1897 organisierte er in Basel den ersten Zionistenkongress, dessen Ziel es war, die Ideen der Zionisten in die Praxis umzusetzen; publizistisches Organ der neuen Bewegung war die Zeitschrift *Die Welt*. Als geografischen Ort für einen jüdischen Staat bestimmte der Kongress aufgrund der engen Verbindung zur jüdischen Geschichte Palästina. Weiters wurde die Jüdische Nationalbank ins Leben gerufen, die die ökonomischen Grundlagen für den zukünftigen Staat schaffen sollte. 1901 erfolgte die Gründung des Jüdischen Nationalfonds, aus dessen Einnahmen der Bodenerwerb in Eretz Israel finanziert werden sollte. Als persönliche Utopie seines Staates veröffentlichte Herzl 1902 den Roman *Altneuland*.

Die zionistische Bewegung wuchs in wenigen Jahren zu einer international anerkannten Organisation heran, die vor allem in Osteuropa zahlreiche Anhänger hatte. 1948 erfüllte sich Herzls Traum, und der Staat Israel wurde gegründet. Herzl hat die Verwirklichung seiner Vision nie bezweifelt. Bereits anlässlich des ersten Zionistenkongresses notierte er in seinem Tagebuch: „Fasse ich den Baseler Kongress in einem Wort zusammen, das ich mich hüten werde, öffentlich auszusprechen, so ist es dieses: In Basel habe ich den Judenstaat gegründet. Wenn ich das

in textiles, one of the most popular branches, was centered around Marc-Aurel-Strasse and Salzgries in the first district.

Many businesses were "Aryanized" in 1938 and few of the original owners returned after the war. Today the names of the businesses are the only reminder that they once had Jewish owners.

Theodor Herzl Memorial Plaque
1., Herzlstiege

This memorial plaque was put up to celebrate the hundredth anniversary of the publication in 1896 of Theodor Herzl's tract *The Jewish State. An Attempt at a Modern Solution of the Jewish Question*. Although others before him had proposed the foundation of a Jewish state, he is regarded as the founder of political Zionism. In 1897, he organized the first Zionist Congress in Basle with a view to putting Zionist ideas into practice, and in the same year he launched *Die Welt* as a newspaper outlet for the new movement. Palestine was chosen as the geographical location for the Jewish state in view of its close links with Jewish history. A Jewish national bank was also set up to provide the economic foundations for the future state. In 1901, the Jewish National Fund was created to finance the purchase of land in Israel. Herzl described his

heute laut sagte, würde ein universelles Gelächter antworten. Vielleicht in fünf Jahren, jedenfalls in 50 wird es jeder einsehen."

Desider-Friedmann-Platz, Kornhäusel-Turm
1., Desider-Friedmann-Platz

Dieser Platz zwischen Judengasse und Seitenstettengasse wurde 1990 auf Beschluss des Wiener Gemeinderates nach dem Rechtsanwalt Desider Friedmann (1880–1944) benannt. Dieser war ab 1922 im Vorstand der Israelitischen Kultusgemeinde Wien tätig und von 1933 bis 1938 deren Präsident. Sofort nach dem „Anschluss" wurde er festgenommen und ins Konzentrationslager Dachau deportiert. Nach Haft in verschiedenen Lagern wurde er im Oktober 1944 nach Auschwitz überstellt und dort ermordet.

Als Ausdruck wachsenden jüdischen Selbstbewusstseins in Wien wird seit einigen Jahren auf dem Desider-Friedmann-Platz anlässlich des Chanukkafests ein großer Chanukkaleuchter aufgestellt. Auf diesem Platz steht auch Wiens einst höchster Turm, den sich der Biedermeierarchitekt Josef Kornhäusel, der Erbauer des Stadttempels, als Atelier und Wohnhaus baute.

Nach dem letzten Präsidenten der Kultusgemeinde wurde schon im Jahr 1956 eine Wohnhausanlage benannt,

Theodor Herzl (1860–1904) legte mit seiner Schrift *Der Judenstaat* die theoretischen Fundamente zur Gründung des Staates Israel.

Theodor Herzl (1860–1904) set down the theoretical base for the founding of the State of Israel with his treatise *The Jewish State*.

personal vision of the new state in a novel entitled *The Old New Land*, which was published in 1902.

The Zionist movement grew in a short time into an internationally recognized organization, which attracted many supporters, particularly from Eastern Europe. In 1948, Herzl's dream came true and the State of Israel was founded. He had never

die sich an der Adresse der ehemals größten Wiener Synagoge, dem Leopoldstädter Tempel, befindet (2., Ferdinandstraße 23, Ecke Tempelgasse).

Stadttempel
1., Seitenstettengasse 4

Hinter der Fassade dieses bürgerlichen Stadthauses verbirgt sich die älteste noch existierende Synagoge Wiens, heute das Zentrum des jüdisch-religiösen Lebens der Stadt. Die bewegte Geschichte dieses Gebäudes beinhaltet zahlreiche Elemente, die den Umgang Wiens mit seiner jüdischen Bevölkerung deutlich machen.

Obwohl es sowohl in der mittelalterlichen Judenstadt als auch im Getto des 17. Jahrhunderts Synagogen gab, war es den Wiener Juden nach der Auflösung des Gettos 1670 bis zu Beginn des 19. Jahrhunderts verboten, öffentlich ihre Religion auszuüben. Erst 1824 war es so weit, dass die Wiener Juden die Genehmigung erhielten, eine neue Synagoge zu errichten. Der Wiener Biedermeierarchitekt Josef Kornhäusel wurde mit dem Bau des Tempels beauftragt. Er plante einen längsovalen überkuppelten Zentralraum mit umlaufenden Galerien, die von monumentale Säulen getragen werden und die Frauenemporen beherbergen. Die Architektur des Wiener Stadttempels ist Ausdruck der Konflikte zwischen traditionellen und

doubted that his aspirations would one day become a reality. At the first Zionist Congress he entered in his diary: "If I were to sum up the Basle congress in one word (which I would be wary of pronouncing in public) then it would be this: in Basle I founded a Jewish state. If I made such an announcement today it would be greeted by laughter from all sides. Perhaps in five years and certainly in 50, no one will doubt my word any more."

Desider-Friedmann-Platz, Kornhäusel Tower
1., Desider-Friedmann-Platz

In 1990, the Vienna municipal authorities decided to rename this square between Judengasse and Seitenstettengasse after the lawyer Desider Friedmann (1880–1944), who was a member of the board of the Jewish Community from 1922 onwards and its president from 1933 to 1938. Immediately after the *Anschluss* he was arrested and deported to Dachau. After being imprisoned in various camps, he was transferred to Auschwitz in October 1944 where he was put to death. As a symbol of the growing self-awareness of the Jewish community in Vienna, a large Chanukah menorah is now erected every year on Desider-Friedmann-Platz. The square also has what was once Vienna's highest tower, built as a

assimilierten Juden. So war bereits die ovale Form der Synagoge untypisch für jüdische Sakralarchitektur. Die Bima stand nicht mehr in der Mitte des Raumes, sondern wurde an den Rand gerückt und befand sich vor dem Thoraschrein. Max Eisler, einer der bekanntesten zeitgenössischen Theoretiker des Synagogenbaus, kritisierte den Stadttempel als „bourgeois und areligiös"; für ihn symbolisierte der Bau lediglich den „rationellen Humanismus", der „draußen wie ein Zinshaus, drinnen wie ein Theater" ausschaue und doch nichts anderes sei als „ein Mantel ohne Kern".

Den im Vormärz geltenden Bauvorschriften von Joseph II. für nicht katholische Gotteshäuser entsprechend, war der Bau von der Straße aus nicht sichtbar, sondern hinter der Fassade eines Stadthauses versteckt. Diesem Umstand wiederum verdankt es die Synagoge, dass sie während des Novemberpogroms 1938, der so genannten Reichskristallnacht, nicht angezündet wurde, da die Gefahr bestand, dass der ganze Häuserblock in Flammen aufgehen würde. Die von den Nazis zerstörte Innenausstattung wurde rekonstruiert und im Jahr 1963 generalsaniert.

Die Eröffnung des Stadttempels 1826 war auch ein Zeichen allmählicher gesellschaftlicher Anerkennung und wachsenden Selbstbewusstseins

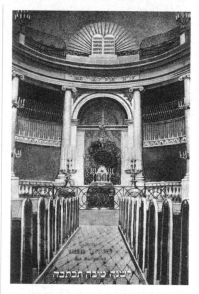

Der von Josef Kornhäusel geplante Stadttempel wurde 1826 eröffnet. Max Eisler empfand ihn als „bourgeois und areligiös".

The City Temple, planned by Josef Kornhäusel was opened in 1826. Max Eisler thought it was "bourgeois and non-religious."

studio and residence by the Biedermeier architect Josef Kornhäusel, who also designed the City Temple.

An apartment building erected on the site of the Leopoldstadt Temple (2., Ferdinandstrasse 23, Tempelgasse), which was once the largest synagogue in Vienna, had already been named after him in 1956.

des Wiener Judentums. Isaac Noa Mannheimer wurde als bedeutender Prediger nach Wien geholt. Es gelang ihm, Reformen einzuführen, die sowohl von reformierter Seite als auch von orthodoxer Seite akzeptiert wurden. Unterstützt wurde er vom jungen Kantor Salomon Sulzer, der die Synagogalmusik reformierte. Er fand mit seinen Kompositionen und durch seine Stimme weit über die Kreise der Judenschaft hinaus Anerkennung.

Mannheimer selbst war offiziell als Direktor der israelischen Religionsschule nach Wien gekommen, nur de facto war er als Rabbiner tätig. Er unterstützte die Revolution von 1848 und engagierte sich für die bürgerliche Gleichstellung der Juden. Obwohl Kaiser Franz Joseph I. bereits 1849 einer Abordnung von Juden gegenüber die Formulierung „israelitische Gemeinde von Wien" gebrauchte, kam es erst 1852 zur formalrechtlichen Anerkennung der Wiener Juden als Gemeinde. Im Jahr 1853 wurde Leopold von Wertheimstein zum ersten Präsidenten gewählt.

Die Israelitische Kultusgemeinde übernahm es nun offiziell, ein soziales Netz für ihre Mitglieder von der Geburt bis zum Tod zu knüpfen: von Unterstützungen von Witwen und Waisen, Fürsorge für Arme und Berufsunfähige, Krankenpflege und Bestattung über Lehrhauseinrichtun-

City Temple
1., Seitenstettengasse 4

Behind the façade of this patrician house is the oldest surviving synagogue in Vienna, today the center of Jewish religious life in the city. The building has an extremely chequered history and contains several features that reflect Vienna's attitude to its Jewish population.

While there had been synagogues in the medieval Jewish quarter and the seventeenth century ghetto, from the closing of the ghetto in 1670 until the beginning of the nineteenth century, the Jews of Vienna were forbidden to practice their religion in public. In 1824, they were finally permitted to construct a synagogue. The Viennese Biedermeier architect Josef Kornhäusel was commissioned to design the synagogue. He planned a long oval domed central room with women's galleries running around three sides supported by monumental columns. It highlights the conflict between traditional and assimilated Jews. The oval form was atypical and the bimah, the pedestal where the Torah scrolls are placed for reading, stood not in the center of the room but at one end, in front of the ark. Max Eisler, one of the most well-known contemporary synagogue experts, criticized the City Temple as being bourgeois and unreligious. He called it a "temple of rational huma-

Salomon Sulzer (1804–1890) wirkte als Kantor und Komponist an der Seite des Predigers Isaac Noa Mannheimer.

Salomon Sulzer (1804–1890) acted as a cantor and composer assisting the clergyman Isaac Noa Mannheimer.

gen und Gewährung freien Unterhalts für mittellose Schüler beziehungsweise Rabbinatskandidaten bis hin zur Ausstattung armer Bräute. Auch heute noch verfügt die Kultusgemeinde über zahlreiche soziale Einrichtungen wie ein Altersheim, das psychosoziale Zentrum ESRA, aber auch Schulen und Kindergärten.

Die Konstituierung der Gemeinde und die sozialpolitischen Zugeständnisse, deren Höhepunkt die bürger-

nism" which "looks like an apartment building from the outside and a theatre from the inside" and was nothing more than a "shell without a kernel."

In compliance with Joseph II's building regulations for non-Catholic houses of worship, the building was not visible from the street but "hidden" behind a townhouse façade. It was thanks to this regulation that the City Temple was not burnt down during the November Pogrom in 1938, since there was a risk that the neighboring houses would also go up in flames. The interior, which was destroyed by the Nazis, was reconstructed and restored in 1963.

The opening of the City Temple in 1826 is also a reflection of the gradual social recognition and growing self-awareness of Vienna's Jewish community. The clergyman Isaac Noa Mannheimer, invited to Vienna, managed to introduce reforms that were accepted by both reform and orthodox Jews. He was supported by a young cantor, Salomon Sulzer, who reformed the music of the synagogue, and his compositions and voice became famous far beyond the confines of the Jewish community.

Mannheimer came to Vienna officially as director of the Jewish religious school, and he functioned only de facto as a rabbi. He supported the revolution of 1848 and was committed

liche Gleichstellung der Juden durch das Staatsgrundgesetz war, machten Wien zum Anziehungspunkt für Juden aus allen Provinzen der Monarchie. Die Hoffnung auf wirtschaftliche und soziale Aufstiegschancen führte ab der Mitte des 19. Jahrhunderts zu einem sprunghaften Anstieg der jüdischen Bevölkerung (1860: 6200, 1869: 40.000, 1880: 73.000). 1938 lebten zirka 180.000 Juden in der Stadt; durch den NS-Terror wurden sie bis auf wenige Ausnahmen vertrieben oder umgebracht. Nach dem Zweiten Weltkrieg kamen kaum mehr Wiener Juden zurück, heute zählt die Kultusgemeinde zirka 7000 Mitglieder.

Die Synagoge ist im Rahmen von Führungen zu besichtigen. In diesem Gebäude befindet sich auch der Sitz der Israelitischen Kultusgemeinde und die Bibliothek des Jüdischen Museums Wien.

Der angrenzende Seitenstettenhof stammt ebenfalls von Josef Kornhäusel. Das Erdgeschoß wurde 1999 vom jungen Wiener Architektenteam Karin Nekola und Josef Schweighofer für ein koscheres Restaurant umgebaut.

David-Steuss-Wohnhaus
1., Tuchlauben 19

Fälschlicherweise wird die mittelalterliche Wiener Judenstadt immer wieder als Getto (also als erzwungene Ansiedlung) bezeichnet. Erwähnenswert ist

to achieving civil equality for the Jews. Emperor Franz Joseph had already addressed a delegation of Jews as the "Jewish community of Vienna" in 1849 but official recognition of the Jews as a religious community did not come until the year 1852. Leopold von Wertheimstein was elected as the first president of the community in 1853.

The Jewish Community was now officially responsible for creating a social network for its members from birth to death: it supported widows and orphans, provided welfare for the poor and disabled, arranged health care and burials, supplied schools with materials and gave free accommodation to penniless students and rabbinical scholars, and even helped brides without means. The community today still runs numerous welfare institutions including a nursing home, the ESRA psychosocial center, and schools and kindergartens.

The constitution of the community and concessions towards emancipation, which culminated in the granting of equality, made Vienna into a magnet for Jews from all over the monarchy. The prospect of economic and social improvement resulted in a surge in the Jewish population of Vienna from the mid-nineteenth century (1860: 6,200, 1869: 40,000, 1880: 73,000). By 1938, there were

deshalb dieses Haus, das außerhalb der mittelalterlichen Judenstadt lag. David Steuss war als Großfinanzier eine unersetzliche Stütze für die Politik Albrechts II. und Rudolfs IV. sowie Albrechts III. und Leopolds III. Er war der führende Kopf der mittelalterlichen Gemeinde und höchstwahrscheinlich auch der Finanzier der Erweiterung der Synagoge, die durch den großen Zuzug notwendig geworden war.

Oppenheimer-Haus
1., Bauernmarkt 1

Das aus dem 16. Jahrhundert stammende Haus wurde im 18. und 19. Jahrhundert mehrmals umgebaut. Im 17. Jahrhundert wohnte hier Samuel Oppenheimer mit seiner Familie. Er war der erste Jude, der nach der zweiten Wiener Gesera 1670 in Wien eine Aufenthaltsgenehmigung erhielt. 1672 begann Oppenheimer seine Tätigkeit für Kaiser Leopold I. und leistete bis zu seinem Tod 1703 unbezahlbare und unbezahlte Dienste. Im Gegenzug dafür erhielt er ein Ansiedlungsprivileg für sich und seinen Hausstand. Im Jahr 1677 wurde er zum kaiserlichen Kriegsfaktor ernannt. In dieser Eigenschaft lieferte er ab 1683 gemeinsam mit Samson Wertheimer dem kaiserlichen Heer alles, was dieses für die Türkenkriege benötigte. Oppenheimer wurde unendlicher Reichtum nachgesagt, der aber mehr auf Legen-

some 180,000 Jews living in Vienna. With few exceptions they were all driven out or put to death by the National Socialist regime. After World War II, very few Jews returned to Vienna, and today the community has just 7,000 members.

Guided tours of the synagogue can be arranged. The building also houses the offices of the Jewish Community and the library of the Jewish Museum Vienna.

The adjacent Seitenstettenhof was also designed by Josef Kornhäusel. The ground floor was converted in 1999 by the young Viennese architects Karin Nekola and Josef Schweighofer into a kosher restaurant.

David Steuss Residence
1., Tuchlauben 19

The medieval Jewish quarter is often incorrectly referred to as a ghetto, where Jews were forced to live. The house at Tuchlauben 19 is interesting in this respect as it is situated outside the medieval Jewish quarter. The moneylender David Steuss provided indispensable support for the policies of Albert II, Rudolf IV, Albert III, and Leopold III. He was the leading figure in the medieval Jewish community and most probably also financed the expansion of the synagogue required on account of the large influx of new arrivals.

den beruhte, als der Realität in barem Geld zu entsprechen. Riesig war nur der Kredit Oppenheimers, der schließlich mit dem der Hofkammer ident war. Da sich die Eintreibung der Außenstände häufig sehr schwierig gestaltete, stand er mehrmals vor dem finanziellen Ruin. Von der Finanzkammer bekam er oft kein Bargeld zurückerstattet, sondern musste deren Anweisungen selbst eintreiben, was sich teilweise über Jahre hinzog. Weigerte er sich, die Bedingungen der Hofkammer zu akzeptieren, wurde er unter Druck gesetzt, indem man ihm mit dem Entzug der Aufenthaltsgenehmigung drohte.

Die Wiener Bevölkerung stand dem jüdischen Hoffaktor feindlich gegenüber, war er es doch, der dem Hof ein Leben in Saus und Braus durch Lieferungen von Delikatessen und Luxusgütern ermöglichte, während sie selbst hungerte. Im Jahr 1700 entlud sich der Volkszorn an Oppenheimer; sein Haus wurde geplündert, und er selbst entkam nur knapp dem Tod. Zwar wurden die Rädelsführer zur Verantwortung gezogen und am Eingangsgitter des Hauses gehängt, der entstandene Schaden konnte allerdings nicht wieder gutgemacht werden.

Die unermüdliche Tätigkeit für den Kaiser wurde ihm und seiner Familie nicht gedankt. Nach seinem Tod im Jahr 1703 wurde über sein Vermögen

Oppenheimer House
1., Bauernmarkt 1

This house, originally built in the sixteenth century, was modified several times in the eighteenth and nineteenth centuries. In the seventeenth century it was occupied by Samuel Oppenheimer and his family. He was the first Jew after the second Vienna Gesera in 1670 to be allowed to reside in Vienna. In 1672, he started to work for Emperor Leopold I and continued to perform priceless and unpaid services for him until his death in 1703. In return for these services he was granted the "privilege" of being allowed to remain with his family in Vienna. In 1677, he was made an "imperial war factor" (court agent). In this capacity, he and Simon Wertheimer supplied the imperial army with everything it needed for the wars against the Turks. Oppenheimer was reputed to have been enormously rich, but in terms of actual monetary wealth this reputation was vastly exaggerated. In fact, he had lent vast amounts of money to the national treasury, but he had the utmost difficulty collecting the loans and was faced on several occasions with financial ruin. The treasury would fail to reimburse him in cash and would instead pass on its own outstanding debts to him. These often took years to collect. If he refused to accept the treasury's conditions,

Samuel Oppenheimer (1630–1703) versorgte als Lieferant das österreichische Heer. Zeitgenössischer Stich.

Samuel Oppenheimer (1630–1703) was a supplier to the Austrian army. Contemporary etching.

der Konkurs verhängt. Die Schulden beliefen sich auf fünf Millionen Gulden – ein Betrag, der sich ungefähr mit den Außenständen der Hofkammer deckte. Sein Sohn übernahm die Geschäfte, konnte allerdings die Stellung des Vaters nicht halten. Als er im Jahr 1721 verstarb, war das Haus Oppenheimer zahlungsunfähig. Seine Witwe hinterließ ein Barvermögen von zehn Gulden und 38 Kronen.

he was threatened with withdrawal of his residence permit.

The people of Vienna were hostile to Oppenheimer, as he enabled the court to lead a life of luxury while they starved. In 1700, this animosity led to the plundering of his house, and Oppenheimer himself barely escaped with his life. Although the ringleaders were brought to justice and hanged at the gates of the house, the damage was never made good.

He and his family never received any thanks for his untiring work for the emperor. After Oppenheimer's death in 1703, he was declared bankrupt. The debts ran to five million guilders, approximately equivalent to the money owed to the treasury itself. His son took over the affairs, but was unable to retain his father's position. When he died in 1721, the Oppenheimer family was insolvent. His widow's cash assets amounted to ten guilders and thirty-eight crowns.

Wertheimer House
1., Petersplatz

Most of the Jewish court agents rented premises around Petersplatz and the neighbouring Bauernmarkt. Samson Wertheimer (1658–1724) lived on Petersplatz in a house called "Mazisches Haus auf dem Peter," the exact whereabouts of which are unknown. He came to Vienna with

Hoffaktoren

Bereits kurz nach dem Ausweisungsbefehl im Jahre 1670 zeigte sich, dass die Vertreibung der Juden bedeutende Verluste und Einnahmensausfälle für die kaiserliche Finanzkammer mit sich gebracht hatte. Die Wiener Bürger hatten zwar versprochen, die Schutzgelder der Juden zu ersetzen, waren aber kaum in der Lage, ihre eigenen Steuern aufzubringen. Die Hofkammer sprach sich daher für eine neuerliche Zulassung von Juden in Wien aus – sie bedauerte den Verlust der Juden besonders als Mittler zwischen Geldgeber und Geldnehmer: Als Juden sich noch in Wien aufhielten, sei es möglich gewesen, innerhalb von 24 Stunden bis zu 100.000 Gulden für die Kammer aufzutreiben. Seit der Vertreibung sei es nicht mehr möglich, innerhalb einiger Wochen auch nur 10.000 Gulden aufzutreiben. Weiters beklagte sich die Hofkammer, dass die Vermittler solcher Darlehen weit höhere Gebühren als die Juden verlangen würden.

1673 holte Kaiser Leopold I. ein Gutachten der theologischen Fakultät ein, um sich eine Wiederaufnahme der Juden bestätigen zu lassen.

Da Leopold keine allgemeine Aufenthaltsgenehmigung erließ, begann eine äußerst demütigende Epoche, in der einzelne Personen – abhängig von ihrer ökonomischen Nützlichkeit – zeitlich begrenzte Privilegien erhielten. Die wenigen Inhaber dieser Privilegien glichen sich in ihren Lebensformen zumeist dem Adel an, hielten jedoch am traditionellen jüdischen Leben fest. Samuel Oppenheimer bewirtete in seinem Haus täglich Juden, die sich vorübergehend in Wien aufhielten, und Samson Wertheimer gilt heute noch als großer jüdischer Wohltäter und Gelehrter, dessen Andenken in Ehren gehalten wird. Beide galten ihren jüdischen Zeitgenossen als vorbildliche Männer, da sie immer wieder ihren Einfluss bei Hof nutzten, um sich für ihre weniger glücklichen Glaubensgenossen einzusetzen.

Court Agents

Very soon after the Jews had been banished in 1670, the imperial court realized that this act would result in the loss of a substantial source of revenue for the imperial treasury. The promise given by the Viennese citizens that they would make good the protection money paid by the Jews was not honored, as they themselves were barely able to pay their own taxes. The imperial treasury, which particularly regretted the loss of the brokering role played by Jews, therefore urged that they be allowed to return to Vienna. It pointed out that when they had lived in Vienna, it had been possible to collect up to 100,000 guilders for the treasury within twenty-four hours. Since their banishment, it took several weeks to bring together as little as 10,000 guilders. The treasury also complained that the brokers of such loans charged much higher fees than the Jews had.

In 1673, Emperor Leopold I consulted the theological faculty to obtain confirmation for the reinstatement of the Jews.

The emperor's refusal to issue general residence permits marked the start of an extremely degrading era for the Jews in which individuals who were useful to the economy were granted limited privileges. The few holders of these privileges generally tried to emulate the aristocracy while holding on to their Jewish traditions. Every day, for example, Samuel Oppenheimer invited Jews passing through Vienna to dine at his house, and Samson Wertheimer was recognized as a serious Jewish scholar and benefactor. Both were regarded by their Jewish contemporaries as being exemplary practitioners of the faith, who repeatedly used their court influence on behalf of less fortunate fellow Jews.

Wertheimer-Haus
1., Petersplatz

Ein Großteil der jüdischen Hoffaktoren hatte sich im Bereich des Petersplatzes und des angrenzenden Bauernmarktes eingemietet. Samson Wertheimer (1658–1724) bewohnte am Petersplatz das heute nicht mehr genau lokalisierbare „Mazische Haus auf dem Peter". Er war im Gefolge von Samuel Oppenheimer als dessen Geschäftspartner nach Wien gekommen. Relativ bald emanzipierte er sich jedoch von Oppenheimer und begann auf eigene Rechnung zu arbeiten. Anders als sein ehemaliger Partner war er in seinen Transaktionen äußerst vorsichtig und beschränkte sich auf die Vermittlung benötigter Kapitalien. Von riskanten Liefergeschäften im Stile Oppenheimers hielt er sich fern. Nach dessen Tod wurde er 1703 zum Oberhoffaktor ernannt und war von da an alleiniger Kreditgeber des Hofes. Durch erfolgreich beendete diplomatische Missionen gewann Wertheimer das Vertrauen von Leopold I., wodurch es ihm immer wieder möglich war, als Fürsprecher für andere Juden aufzutreten. So gelang es ihm, am Wiener Hof durchzusetzen, dass das Erscheinen des Buches *Entdecktes Judenthum* von Johann Andreas Eisenmenger, einer berüchtigten Kollektion antijüdischer Vorwürfe, in Österreich verboten wurde. Neben seinen ge-

Samuel Oppenheimer's retinue as the latter's business partner. He soon separated from him, however, and started to work on his own account. Unlike Oppenheimer, he was extremely cautious in his affairs and restricted himself to brokering capital loans, staying clear of Oppenheimer's risky supplier transactions. After Oppenheimer's death in 1703, he was appointed the senior court agent and from then on was the only moneylender to the court. He gained the trust of Leopold I through the successful diplomatic missions that he carried out, which made it possible for him to plead on many occasions on behalf of other Jews. He managed, for example, to stop publication of the book *Judaism Exposed* by Johann Andreas Eisenmenger, a notorious collection of anti-Jewish accusations. Apart from his numerous business commitments, he continued the rabbinical studies that he had started in his youth; his Talmudic presentations and sermons can still be read today. In his capacity as rabbi, he was particularly supportive of the western Hungarian communities in today's Burgenland. The community in Eisenstadt made him an honorary rabbi in recognition of his authority. After the bloody Kuruzzen uprising, he helped to set the community back on its feet. The Wertheimer House in Eisenstadt, which today houses the

schäftlichen Verpflichtungen setzte er seine zu Jugendzeiten begonnenen rabbinischen Studien fort; von ihm sind talmudische Vorträge und Predigten erhalten. Als Landesrabbiner von Ungarn engagierte er sich besonders für die westungarischen Gemeinden im heutigen Burgenland. Die Gemeinde von Eisenstadt ernannte ihn aufgrund seiner Autorität zum Ehrenrabbiner. Nach den blutigen Kuruzzenüberfällen sorgte er für die Wiedererrichtung der Gemeinde. Das Wertheimer-Haus in Eisenstadt, in dem sich heutzutage das Österreichische Jüdische Museum befindet, erinnert daran.

Stephansdom
1., Stephansplatz

Den Dom in seiner Baugeschichte zu beschreiben, wollen wir hier unterlassen. Wir möchten uns auf ein kleines Detail konzentrieren. Wenn man das Hauptportal, das Riesentor, genauer betrachtet, sieht man über den Ziersäulen Darstellungen der Sinnbilder des menschlichen Übels: Fabeltiere, Drachen, einen Affen, einen Greif, Taube und Adler, Löwen und menschliche Gestalten fratzenhafter Anmutung, sogar die Darstellung eines Mordes. Aufgabe dieses Frieses sollte es sein, böse Dämonen von der Kirche fern zu halten. Unter diesen Wesen findet sich auch ein Mann mit

Samson Wertheimer (1658–1724) trug ab 1703 den Titel Oberhoffaktor. Zeitgenössischer Stich.

Samson Wertheimer (1658–1724) was granted the title "Oberhoffaktor" in 1703. Contemporary etching.

Austrian Jewish Museum, commemorates his efforts.

St. Stephan's Cathedral
1., Stephansplatz

Without going into the details of the cathedral's history, we would like to point out just one aspect. If you look closely at the main portal, you will see symbolic representations of evil above the columns: mythological animals, dragons, a monkey, a griffin, dove and eagle, lions, grimacing human faces,

Sinnbilder menschlichen Übels – darunter als Zeugnis kirchlichen Antijudaismus ein Jude mit Hut – sollen böse Dämonen vom Stephansdom fern halten.

Symbols of human malady—among them a Jew with a hat, evidence of ecclesiastical anti-Semitism—were meant to keep evil demons away from St. Stephan's Cathedral.

einem Hut, dessen Spitze abgebrochen ist. Dies ist der gehörnte Judenhut, den Juden nach der Wiener Synode von 1267 als Erkennungszeichen tragen mussten. Das Detail ist beredtes Zeugnis des kirchlichen Antijudaismus, der seit dem Mittelalter bis teilweise in die heutige Zeit den Umgang der katholischen Kirche mit den Juden prägte. Der Jude wird mit dem Bösen gleichgesetzt, vor dem es sich zu schützen galt.

and even a representation of a murder. The frieze was meant to ward off demons. Among the characters is a man with a hat with the tip broken off. This is the horned hat that Jews were forced to wear after the Vienna Synod of 1267. This correlation between Jews and evil is one example of anti-Semitism that characterized relations with the Catholic Church in the Middle Ages and continues to do so to some extent even today.

Cabaret Fledermaus
1., Kärntner Straße, Ecke Johannesgasse

Hier befand sich einst Wiens erstes Kabarett, das 1906 unter dem Namen „Das Nachlicht" eröffnet und kurz danach in Cabaret Fledermaus umbenannt wurde. Das Interieur des Hauses stammte von der berühmten Wiener Werkstätte, für den Theaterraum zeichnete der Star des Wiener Jugendstils Josef Hoffmann verantwortlich. Zwei Hauptautoren des Cabaret Fledermaus waren Egon Friedell und Alfred Polgar (1873–1955).

Polgar flüchtete nach der Machtergreifung Hitlers mit seiner Frau zunächst nach Prag und dann in die USA. Er gehörte zu den wenigen jüdischen Emigranten, die nach dem Krieg nach Europa zurückkehrten – allerdings nicht nach Wien, sondern nach Zürich, wo er 1955 starb. Das Schicksal der Emigranten fasste er mit folgenden Worten zusammen: „Die Fremde ist nicht Heimat geworden. Aber die Heimat Fremde."

Jüdisches Museum der Stadt Wien
1., Dorotheergasse 11

Das Jüdische Museum Wien, 1990 gegründet, war zunächst provisorisch in den Räumlichkeiten der Israelitischen Kultusgemeinde untergebracht; 1993 zog es ins Palais Eskeles.

Cabaret Fledermaus
1., Kärntner Strasse/Johannesgasse

On this corner stood Vienna's first cabaret. It opened under the name Nachlicht in 1906 but changed its name shortly thereafter to Cabaret Fledermaus. The interior was designed by the Wiener Werkstätte and the auditorium itself was the work of Josef Hoffmann, the star of Viennese Jugendstil.

Two of the main writers for Cabaret Fledermaus were Egon Friedell and Alfred Polgar (1873–1955). After Hitler came to power, Polgar and his wife escaped to Prague and then to the U.S. Polgar was one of the few Jewish émigrés to return to Europe after the war, not to Vienna, however, but to Zurich, where he died in 1955. He aptly summed up the fate of émigrés: "The foreign country does not become home, but home becomes a foreign country."

Jewish Museum Vienna
1., Dorotheergasse 11

The Jewish Museum Vienna was founded in 1990 and was initially located on the premises of the Jewish Community before moving in 1993 to its current home in Palais Eskeles. In 1996, it was opened for a second time after seven months of renovations by the architects Eichinger oder Knechtl.

1996 wurde es nach einer siebenmonatigen adaptionsbedingten Schließzeit und Umbauten durch das Architektenteam Eichinger oder Knechtl ein zweites Mal eröffnet.

Wichtigstes architektonisches Element der Neugestaltung ist eine Kuppel, die den ehemaligen Innenhof des Hauses überspannt und eine räumliche Verbindung vom Erdgeschoß zum zweiten Stock schafft. Das dadurch entstandene Auditorium bietet Raum für Veranstaltungen und beinhaltet mit der Sammlung Max Berger den Bereich der permanenten Schau, der sich der jüdischen Religion widmet. Max Berger, dessen gesamte Familie in der Schoah getötet wurde, sammelte in Erinnerung an seine ermordete Verwandtschaft; seine Kollektion umfasste an die 10.000 Objekte. Nach dem Tod Bergers im Jahr 1988 erwarb die Stadt Wien seinem Testament gemäß den Großteil der Bestände für das damals bereits geplante Jüdische Museum.

Für die Wände des Auditoriums schuf die amerikanische Künstlerin Nancy Spero die *Installation der Erinnerung*, die das Grundthema des gesamten Hauses anspricht – „Gedenken und Erinnern". Damit wird nicht nur ein zentrales Thema der jüdischen Religion aufgegriffen, sondern auch eine gedankliche Verbindung zu Max Bergers Sammlung hergestellt. Kollek-

The most striking architectural feature of the redesigned building is a dome covering the former inner courtyard and forming a connecting element between the ground floor and second floor. The auditorium underneath is used for concerts and presentations and contains the Max Berger collection of Judaica. Berger, the only member of his family to survive the Holocaust, started accumulating ritual objects and other items in memory of his family and ultimately amassed around 10,000 objects. After his death in 1988, his collection was bequeathed to the city of Vienna and to the planned Jewish museum.

The walls of the auditorium are decorated with an "Installation of Commemoration" by the American artist Nancy Spero, which takes up the theme of remembrance and commemoration to which the museum as a whole is dedicated. It follows one of the central tenets of the Jewish religion, the collective and individual memory of religious and historical experiences, and also creates a conceptual link to Max Berger's collection.

The first floor of the Museum is devoted to the various temporary exhibitions, of which over fifty were organized in just seven years. On the second floor is a further section of the permanent exhibition, this time showing the history of the Jews in Vienna.

tive und individuelle Erinnerung an religiöse und geschichtliche Erfahrungen wird hier als Basis des Judentums thematisiert.

Der erste Stock des Museums ist den vielfältigen Wechselausstellungen des Hauses gewidmet. Über 50 Ausstellungen wurden in nur sieben Jahren gezeigt. Im zweiten Stock wird als weiterer Teil der permanenten Schau die Geschichte der Juden in Wien präsentiert. Dieser Raum weicht deutlich von den üblichen Formen historischer Präsentationen ab. Erinnerung als Grundgedanke wird hier konsequent fortgesetzt und in eine neue Bildsprache übertragen. Durch ein Geviert aus Hologrammen wurde ein Ort des Gedenkens und Erinnerns geschaffen, der einzelne Momente jüdischer Geschichte in Wien ins Gedächtnis zurückrufen und gleichzeitig den Dialog mit der Gegenwart ermöglichen soll. Themen der österreichisch-jüdischen Geschichte werden dabei mittels 21 Transmissionshologrammen gezeigt, die als eine moderne Form der Mnemotechnik, als Gedächtnisstützen, verstanden werden wollen. Die Themen reichen von der mittelalterlichen Gemeinde über das Getto, die Emanzipation in der bürgerlichen Gesellschaft bis zum Antisemitismus und zur Schoah. Der Neubeginn nach 1945 wird ebenso thematisiert.

It differs markedly from conventional historical presentations. The basic concept of commemoration is continued and interpreted in a new way through a series of twenty-one holograms, which recall and commemorate the various aspects of Jewish history in Vienna while at the same time inviting the visitor to consider their relevance to today's world. The subject matter ranges from the first medieval community to the ghetto, emancipation in bourgeois society, anti-Semitism, the Holocaust, and the rebuilding of the Community after 1945. The historical exhibition is supplemented by various temporary exhibitions reflecting the different facets of current and past Jewish life in Vienna.

On the third floor is the viewable storage area, which contains three major collections of objects: items from the Max Berger collection, objects from the old Jewish museum, and an assortment of donations and disparate items collected from prayer houses, synagogues and private homes in Vienna and other parts of Austria that were confiscated or stolen between 1938 and 1945.

The museum archive consists of official and private documents, religious and political writings, and everyday or cultural documents; prior notification is required to consult this archive. Back on the ground floor is

Als Ergänzungen zur historischen Ausstellung finden auch in dieser Etage Wechselausstellungen statt, die die vielfältigen Facetten jüdischen Lebens in Gegenwart und Vergangenheit Wiens belegen.

Im dritten Stock befindet sich das Depot des Jüdischen Museums, das als Schauraum den Besuchern zugänglich ist. Es beherbergt drei große Sammlungen – einen Teil der bereits erwähnten Sammlung Berger, die Sammlung des alten Jüdischen Museums und eine große Anzahl an heterogenen Objekten, Schenkungen und Zufallsfunden, die keine eigentliche Sammlung darstellen. Sie stammen aus Bethäusern, Synagogen und Privathaushalten aus Wien, aber auch aus den österreichischen Bundesländern und wurden 1938 bis 1945 aus ihrem angestammten Verwendungszusammenhang herausgerissen und teilweise mutwillig zerstört.

Das Archiv umfasst offizielle und private Dokumente, religiöses und politisches Schrifttum sowie Alltägliches und Künstlerisches auf Papier; für wissenschaftliche Recherchen ist es nach Voranmeldung zugänglich.

Zurück im Erdgeschoß, findet man eines der besten Kaffeehäuser Wiens, das nach der Eröffnungsausstellung benannte Café Teitelbaum. Hier bekommen die Gäste neben allen Arten von Kaffee und Wiener Mehlspeisen one of the best coffeehouses in Vienna, Café Teitelbaum, named after the inaugural exhibition. Guests can enjoy all types of coffee and Viennese pastries, kosher wine from Austria, vegetarian specialities, and real bagels. There is also a large selection of Austrian newspapers and Jewish publications from all over the world.

Finally, the Singer bookshop sells exhibition catalogues, fiction and non-fiction, postcards, drawings, religious objects, and souvenirs.

Arnstein & Eskeles Bank
1., Bräunerstrasse 9

Nathan Adam von Arnstein (1748 to 1838), together with Salomon von Herz and Bernhard von Eskeles (1753–1839) founded the Arnstein & Eskeles bank, which for thirty years remained the leading bank in Austria. The fact that the bank played an important role in financing the war against Napoleon was acknowledged by the latter in its own way: after the occupation of Vienna in 1809, the head office at Bräunerstrasse 9 was the first building to be set on fire by Napoleon's troops. The bank briefly owned the house at Dorotheergasse 11, called "Palais Eskeles" for that reason. Today it is the site of the Jewish Museum Vienna. The bank collapsed in 1859 in the wake of the economic crisis of the time.

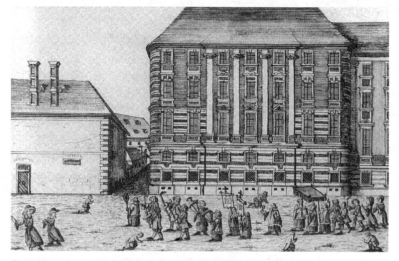

Prozessionszug vor dem Bankhaus Arnstein & Eskeles. Stich, um 1840.
Processional march in front of the Bank Arnstein & Eskeles. Etching, approx. 1840.

auch koscheren Wein aus Österreich, vegetarische Spezialitäten und echte Bagels. Den Besuchern steht eine große Auswahl an österreichischer Presse und internationalen jüdischen Zeitungen zur Verfügung.

Im Bookshop Singer schließlich finden sich neben Ausstellungskatalogen, belletristischer und wissenschaftlicher Literatur auch Postkarten, Grafiken, Kultgegenstände und Souvenirs.

Bankhaus Arnstein & Eskeles
1., Bräunerstraße 9

Nathan Adam von Arnstein (1748 bis 1838) gründete zusammen mit

Loos House
1., Michaelerplatz 3

Viennese Jews were responsible for many of the most prominent buildings in Vienna. Unlike the court library, St. Charles's Church or Schönbrunn Palace, which Jews were forced to co-finance, the Loos House is an example of the type of daring and forward-looking architecture that has marked Vienna's history.

The owners of the men's outfitters Goldman & Salatsch had launched a competition for the design of an office building, but they were dissatisfied with the results. In 1909, the young

Nobilitierung

Als Folge des Toleranzpatents wurden im Laufe des 19. Jahrhunderts einige jüdische Industrielle – auch unter der Beibehaltung ihres Glaubens – aufgrund ihrer Verdienste für den Staat in den Adelsstand erhoben. Dieser soziale Aufstieg bedeutete zwar die Anerkennung durch die Gesellschaft und damit einen Aufstieg auf der sozialen Sprossenleiter, konnte jedoch nicht verbergen, dass die Juden nach wie vor nur toleriert waren und keineswegs frei über Ort und Dauer ihres Aufenthaltes entscheiden konnten. Wie stark aus diesem Grund die Fluktuation der in Wien ansässigen Familien war, machen folgende Zahlen deutlich: 1787 wurden in Wien 66 tolerierte Familien gezählt, 60 Jahre später, im Jahre 1847, waren von diesen 66 Familien nur mehr zwei in Wien anzutreffen. Denn wenn der tolerierte Familienvater starb, mussten meist sämtliche Angehörigen Wien verlassen. Auch das Recht, Grund und Boden zu kaufen, blieb den Tolerierten und selbst den Adeligen noch bis 1860 verwehrt.

Dennoch gab es 1821 bereits neun adelige jüdische Familien in Wien, die aufgrund ihres großen wirtschaftlichen Erfolges nobilitiert wurden. Die rasche Anpassung an die veränderte Weltwirtschaftslage und an veränderte Produktionsformen war nicht nur Basis ihres persönlichen Wohlstandes, sondern ermöglichte es, dass Österreich mit den internationalen ökonomischen Entwicklungen mithalten konnte.

Die Nobilitierung und die damit parallel erfolgte Anerkennung zahlreicher jüdischer Familien setzte die Assimilation in die dominierende Gesellschaft voraus, was in letzter Konsequenz bei vielen Familien zu einer Abkehr von der jüdischen Religion führte.

Titled Jews

Following the proclamation of the Tolerance Patent, a number of Jewish industrialists were promoted to the ranks of the nobility during the nineteenth century for their services to the state. This rise in social status reflected a certain recognition by society but could not disguise the fact that Jews continued to be merely "tolerated" and were still unable to move and settle freely. This is clearly illustrated by the following statistic: in 1787, there were sixty-six tolerated families in Vienna, whereas sixty years later, in 1847, there were only two: when a "tolerated" head of the household died, the rest of the family usually had to leave Vienna. Moreover, until 1860, only tolerated persons and the nobility were allowed to buy land and property. Nevertheless, there were already nine titled Jewish families in Vienna in 1821. They had all been ennobled for their contributions to the economy. Rapid adaptation to changes in the world economic situation and forms of production not only formed the basis for their personal wealth, but also made it possible for Austria to stay abreast of international economic developments.

The ennoblement and recognition of Jewish families demanded their assimilation with the dominant society, which in many cases ultimately resulted in their abandonment of the Jewish religion.

Salomon von Herz und Bernhard von Eskeles (1753–1839) das Bankhaus Arnstein & Eskeles, das 30 Jahre hindurch das führende österreichische Geldinstitut war. Die Tatsache, dass das Haus wesentlich an der Finanzierung des Krieges gegen Napoleon beteiligt war, würdigte jener auf seine eigene Weise: Nach der Besetzung Wiens 1809 war der Firmensitz in der Bräunerstraße das erste Haus, das von den Truppen des französischen Kaisers in Brand gesetzt wurde. Kurzfristig besaßen die Bankiers das Palais Eskeles in der Dorotheergasse 11, in dem heute das Jüdische Museum untergebracht ist. 1859 brach das Bankhaus aufgrund der schlechten wirtschaftlichen Situation zusammen.

Loos-Haus
1., Michaelerplatz 3

Wiener Juden zeichnen für zahlreiche bedeutende Gebäude des Stadtbildes als Bauherren verantwortlich. Im Gegensatz zur erzwungenen Mitfinanzierung der Hofbibliothek, der Karlskirche oder des Schlosses Schönbrunn ist das Loos-Haus eines der Beispiele dafür, wie vorausblickende, wagemutige jüdische Bauherren ein Stück österreichischer Architekturgeschichte mitgeschrieben haben.

Die Besitzer der Kleiderfirma Goldman & Salatsch schrieben 1909 einen Ideenwettbewerb für ein Geschäftshaus

Adolf Loos (1870–1933) und Peter Altenberg (1859–1919).

Adolf Loos (1870–1933) and Peter Altenberg (1859–1919).

Viennese architect Adolf Loos, who had already designed a shop for the company in the city center, was commissioned to design his first multistorey office building. The plans reflected his radical ideas of modern architecture. In deliberate contrast to Palais Herberstein, which had been built just ten years earlier in the Ringstrasse style, Loos's façade was free of any kind of decorative element. Even as the building was being constructed, the protests were so vociferous that

Das Loos-Haus: umstritten beim Bau, seit 1947 unter Denkmalschutz.

The Loos-Haus: controversial during construction; protected as a historical monument since 1947.

Das Loos-Haus beherbergte die Firma Goldman & Salatsch.
The Loos-Haus housed the firm Goldman & Salatsch.

aus, dessen Ergebnisse jedoch nicht gefielen. Daher bekam der junge Wiener Architekt Adolf Loos, der zuvor für den Herrenausstatter bereits ein Lokal in der Innenstadt gestaltet hatte, den Auftrag für sein erstes Haus. Bei der Planung dieses mehrgeschoßigen Geschäftsgebäudes konnte Loos seine radikalen Vorstellungen von moderner Architektur umsetzen. In bewusstem Gegensatz zum knapp zehn Jahre zuvor errichteten Palais Herberstein im Stil der Ringstraßenarchitektur verzichtete Loos bei der Ausstattung des Wohntraktes auf jegliches Dekor. Noch während des Baus

work was temporarily suspended. Permission to continue was given only after an entry had been made in the land registry stating that the window boxes to be added later should have real plants in them. Apart from these window boxes, the windows were bare and unadorned. It was known popularly by the Viennese as the "house without eyebrows." Emperor Franz Joseph is said to have been so displeased with the building that he closed the curtains to his sleeping quarters, which were opposite the Loos House, and never opened them again. Goldman himself was un-

kam es zu so starken Protesten, dass ein Baustopp verhängt wurde. Die behördliche Genehmigung zum Weiterbau erfolgte, als im Grundbuch festgehalten wurde, dass nachträglich angebrachte Blumentöpfe mit lebenden Pflanzen zu bestücken seien. Nimmt man die Blumentröge ab, zeigen sich die Fensterlaibungen ohne Schmuck. Der Wiener Volksmund nannte das Loos-Haus bald das „Haus ohne Augenbrauen" oder schlichtweg einfach nur den „Stadel". Die Fama berichtet, dass auch Kaiser Franz Joseph mit dieser Art von Architektur so unzufrieden gewesen sein soll, dass er nach der Fertigstellung des Gebäudes die Vorhänge seines Schlafgemachs gegenüber dem Loos-Haus nie mehr geöffnet habe, um dadurch seinem Widerwillen Ausdruck zu verleihen. Das Loos-Haus gilt heute als Beginn der Moderne in der österreichischen Architektur.

Goldman selbst ließ sich durch die anfänglichen Proteste im Übrigen nicht beirren; Adolf Loos gestaltete auch das Interieur seines privaten Wohnhauses.

Café Griensteidl
1., Kohlmarkt 14
Untrennbar mit Wien verbunden ist das Wiener Kaffeehaus, das in seiner Ausprägung als Literatencafé Eingang in die Geistesgeschichte der Stadt

Zwischen Bambi und Mutzenbacher – Felix Salten (1869–1945) war Stammgast im Café Griensteidl.

Between Bambi and Mutzenbacher: Felix Salten (1869–1945) was a regular at the Café Griensteidl.

perturbed and had Loos design the interior of his private residence.

Today, the Loos House is regarded as the forerunner of the modernist tradition in Austrian architecture.

Café Griensteidl
1., Kohlmarkt 14
The coffeehouses are inseparably associated with Vienna and as meeting places for the literati they are part and parcel of the city's intellectual

gefunden hat. Meist war ein Café das jeweils führende seiner Epoche. Eines der ersten wichtigen Literatencafés befand sich in dem Gebäude, an dessen Stelle heute das von Carl König erbaute Palais Herberstein steht – das Café Griensteidl, mit dem das heutige Etablissement am Michaelerplatz nur mehr den Namen gemeinsam hat. Bis zu seiner Schließung war es der beliebteste Treffpunkt der literarischen Runde Jung-Wien. Wie herzlich das Verhältnis zwischen der Kaffeehausbesitzerin Susanna Griensteidl und ihren Gästen war, zeigt der Abschiedsbrief, den sie an ihre Stammkunden schrieb, als sie 1897 aufgrund des Abrisses des Gebäudes ihr Gewerbe aufgeben musste. Dieser Abbruch inspirierte Karl Kraus zu dem Titel „Die demolirte Litteratur" für eine noch vor der Gründung seiner Zeitung *Die Fackel* erschienene Streitschrift, in der er die Schriftsteller des Jung-Wien gnadenlos bloßstellte.

Einer der zahlreichen Stammgäste des Cafés war der in Budapest geborene Schriftsteller und Journalist Felix Salten (eigentlich Siegmund Salzmann, 1869–1945). Er verkehrte jedoch gerne auch abseits der Literatenhochburgen, besonders seit er Karl Kraus für dessen oben erwähnte Schrift geohrfeigt hatte. Salten ist der Nachwelt in erster Linie durch sein von Walt Disney verfilmtes Buch *Bambi*.

tradition. Each era had its café. Café Griensteidl, one of the first of the major literati cafés, was located on the site of Palais Herberstein, which was built by Carl König. Apart from its name, it has little in common with the café standing on the site today. Until its closure, it was the most popular meeting place of the Young Vienna group. The warm relationship between the coffeehouse owner Susanna Griensteidl and her guests can be seen in the farewell letter she wrote to her regulars in 1897 when the demolition of the building forced her to close. The circumstance also inspired Karl Kraus to write an article entitled "Die demolirte Litteratur" (The Demolished Literature) for the predecessor to his controversial magazine *Die Fackel* (The Torch), in which he mercilessly exposed the writers of the Young Vienna group.

One of the many regular guests was the Budapest-born author and journalist Felix Salten (real name Siegmund Salzmann, 1869–1945). He liked to spend some of his time away from the famous literati cafés, however, especially after he had come to blows with Karl Kraus following the article "Die demolirte Litteratur." Salten is remembered particularly for his book *Bambi. A Life in the Woods* (1923), which was made into a film by Walt Disney. He has also been established

Eine Lebensgeschichte aus dem Walde
(1923) bekannt. Als gesichert gilt
inzwischen auch seine Autorschaft des
pornografischen Werkes *Josefine Mutzenbacher. Der Roman einer Wiener
Dirne* (1906). In der Novelle *Simson.
Das Schicksal eines Erwählten* (1928)
und in der Essaysammlung *Neue
Menschen auf alter Erde. Eine Palästinafahrt* (1925) kam seine Identität
als Jude zum Ausdruck. Salten emigrierte 1938 in die Schweiz. Er starb
1945 in Zürich.

Café Herrenhof
1., Herrengasse 10
Nach dem Ersten Weltkrieg entwickelte sich das Café Herrenhof, in
dem unter anderem Hermann Broch,
Max Brod, Egon Friedell, Hugo von
Hofmannsthal und Alfred Polgar verkehrten, zum führenden Literatencafé:
„Denn das Café Herrenhof, Wiens
letztes Literatencafé, trat erst im Jahre
1918 ins Leben, ungefähr gleichzeitig
mit der Republik Österreich. Und
ähnlich wie die Republik das Erbe
der Monarchie antrat, trat das Café
Herrenhof das Erbe des ihm unmittelbar benachbarten Café Central an",
schrieb Friedrich Torberg.

Auch Joseph Roth zählte das Café
Herrenhof zu seinen Lieblingscafés.
Hier lief er im Kreise seiner Freunde
zur Höchstform auf, kommentierte
täglich die neuesten Zeitungsartikel

Das Café Griensteidl in einer historischen Ansicht. Zeichnung, um 1880.

Historical view of Café Griensteidl.
Drawing, approx. 1880.

as the author of the anonymous
pornographic novel *The Memoirs of
Josefine Mutzenbacher. Story of a
Viennese Prostitute* (1906). His identity as a Jew is touched upon in the
short story *Simson* (1928) and the
collection of essays *Neue Menschen
auf alter Erde. Eine Palästinafahrt*
(1925). He emigrated to Switzerland
in 1938 and died in Zurich in 1945.

Café Herrenhof
1., Herrengasse 10
After World War I, Café Herrenhof,
which opened in 1918, became the
leading coffeehouse for literati. It was
frequented by Broch, Max Brod, Egon
Friedell, Hugo von Hofmannsthal,
Alfred Polgar, and others and was to
be the last of its type. As Friedrich

Jung-Wien

Die Literatur der Wiener Moderne stellt sich der Nachwelt vor allem durch den Kreis des so genannten Jung-Wien dar. Diese Runde bildete sich im lockeren Zusammenhalt im Café Griensteidl um Hermann Bahr (1863–1934), der ihr Wortführer war und mit seiner Aufsatzsammlung *Zur Kritik der Moderne* auch die theoretischen Grundlagen legte. Ziel war es, eine ästhetisch ausgerichtete, impressionistische und vom Naturalismus abgesetzte Kunst zu schaffen. Zum Jung-Wien-Kreis gehörten hauptsächlich Literaten, die Juden waren oder jüdische Wurzeln besaßen, wie Arthur Schnitzler, Stefan Zweig, Hugo von Hofmannsthal, Peter Altenberg, Richard Beer-Hofmann, Felix Salten, Leopold Andrian und Felix Dörmann. Sie alle begründeten den literarischen Weltruhm Wiens um die Jahrhundertwende.

Young Vienna

The literature of the Viennese modernists is exemplified by the work of the so-called "Young Vienna" group, which used to meet informally at Café Griensteidl. The group's focus and spokesman was Hermann Bahr (1863–1934), who also set out the theoretic foundations in his essay *Zur Kritik der Moderne*. The group aimed to create an art form that was aesthetic, impressionistic and distinct from naturalism. Most of the literati belonging to the Young Vienna group were Jewish or of Jewish origin. They included Arthur Schnitzler, Stefan Zweig, Hugo von Hofmannsthal, Peter Altenberg, Richard Beer-Hofmann, Felix Salten, Leopold Andrian and Felix Dörmann, all of whom contributed to Vienna's literary reputation at the turn of the century.

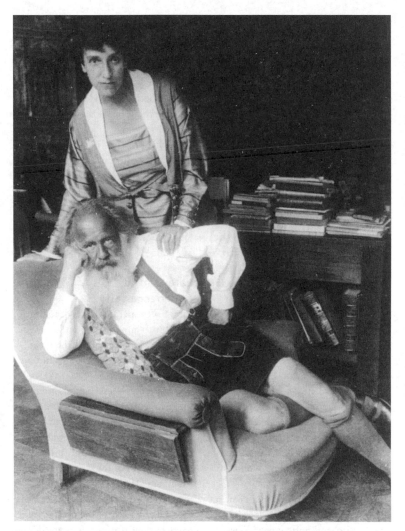

Hermann Bahr mit seiner Frau, der Opernsängerin Anna Bahr-Mildenburg, 1923.
Hermann Bahr with his wife, the opera singer Anna Bahr-Mildenburg, 1923.

und unterhielt die anwesenden Gäste durch seine scharfzüngigen Kommentare. Nach dem Zweiten Weltkrieg erlebte das „Herrenhof" kurzfristig noch ein Aufblühen, 1960 wurde es endgültig geschlossen.

Café Central
1., Herrengasse 14

Nach dem Abbruch des Café Griensteidl zogen die Stammkunden ins nahe gelegene Café Central, das bis zum Ersten Weltkrieg der führende Literatentreffpunkt Wiens war.

Betritt man das Café Central durch den Haupteingang, fällt zur Rechten ein Zeitung lesender Herr auf, der sich bei genauerem Hinsehen als recht leblos erweist. Diese Figur stellt den bekanntesten Stammkunden des Hauses dar, den Schriftsteller Peter Altenberg (1859–1919). In welchem Ausmaß für viele Zeitgenossen das Wiener Kaffeehaus zum Ersatzwohnzimmer geworden war, wird dadurch deutlich, dass viele Schriftsteller als Postanschrift ihr Stammcafé angaben. Peter Altenberg ging einen Schritt weiter und gab das Café Central für einige Jahre sogar als seine Wohnadresse an.

Altenberg, mit bürgerlichem Namen Richard Engländer, wurde als Sohn eines jüdischen Kaufmanns in Wien geboren. Die Wahl eines Pseudonyms mag als Teil seiner Selbstinszenierung

Torberg wrote: "Café Herrenhof, Vienna's last literati café, came into being in 1918 at around the same time as the Republic of Austria. And just as the Republic was the legacy of the monarchy, Café Herrenhof took over the tradition of the nearby Café Central."

Joseph Roth also listed Café Herrenhof as one of his favorites and would entertain his friends there with biting commentaries on the latest events and newspaper articles. After World War II, the Herrenhof experienced a brief renaissance before being closed down in 1960.

Café Central
1., Herrengasse 14

After Café Griensteidl was demolished, its habitués moved to the nearby Café Central, which remained the main meeting place of Vienna's literati until World War I.

As you enter Café Central through the main entrance, you will notice a man on your right reading a newspaper. Look closer and you will see that he is in fact a dummy. It is a representation of the writer Peter Altenberg (1859–1919), who was a regular visitor to the café. The fact that many writers of the time gave the name of their regular café as an address for mail shows how much time they spent there. Peter Altenberg went one

als Künstler verstanden werden, stellt jedoch auch den Versuch dar, mit dem Taufnamen seine Zugehörigkeit zum Judentum abzulegen. Nicht zufällig zählten zu Altenbergs engen Freunden der konvertierte Jude Karl Kraus und dessen Taufpate Adolf Loos.

Nach einigen Semestern des Studiums der Rechtswissenschaften und der Medizin begann Altenberg erst relativ spät zu schreiben: 1896 erschienen seine Prosaskizzen *Wie ich es sehe*. Altenberg verfasste auch Sketches und Gedichte für das Cabaret Fledermaus.

Max Oppenheimer (1885–1954) porträtierte neben vielen anderen auch Peter Altenberg. Mopp, wie er sich selbst nannte, zählte bis zu seiner Emigration 1938 zu den bedeutendsten Künstlern der österreichischen Avantgarde und schuf gemeinsam mit Egon Schiele eine österreichische Variante des Expressionismus. 1916 nahm er an der ersten Dada-Ausstellung in Zürich teil und integrierte später auch Elemente des Kubismus in sein Werk. Neben zahlreichen Künstlerporträts wurde er vor allem durch seine Musikerdarstellungen berühmt. Von der NS-Kulturpolitik als „entartet" diffamiert, wurden seine Bilder aus sämtlichen Kunstsammlungen entfernt und in alle Welt zerstreut. Mopp geriet zunehmend in Vergessenheit und wurde erst in den letzten Jahren wieder entdeckt und neu bewertet.

Das Café Central war bis zum Ersten Weltkrieg der beliebteste Literatentreffpunkt Wiens.

Café Central was the favorite meeting place for literary figures in Vienna until World War I.

step further and for some years gave Café Central as his residence.

Altenberg, whose real name was Richard Engländer, was born in Josefstadt, Vienna's eighth district. His father was a Jewish merchant. He adopted a pseudonym partly for artistic reasons but also partly to distance himself from his Jewish roots. It is no coincidence that his closest friends included the critic Karl Kraus, who denied his Jewish origins by being baptized, and Kraus's godfather Adolf Loos.

Altenberg studied law and then medicine for a time and did not start writing until much later. His prose essays *Wie ich es sehe* were published

Literaten in der Sonne – Karl Kraus (1874–1936) und Peter Altenberg am Lido von Venedig, 1913.

Writers in the sun: Karl Kraus (1874 to 1936) and Peter Altenberg at the Lido of Venice, 1913.

Ein Gast, dessen Anwesenheit in Wien nicht so bekannt ist, war Leo Trotzki. Er lebte mit seiner Frau und seinen beiden Söhnen von 1907 bis 1914 mit Unterbrechungen in Wien und pflegte im Café Central Schach zu spielen. Seine Arbeit in Wien nannte er „theoretische Wegbereitung einer zweiten russischen Revolution". Wegen des Kriegsausbruchs 1914 musste er Wien verlassen und in die Schweiz gehen. Legendär ist der Kommentar

in 1896, and he also wrote sketches and poems for Cabaret Fledermaus.

Max Oppenheimer (1885–1954) painted a portrait—among many others—of Peter Altenberg. Until his emigration in 1938, Mopp, as he called himself, was one of the leading figures in the Austrian avant-garde. Together with Egon Schiele he created an Austrian version of Expressionism. In 1916 he took part in the first Dada exhibition in Zurich and later also included elements of Cubism in his work. He painted numerous artists and was famous above all for his portraits of musicians. Branded as "degenerate" by the Nazis, his pictures were removed from galleries and dispersed throughout the world. Mopp was largely forgotten and has been resurrected only in the last few years.

One of the lesser known visitors to Vienna was Leon Trotsky, who used to play chess in Café Central. He lived in Vienna with his wife and two sons on and off between 1907 and 1914. He called his work in Vienna the "theoretical foundation for a second Russian revolution." He was obliged to leave Vienna for Switzerland when war broke out in 1914.

A leading Austrian statesman, on hearing of the October Revolution in 1917, is said to have commented: "Who is supposed to be leading the revolution? Mr. Trotsky from Café

eines hohen österreichischen Staatsbeamten, der Meldungen über den Ausbruch der Oktoberrevolution 1917 mit der abschätzigen Bemerkung quittierte: „Wer soll denn diese Revolution machen? Vielleicht der Herr Trotzki aus dem Café Central?"

Weitere bekannte Gäste waren Stefan Zweig, Franz Werfel, Egon Friedell, Hugo von Hofmannsthal, Franz Kafka oder Alfred Polgar.

Hotel „Zum Römischen Kaiser"
1., Renngasse 1

Hier stand das Hotel, in dem Salomon Meyer Freiherr von Rothschild (1774 bis 1855), der Begründer des Wiener Zweiges der Familie Rothschild, lebte.

1820 ließ sich Rothschild in Wien nieder, gründete eine Bank und wurde bereits zwei Jahre später für seine Verdienste geadelt; durch die Finanzierung der ersten Eisenbahnbauten gehörte das Bankhaus zu den großen Förderern der Industrialisierung der Habsburgermonarchie.

Mit Anleihegeschäften organisierte Rothschild den Staatshaushalt der Monarchie und war eine der wichtigsten Stützen des Metternich'schen Regimes. Während sich auffallend viele Juden in der Hoffnung auf bürgerliche Gleichstellung in der Revolution von 1848 engagierten, unterstützte Rothschild die reaktionären Kräfte. Er finanzierte Metternichs Flucht aus

Salomon Rothschild lebte ab 1816 im Hotel „Zum Römischen Kaiser", das er 1843 kaufte. Undatiertes Werbeplakat.

From 1816, Salomon Rothschild lived in the Hotel "Zum Römischen Kaiser." He bought the hotel in 1843. Undated advertising poster.

Central perhaps?" The story is probably apocryphal. Other regulars included Stefan Zweig, Franz Werfel, Egon Friedell, Hugo von Hofmannsthal, Franz Kafka, and Alfred Polgar.

Hotel "Zum Römischen Kaiser"
1., Renngasse 1

This was the site of the hotel "Zum Römischen Kaiser," in which the founder of the Vienna branch of the Rothschild family, Salomon Mayer Freiherr von Rothschild (1774 to 1855), lived.

He settled in Vienna in 1820 and established a bank. Just two years later

Wien und musste ein halbes Jahr später selbst fliehen, konnte aber nach der Niederschlagung der Revolution wieder zurückkehren.

Obwohl geadelt, durfte Rothschild wie alle Juden in Wien keinen Grundbesitz in der Stadt erwerben. Erst als er 1843 zum Ehrenbürger ernannt wurde, konnte er das Hotel „Zum Römischen Kaiser" kaufen.

Sein Sohn Anselm Salomon Freiherr von Rothschild (1803–1874) gründete 1855 mit Jonas Freiherr von Königswarter die Österreichische Credit-Anstalt für Handel und Gewerbe.

Haus Politzer
1., Zelinkagasse 8

Hier lebte Adam Politzer (1835 bis 1920), einer der bedeutendsten Vertreter der Wiener medizinischen Schule. Von 1894 bis 1906 war er Professor an der Universität Wien; er gilt als der Erfinder der modernen Ohrenheilkunde und gründete die Ohrenklinik an der Universität Wien. Sein Hauptverdienst lag in der Einführung der Luftdusche, einer Technik, die noch heute unter dem Namen Politzern bekannt ist.

Haus Kompert
1., Zelinkagasse 10, Ecke Gonzagagasse

Der in Böhmen geborene Leopold Kompert (1822–1886) widmete sich

he was ennobled for his services. By helping to finance the building of the first railways, the bank was one of the major promoters of industrialization in the Habsburg monarchy.

His lending activities were vital to Metternich's regime and he practically managed the state budget. While a striking number of Jews participated in the 1848 revolution in the hope of gaining equality, Rothschild supported the reactionary forces. He financed Metternich's escape from Vienna and had to flee himself six months later, but was able to return after the revolution had been put down.

Like all Jews, he was not allowed to purchase property in Vienna, even though he was an aristocrat. It was only after he had been made an honorary citizen in 1843 that he was able to buy the hotel "Zum Römischen Kaiser."

In 1855, Salomon Mayer's son, Anselm Salomon Freiherr von Rothschild (1803–1874), founded the Österreichische Credit-Anstalt für Handel und Gewerbe with Jonas Freiherr von Königswarter.

Politzer House
1., Zelinkagasse 8/Gonzagagasse 19

This house was the home of Adam Politzer (1835–1920), one of the major figures in the Viennese school

Aus den Büchern Martin Bubers. Exlibris von Ephraim Moses Lilien, 1902.

From the books of Martin Buber. Ex libris by Ephraim Moses Lilien, 1902.

of medicine. From 1894 to 1906 he was professor at the University of Vienna. He is regarded as the father of modern otology and founded the Ear Clinic of the University of Vienna. He is most well known for inventing a treatment of middle ear infections known as Politzer's treatment.

Kompert House
1., Zelinkagasse 10/Gonzagagasse

Leopold Kompert (1822–1886) wrote about Jewish life in the ghettos of Bohemia. His narratives were also extremely popular with non-Jewish readers. He was a member of the board of the Jewish Community and within the community was one of the supporters of assimilation and acceptance of mixed marriages.

Martin Buber's Birthplace
1., Franz-Josefs-Kai 35

Martin Buber (1878–1965) was born in this house, but spent his childhood at the home of his grandfather, a prominent Midrash scholar, in Galicia. There he became familiar with the world of the Hassidim, whose literature he translated into German, thereby making it available to a wider public. He heard about the Zionist movement while studying philosophy in Vienna. Together with Chaim Weizmann, the first President of Israel, and Ephraim Moses Lilien, he

als Schriftsteller der Schilderung des jüdischen Lebens in den böhmischen Gettos. Seine Erzählungen erfreuten sich auch bei nichtjüdischen Lesern großer Beliebtheit. Unter anderem war Kompert Vorstandsmitglied der Israelitischen Kultusgemeinde und zählte innerhalb der Gemeinde zu den Vertretern der Assimilation und trat für die Akzeptanz von Mischehen ein.

Martin-Buber-Geburtshaus
1., Franz-Josefs-Kai 35

Martin Buber (1878–1965) wurde zwar hier geboren, verbrachte aber seine Kindheit bei seinem Großvater,

einem bedeutenden Midrasch-Forscher, in Galizien. Dort lernte er die Welt des Chassidismus kennen, dessen Literatur er durch seine Übersetzungen ins Deutsche einer breiten Öffentlichkeit zugänglich machte. Während seines Philosophiestudiums in Wien machte er Bekanntschaft mit der zionistischen Bewegung. Gemeinsam mit Chaim Weizmann, dem ersten Präsidenten Israels, Ephraim Moses Lilien und anderen vertrat er die Ideen des Kulturzionismus. Er war der Überzeugung, dass der Zionismus sich nicht auf das politische Engagement beschränken dürfe, sondern auch für eine kulturelle Erneuerung des Judentums kämpfen müsse.

Mitte der Zwanzigerjahre übersetzte Buber gemeinsam mit dem Philosophen Franz Rosenzweig die Bibel als Gegenentwurf zur Luther'schen Übersetzung. Nach der Machtergreifung der Nationalsozialisten in Deutschland engagierte er sich in der Ausbildung junger Menschen, die ihre Emigration vorbereiteten. 1938 folgte er einem Ruf an die Hebräische Universität in Jerusalem.

Gedenkstätte für die Opfer des österreichischen Freiheitskampfes
1., Salztorgasse 6

In diesem Haus befindet sich die 1968 eröffnete „Gedenkstätte für die

proposed the idea of cultural Zionism: he believed that Zionism should not be restricted to political commitment but should also fight for a new cultural identity for Judaism.

In the mid-1920s he translated the Bible together with the philosopher Franz Rosenzweig as an alternative to Luther's version. After the Nazis came to power in Germany, he devoted himself to training young people for emigration. In 1938, he left Europe to take up a position at the Hebrew University in Jerusalem.

Memorial for the Victims of the Austrian Resistance
1., Salztorgasse 6

In this house is the memorial to the victims of the Austrian resistance 1938–1945, which was opened in 1968. The entrance is almost at the same place as the back door to the Gestapo headquarters in the former Hotel Metropol. It contains documents on Gestapo activities and quotations highlighting the significance of the Austrian resistance.

The documentation center founded by Simon Wiesenthal in 1961 as a successor to the Jewish Historical Documentation in Linz, is also housed in this building. Its main task is to seek out Nazi criminals and the documents and witnesses to prosecute them. Simon Wiesenthal, who lost his entire

Opfer des österreichischen Freiheitskampfes 1938–1945", deren Eingang
fast genau an der Stelle ist, an der sich
der Hintereingang der Gestapo-Leitstelle im einstigen Hotel Metropol
befand. Zu sehen sind Dokumente
über die Tätigkeit der Gestapo und
Zitate, die auf die Bedeutung des
Freiheitskampfes hinweisen.

Das Dokumentationszentrum, das
Simon Wiesenthal im Jahr 1961 als
Nachfolgeorganisation der Jüdischen
Historischen Dokumentation in Linz
gründete, ist ebenso hier untergebracht.
Hauptaufgabe ist die Suche nach Nazi-
verbrechern sowie Dokumenten und
Zeugen, um eine gerichtliche Verfolgung zu ermöglichen. Wiesenthal, der
seine gesamte Familie in der Schoah
verloren hat, gelang es, im Laufe seiner langjährigen Tätigkeit rund 1000
Naziverbrecher auszuforschen. Den
spektakulärsten Erfolg erzielte er 1959,
als es ihm mithilfe des israelischen Ge-
heimdienstes gelang, Adolf Eichmann
in Argentinien ausfindig zu machen.

Trotz seiner internationalen Reputation wurde die Bedeutung seiner un-
ermüdlichen Tätigkeit in Österreich
erst sehr spät anerkannt. Zeichen, die
diese Anerkennung zum Ausdruck
bringen, sind zahlreiche Ehrungen im
Laufe der letzten Jahre und die relativ
rasche Umsetzung des von ihm initiierten Mahnmals für die jüdischen
Opfer der Schoah am Judenplatz.

family in the Holocaust, has managed
over the years to bring some 1,000
Nazi criminals to justice. The most
spectacular success was the tracking
down of Adolf Eichmann in Argentina
with the assistance of the Israeli secret
service in 1959. In spite of Wiesenthal's international reputation, it was a
long time before the significance of
his untiring efforts was recognized in
Austria. The numerous honors he has
received in recent years and the rela-
tively rapid completion of the memorial to Jewish Holocaust victims on
Judenplatz, which was erected on his
initiative, bear witness to this change
of attitude.

Memorial for the Victims of the Gestapo
1., Morzinplatz

The current memorial was erected
on the site of Hotel Metropol, the
Gestapo headquarters in Vienna from
1938 onwards. After the *Anschluss*,
arrestees were interrogated and tortured in this hotel. For many Jews it was
only the first stop on their way to
further suffering. Many others were
tortured to death here.

In 1951, the KZ-Verband, an organization of former concentration camp
inmates, erected an unauthorized
memorial stone to the victims of the
Gestapo. The municipal authorities
took charge of the memorial and

Mahnmal für die Opfer der NS-Gewaltherrschaft
1., Morzinplatz

An jener Stelle, an der heute dieses Denkmal steht, befand sich das Hotel Metropol, das ab 1938 die Gestapo-Leitstelle Wien beherbergte. In dieses Hotel wurden nach dem „Anschluss" die Gefangenen eingeliefert, hier wurden sie verhört und gefoltert. Auch für viele Juden war dies die erste Station auf ihrem Leidensweg; zahlreiche Menschen wurden während der Verhöre zu Tode gequält.

1951 errichtete der KZ-Verband ohne behördliche Bewilligung einen den Gestapo-Opfern gewidmeten Gedenkstein. Die Stadt Wien nahm das Monument in ihre Obhut, errichtete 1985 ein neues Mahnmal für die Opfer der NS-Gewaltherrschaft und übernahm auch den Text, der von Wilhelm Steiner, dem Präsidenten des KZ-Verbandes, stammte: „Hier stand das Haus der Gestapo. Es war für die Bekenner Österreichs die Hölle. Es war für viele von ihnen der Vorhof des Todes. Es ist in Trümmer gesunken wie das Tausendjährige Reich. Österreich aber ist wiederauferstanden und mit ihm unsere Toten, die unsterblichen Opfer." Ein Block aus Mauthausener Granit und eine Bronzefigur sollen das Schicksal der KZ-Häftlinge symbolisieren. Es ist typisch für die Gedenkkultur der

erected a new memorial to the victims of the Nazi regime in 1985. They also took over the text written by Wilhelm Steiner, president of the KZ-Verband: "Here stood the House of the Gestapo. For supporters of Austria it was hell. For many it was the precursor to death. It is buried under the rubble like the Thousand Year Reich. Austria has risen again, however, and with it our dead, the immortal victims." A block of granite from Mauthausen and a bronze figure symbolize the fate of concentration camp inmates. A typical feature of the post-war policy regarding memorials was the agreement by all parties to bury their pre-war differences and emphasize their common suffering under the Nazi regime. The tortured, humiliated, and murdered Austrian Jews are not specifically mentioned, and only the chiselled yellow star recalls that Jews were among the victims.

Stella Kadmon Memorial Plaque
1., Franz-Josefs-Kai, Rotenturmstrasse

This plaque commemorates one of the greatest theatrical talents of the inter-war years. Stella Kadmon was born in Vienna in 1902 and began studying acting at the State Academy for Music and Performing Arts in 1919. Her comic talent was discover-

Stella Kadmon (rechts, sitzend) gründete die erste politische Kleinkunstbühne Wiens., den „Lieben Augustin". Szenenfoto des ersten Programms, 1931.

Stella Kadmon (right, seated) founded the first political cabaret venue in Vienna, the "Lieber Augustin." Photo of a scene from the first program, 1931.

Nachkriegszeit, die sich vor allem auf den demokratischen Grundkonsens der Versöhnung über die Parteigrenzen hinweg bezog, dass die gefolterten, gedemütigten und ermordeten österreichischen Juden mit keinem Wort erwähnt werden. Einzig der eingemeißelte gelbe Stern lässt erahnen, dass auch Juden zu den Opfern zählten.

ed by Fritz Grünbaum at the Roland Theatre in Praterstrasse, and he wrote a solo program for her. In 1931, she opened the first political cabaret in Vienna, the "Lieber Augustin" in the basement of Café Prückel (1., Biberstrasse 2). The ensemble worked as cooperative with every individual taking responsibility for the success

Stella-Kadmon-Gedenktafel
1., Franz-Josefs-Kai, Ecke Roten-turmstraße

Die Tafel erinnert an eine der wichtigsten Wiener Theatermacherinnen der Zwischenkriegszeit. Stella Kadmon wurde 1902 in Wien geboren und begann 1919 ihre Schauspielausbildung an der Staatsakademie für Musik und darstellende Kunst. Auf der Roland-Bühne in der Praterstraße wurde ihr komisches Talent von Fritz Grünbaum entdeckt, der für sie ein Soloprogramm schrieb. 1931 eröffnete sie im Keller des Café Prückel (1., Biberstraße 2) die erste politische Kleinkunstbühne Wiens unter dem Namen „Lieber Augustin". Basis für die Arbeit war ein Kollektiv, in dem jeder für alles verantwortlich war. Dem Ensemble gehörte unter anderen auch Peter Hammerschlag an. Nach 1933 bot der „Liebe Augustin" vor allem aus Nazideutschland geflüchteten Schauspielern Auftrittsmöglichkeiten. Mit dem „Anschluss" Österreichs an das nationalsozialistische Deutschland im Jahr 1938 endete auch die Ära des „Lieben Augustin". Stella Kadmon gelang die Flucht aus Österreich. 1939 erreichte sie Palästina, wo sie unter schwierigen Umständen versuchte, ihre Theaterarbeit fortzusetzen. 1947 kehrte sie nach Österreich zurück, übernahm den 1945 wieder eröffneten „Lieben Augustin" und

of the whole. One of its members was Peter Hammerschlag. After 1933, the Lieber Augustin offered a venue in particular for actors and actresses who had fled Nazi Germany. The annexation of Austria by the Nazis marked the end of the Lieber Augustin era. Stella Kadmon managed to escape from Austria and in 1939 she reached Palestine, where she attempted in very difficult circumstances to continue her theatrical work. In 1947, she returned to Austria, took over the Lieber Augustin, which had reopened in 1945, and converted it a year later into the Theater der Courage. In 1960, the theatre moved to new premises on Franz-Josefs-Kai, where it specialized in modern social satire. In 1981, Kadmon retired from the stage and closed the theatre. She died in Vienna in 1989.

Former Hakoah Sports Ground
1., Wiesingerstrasse 11

The Jewish sports and recreation movement that started up towards the end of the nineteenth century, reflected the changing social and political situation: the increasingly virulent anti-Semitism of the time meant that many sports clubs barred Jews from joining for "racial" reasons. The emergence of Zionism also helped the Jews to develop a national self-awareness. Finally, at the second Zionist Congress

wandelte ihn ein Jahr später in das Sprechtheater „Theater der Courage" um. 1960 zog das Ensemble in die neuen Räumlichkeiten am Franz-Josefs-Kai und brachte vor allem zeitgenössische sozialkritische Stücke zur Aufführung. 1981 nahm Kadmon ihren Abschied von der Bühne und schloss gleichzeitig ihr Theater. 1989 verstarb sie in Wien.

Ehemaliger Hakoah-Sportplatz
1., Wiesingerstraße 11

Die Ende des 19. Jahrhunderts entstandene jüdische Turn- und Sportbewegung war Ausdruck veränderter gesellschaftlicher und politischer Verhältnisse: Der immer vehementer auftretende Antisemitismus führte dazu, dass zahlreiche Vereine Juden aus „rassischen" Gründen die Mitgliedschaft verweigerten. Gleichzeitig kam mit dem Zionismus ein wachsendes nationales Bewusstsein und damit auch ein gestärktes Selbstbewusstsein auf. Zusätzlich hatte Max Nordau am zweiten Zionistenkongress 1898 zu einem „Muskeljudentum" aufgerufen: Wehrhaftigkeit und physische Regeneration wurden zu wichtigen Schlagworten. Als Folge dieser Entwicklungen wurde in Wien 1909 der jüdische Allroundsportklub Hakoah („Kraft" auf Hebräisch) gegründet. Durch den großen Zulauf kam es zur Gründung zahlreicher Sektionen, die vor allem in

Hedy Bienenfeld, Mitglied der erfolgreichen Schwimmsektion der Hakoah, errang bei den Europameisterschaften im Jahr 1927 über 200 Meter Brust die Bronzemedaille.

Hedy Bienenfeld, a member of Hakoah's successful swimming section won the bronze medal for the 200 meter breaststroke at the European Championships in the year 1927.

in 1898, Max Nordau emphasized the importance of physical strength, with fitness and physical "regeneration" being watchwords of the time. In the wake of these developments, the Jewish sports club Hakoah ("Strength")

der Zwischenkriegszeit große sportliche Erfolge feiern konnten. Das Fußballteam wurde 1924/25 österreichischer Meister, die Schwimmsektion errang Erfolge bei österreichischen Meisterschaften, und bei den Europameisterschaften im Jahr 1927 erreichten Hedy Bienenfeld-Wertheimer und Fritzi Löwy zweite und dritte Plätze. Weiters gewann die Wasserballmannschaft der Hakoah in den Jahren 1926 bis 1928 die österreichische Meisterschaft. Bekanntestes Mitglied war der Schriftsteller Friedrich Torberg.

1936 weigerten sich die Schwimmerinnen Judith Deutsch, Ruth Langer und Lucie Goldner, bei den Olympischen Spielen im nationalsozialistischen Deutschland anzutreten. Daraufhin wurden sie vom österreichischen Schwimmverband gesperrt und ihre Bestleistungen gestrichen. Erst 1995, anlässlich einer Ausstellung im Jüdischen Museum Wien, wurden die drei Sportlerinnen rehabilitiert.

Eine herausragende Stellung innerhalb der Hakoah nahm die Sektion der Ringer ein. Diese fungierten zeitweilig auch als Schutztruppe gegen antisemitische Überfälle. Zahlreiche Meistertitel wurden errungen, 1932 gewann Miki Hirschl bei den Olympischen Spielen in Los Angeles zwei Bronzemedaillen.

1938 wurde die Hakoah von den Nationalsozialisten zerschlagen. Der

was founded in Vienna in 1909. It was so popular that it very soon had a number of sections for different sports and the club enjoyed considerable success between the wars. The football team won the Austrian league in the season 1924/25 and the swimming team won a number of events in the Austrian championships. At the 1927 European championships, Hedy Bienenfeld-Wertheimer and Fritzi Löwy were second and third. The water polo team was Austrian champion in the years 1926 to 1928. Hakoah's most well-known member was the writer Friedrich Torberg.

In 1936, the swimmers Judith Deutsch, Ruth Langer, and Lucie Goldner refused to take part in the Olympic Games in Nazi Germany, whereupon they were disqualified from the Austrian Swimming Federation and their best times struck off the records. They were not rehabilitated until 1995, on the occasion of an exhibition at the Jewish Museum.

The wrestling section of Hakoah was extremely successful. It also acted on occasion as a self-defence group to protect against anti-Semitic attacks. It won numerous championships and in 1932, Miki Hirschl received two bronze medals at the Los Angeles Olympic Games.

In 1938, Hakoah was closed by the Nazis and its sports grounds confis-

Sportplatz und die Vereinsstätten wurden beschlagnahmt, manche der Sportler konnten sich ins Ausland retten, viele wurden umgebracht. Nach Kriegsende wurde die Hakoah wieder gegründet und stellte in den Achtziger- und Neunzigerjahren sogar mehrfach den österreichischen Meister im Ringen. Auf die Rückgabe ihres Sportplatzes wartet die Hakoah allerdings nach wie vor, wenn auch Verhandlungen mit der Stadt Wien und der Bundesimmobiliengesellschaft über die Bereitstellung von Sportstätten im Prater praktisch abgeschlossen sind.

cated. Some of its members were able to escape, but many were put to death. After the war, Hakoah started up again and in the 1980s and 1990s produced a number of Austrian wrestling champions. The sports grounds have never been returned, although it is expected that agreement will soon be reached on the provision of new facilities in the Prater.

Die Ringstraße

Stefan-Zweig-Geburtshaus
1., Schottenring 14

Stefan Zweig (1881–1942) wurde als Abkömmling einer wohlhabenden Industriellenfamilie geboren. Er studierte in Berlin und Wien Philosophie und Romanistik und unternahm bis zum Ausbruch des Ersten Weltkriegs Reisen in die ganze Welt. Während des Krieges war er wie viele seiner Schriftstellerkollegen zunächst im Kriegspressequartier tätig, zog aber als überzeugter Pazifist 1917 in die Schweiz. 1934 emigrierte er nach London, 1941 mit seiner zweiten Gattin nach Brasilien, wo er seine postum erschienene Autobiografie *Die Welt von Gestern. Erinnerungen eines Europäers* schrieb. 1942 nahm er sich gemeinsam mit seiner Frau das Leben.

Zweig, der sich zeit seines Lebens als Europäer definierte, ist dennoch Repräsentant einer altösterreichischen Geistigkeit. Dem pazifistisch-humanistischen Gedankengut verpflichtet, schrieb er Romane, Novellen, Theaterstücke und Gedichte. Seine Werke wurden in zahlreiche Sprachen übersetzt und weltweit gelesen. Zeitgenossen nannten in aufgrund seines wirtschaftlichen Erfolges auch „Erwerbszweig". Seine Haltung dem Judentum gegenüber war zwiespältig. Aus einem assimilierten Hause stammend, war er

The Ring

Stefan Zweig's Birthplace
1. Schottenring 14

Stefan Zweig (1881–1942), son of a wealthy industrialist, was born in this house. He studied philosophy and literature in Berlin and Vienna and travelled throughout the world until the outbreak of World War I. Like many of his writer colleagues, he worked during the war initially in the press and information department, but his pacifist convictions eventually prompted him to move to Switzerland in 1917. In 1934, he emigrated to London and moved from there with his second wife to Brazil in 1941, where he wrote his posthumously published autobiography *Shadows Born of Light*. In 1942, he and his wife committed suicide.

Zweig, who always regarded himself as a European, is nevertheless a representative of an old Austrian intellectual tradition. His novels, short stories, plays, and poems reflect his pacifist and humanistic leanings. His works have been translated into many languages and are read all over the world. He had an ambivalent attitude to Judaism. Although he came from an assimilated family and was alienated from the Jewish religion, he nevertheless felt a commitment to the Jewish intellectual and cultural tradition.

Stefan Zweig und Joseph Roth (1894–1939) in einem Pariser Straßencafé.
Stefan Zweig and Joseph Roth (1894–1939) in a Parisian street café.

der jüdischen Religion gegenüber entfremdet, fühlte sich jedoch den geistigen und kulturellen Traditionen verpflichtet.

Universität Wien, Alma Mater Rudolphina
1., Dr.-Karl-Lueger-Ring 1
Eine große Anzahl von jüdischen Wissenschaftlern sorgte im 19. und Anfang des 20. Jahrhunderts für den Weltruhm Wiens auf vielen Gebieten; besonders hervorzuheben sind dabei die Leistungen in der Medizin. Im Arkadenhof der Universität Wien finden sich Büsten von einigen dieser

Stefan Zweig was extremely critical of Theodor Herzl's Zionist ideas, claiming that they presented anti-Semites with arguments which could be used against the Jews.

University of Vienna, Alma Mater Rudolphina
1., Dr.-Karl-Lueger-Ring 1
A large number of busts of Jewish professors can be seen in the courtyard of the University of Vienna. The city's academic reputation in many fields at the end of the nineteenth and beginning of the twentieth centuries is largely attributable to the many

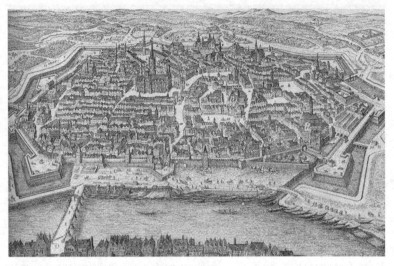

Mittelalterliche Ansicht Wiens. Anstelle der Stadtmauern begrenzt heutzutage der Ring die Innenstadt.

Medieval view of Vienna. In place of the city walls, the ring street now provides the border of the city center.

Der Ring

Nach den Türkenkriegen im 16. und 17. Jahrhundert wurde die Innere Stadt durch Stadtmauern abgesichert, die im Laufe der Zeit mehrmals verstärkt und ausgebaut wurden. Das Glacis, eine der Innenstadt vorgelagert Grünfläche, schrumpfte zwar beständig mit der Ausbreitung der Vorstädte, wurde aus militärischen Überlegungen heraus jedoch immer wieder geräumt. Unter Kaiser Franz I. (1768–1835) wurde das Glacis der Öffentlichkeit als Erholungsgebiet zugänglich gemacht. Es entwickelte sich zu einer Zone gesellschaftlicher Anarchie und Freiheit, wo Bürger ihre Sonntagsspaziergänge machten, aber auch Gesellen, Arbeiter oder Tagelöhner ihre karge Freizeit verbrachten. 1857 beschloss Kaiser Franz Joseph I. die Schleifung der Stadtmauern und schrieb ein Jahr später einen internatio-

nalen Wettbewerb zur Schaffung einer Prunkstraße aus. Damit begann in der zweiten Hälfte des 19. Jahrhunderts die Eroberung der Ringstraße durch das aufstrebende Bürgertum. Zahlreiche Palais tragen heute noch die Namen ihrer einstigen, oft jüdischen Besitzer und zeugen vom Assimilationsbedürfnis des jüdischen Bürgertums ebenso wie von veränderten gesellschaftlichen Verhältnissen. Der Ring beherbergt nicht nur Symbole des Ancien Régime – Kirche, Schloss, Kaserne –, sondern auch jene des Bürgertums – Parlament, Rathaus, Universität. Damals wie heute ist der Ring jedoch kein Ort des Flanierens, sondern eher Weg als Ziel. Er gewann aber gerade in den letzten Jahren wieder verstärkt an Bedeutung als öffentlicher Raum, wo Demonstrationen, aber auch große Festveranstaltungen stattfinden.

The Ring

After the Turkish wars in the sixteenth and seventeenth centuries, a protective wall was erected around the inner city. The "Glacis," a green area between the outer areas and the inner city was gradually built over as the city grew and repeatedly cleared again to ensure the city's defense. Under Emperor Franz I (1768–1835), the Glacis was made accessible to the public as a recreational area, where citizens could take a Sunday stroll and apprentices and casual workers could spend their precious free time. In 1857, Emperor Franz Joseph I decided to pull down the city walls and invited internationally renowned architects to submit their plans for a boulevard to encircle the inner city. The response saw the start of a gradual takeover of the Ring by the up-and-coming bourgeoisie of the late nineteenth century. Many of the buildings still bear the name of the former often Jewish owners and bear witness to the changed social circumstances and the efforts by the Jewish bourgeoisie to assimilate. The Ring contains not only symbols of the old regime—churches, palaces, and army barracks—but also those of the bourgeoisie—parliament, town hall, and university. Then as now, the Ring functioned mainly as a thoroughfare and it is only in recent years that it has begun to gain significance as a public area where demonstrations and large street parties take place.

Die Ringstraße um 1890. Links hinten
die Universität, rechts das Burgtheater.

The Ring Street, approx. 1890. Lower left,
the university, to the right, the Burgtheater.

berühmten Wissenschaftler: Heinrich von Bamberger (1822–1888), Professor der inneren Medizin, dessen Hauptverdienst in der Diagnostik für Herzkrankheiten lag; Leopold Ritter von Dittel (1815–1898), Chirurg, begründete im deutschsprachigen Raum die urologische Forschung und machte Wien zu einem Zentrum von Weltruf auf diesem Gebiet; Sigmund von Exner-Ewarten (1846–1926), Professor der Physiologie; Sigmund Freud (1856–1939), Begründer der Psychoanalyse; Moritz Kaposi, vormals Kohn (1837–1902), Professor der Dermatologie, baute das System der Hautkrankheiten seines Lehrers Heinrich Auspitz aus und systematisierte gemeinsam mit anderen die dermatologische Krankheitslehre; Adolf Lieben (1836–1914), Professor der medizinischen Chemie; Ludwig Mauthner (1840–1894), Professor der Augenheilkunde; Isidor Neumann von Heilwart (1832–1906), Professor für Haut- und Geschlechtskrankheiten, wurde auf die Lehrkanzel für Syphilidologie berufen, erkannte die Wichtigkeit der Zusammenlegung von Dermatologie und Syphilidologie, wie sie in der Praxis verlangt wurde; Adam Politzer (1835–1920), Ohrenfacharzt; Julius Tandler (1869–1936), 1919/20 Unterstaatssekretär für Wohlfahrtspflege im »Roten Wien«, als sozialdemokratischer Politiker prägte

Jewish scientists and researchers, particularly in the field of medicine. Among the most famous Jewish scientists whose busts can still be seen today at the university are the following: Heinrich von Bamberger (1822 to 1888), professor of internal medicine who studied the diagnosis of cardiac disease; Leopold Ritter von Dittel (1815–1898), surgeon who made Vienna an international center of urological research; Sigmund von Exner-Ewarten (1846–1926), professor of physiology; Sigmund Freud (1856–1939), the father of psychoanalysis; Moritz Kaposi, formerly Kohn (1837–1902), professor of dermatology who developed the systematization of skin diseases started by his teacher Heinrich Auspitz and, along with others, classified the study of dermatology; Adolf Lieben, professor of medical chemistry; Ludwig Mauthner (1840–1894), professor of ophthalmology; Isidor Neumann von Heilwart (1832–1906), professor of dermatology and venereal diseases, head of the faculty of syphilology, who recognized the importance of combining dermatology and syphilology, as practitioners demanded; Adam Politzer (1835–1920), specialist in ear diseases; Julius Tandler (1869 to 1936), Under-Secretary of State for Welfare from 1919 to 1920 at the start of the "Red Vienna" period of

er die Gesundheitspolitik der Zwanzigerjahre, er reorganisierte das gesamte Fürsorgewesen, widmete sich der Jugendfürsorge, der Bekämpfung der Säuglingssterblichkeit und Tuberkulose, 1934 wurde er wegen seines politischen Engagements verhaftet und verlor seinen Lehrstuhl, enttäuscht flüchtete er aus Österreich und starb in der Emigration in Moskau; Emil Zuckerkandl (1849–1910), Professor der Anatomie.

Aber nicht nur auf dem Gebiet der Medizin leisteten Wiener Juden Herausragendes. Weitere große österreichische jüdische Wissenschaftler sind im Arkadenhof verewigt: Adolf Exner (1841–1894), Professor für römisches Recht und Schöpfer der österreichischen Strafprozessordnung, Mitglied des Herrenhauses und des Reichsgerichts; Franz Klein (1854–1926), Professor für Recht, 1916 Justizminister, 1919 Staatssekretär des Auswärtigen Amtes und Mitglied der österreichischen Friedensdelegation in Saint-Germain; Anton Menger von Wolfensgrün (1841–1906), Zivilrechtler und Sozialpolitiker, Professor der Nationalökonomie; Joseph Freiherr von Sonnenfels (1732–1817), Staatswissenschaftler, Vertreter der Aufklärung; Guido Goldschmiedt (1850–1915), Professor für Chemie, Alkaloidforscher; Adolf Mussafia (1835–1905), Professor für romanische

government of the Social Democrats. His social democratic principles shaped health policy in the 1920s. He reorganized the entire welfare system with emphasis on health care for youths, reducing infant mortality and tuberculosis. In 1934, he was arrested for his political activities and dismissed from the university. He escaped from Austria and died in Moscow; and Emil Zuckerkandl (1849–1910), professor of anatomy.

The Jews of Vienna also performed outstanding service in other disciplines, and there are other busts of Austrian-Jewish academics in the courtyard: Adolf Exner (1841–1894), professor of Roman law and author of the Austrian criminal code, member of parliament and the imperial court; Franz Klein (1854–1926), professor of law, Minister of Justice in 1916, Secretary of State for Foreign Affairs in 1919, member of the Austrian peace delegation at Saint-Germain; Anton Menger von Wolfensgrün (1841–1906), socialist and civil rights activist, professor of economics; Josef Freiherr von Sonnenfels (1732 to 1817), political scientist and supporter of the Enlightenment; Guido Goldschmidt (1850–1915), professor of chemistry; Adolf Mussafia (1835 to 1905), professor of Roman philology; and Julius von Wiesner (1838–1916), botanist.

Prof. Dr. Moriz Benedikt

Prof. Dr. Isidor Neumann

Wiener medizinische Schule

Im 18. Jahrhundert entwickelte sich Wien zum weltweiten Zentrum der medizinischen Ausbildung und Forschung. Im Jahr 1784 gründete Kaiser Joseph II. das Allgemeine Krankenhaus, damals eines der modernsten Hospitäler Europas, das zum Zentrum der österreichischen Medizin wurde. Besonders in der zweiten Hälfte des 19. Jahrhunderts erbrachten zahlreiche Wiener Juden bahnbrechende Leistungen in diesem Bereich.

Insgesamt war der Anteil der Juden unter den Intellektuellen Österreichs im ausgehenden 19. Jahrhundert auffallend hoch. Dies hängt zum einen damit zusammen, dass das Universitätsstudium Juden lange Zeit vorenthalten war und es einen entsprechend großen Nachholbedarf gab, zum anderen war in den freien Berufen und im akademischen Milieu der Antisemitismus nicht so stark zu spüren wie etwa im Beamtentum. Besonders groß war der Anteil der Juden in der Medizin: 1889/90 waren 48 Prozent der Studenten Juden, im Lehrkörper der medizinischen Fakultät gab es zwei ordentliche, 14 außerordentliche Professoren und 37 Privatdozenten mosaischen Glaubens. Zu den bedeutendsten Vertretern der Wiener Schule zählen Salomon Stricker, Emil Zuckerkandl, Moritz Benedikt, Adam Politzer, Moritz Kaposi oder Ludwig Mauthner.

Prof. D.L. Mauthner

Prof. D. Emil Zuckerkandl

Viennese School of Medicine

In the eighteenth century, Vienna developed into an international center for medical training and research. In 1784, Emperor Joseph II founded the General Hospital, regarded at the time as one of the most modern in Europe, which became the center of Austrian medicine. In the second half of the nineteenth century, in particular pioneering contributions to medicine were made by a number of Viennese Jews.

There was a remarkably high proportion of Jews among academics and intellectuals at the end of the nineteenth century. This was due in part to the fact that for a long time Jews were not allowed to study at university, so that Jewish students flocked to the universities when they were finally opened up to them. Additionally, anti-Semitism was less obvious in professions like medicine and law than it was, for example, in the civil service. There was a particularly high proportion of Jews in medicine: in 1889/90, they made up forty-eight percent of the students, and on the teaching staff were fourteen Jewish professors and thirty-seven lecturers. Representatives of the Viennese school of medicine included Salomon Stricker, Emil Zuckerkandl, Moritz Benedikt, Adam Politzer, Moritz Kaposi, and Ludwig Mauthner.

Philologie; Julius von Wiesner (1838 bis 1916), Botaniker und Pflanzen-anatom.

Palais Lieben-Auspitz
1., Dr.-Karl-Lueger-Ring 4

Bauherren dieses imposanten Ring-straßenpalais waren die Geschwister Leopold, Adolf, Helene, Richard und Ida Lieben sowie ihr Vetter Rudolf Auspitz. Sie zogen 1874 ein. Die Familien Auspitz und Lieben sind Teil der politischen und kulturellen Geschichte des alten Österreich. Durch zahlreiche Heiraten miteinander verschwägert, brachten diese Familien eine beträchtliche Anzahl von Künstlern, Gelehrten, Geschäftsleuten und Politikern hervor.

Rudolf Auspitz (1837–1906) war Fabrikant, Mathematiker und Politiker, seine Gattin Helene von Lieben (1838–1894) galt als begabte Malerin. Leopold von Lieben (1835–1915) war Präsident der Börsekammer und Vize-gouverneur der Österreichisch-Unga-rischen Bank, sein Bruder Adolf (1836 bis 1914) machte sich einen Namen als Chemiker an den Universitäten Palermo und Wien und war außer-dem Mitglied des Herrenhauses. Richard Lieben (1842–1919) betrieb gemeinsam mit Rudolf Auspitz das Bankhaus Auspitz, Lieben & Co. Robert Lieben (1878–1913), der Sohn von Leopold Lieben, gehörte zu den

Palais Lieben-Auspitz
1., Dr.-Karl-Lueger-Ring 4

This imposing Ringstrasse residence was built for Leopold, Adolf, Helene, Richard, and Ida Lieben and their cousin Rudolf Auspitz, who lived there from 1874 onwards. The Auspitz and Lieben families are part of the political and cultural history of old Austria. There were frequent marriages between the two families and they produced a large number of artists, scholars, businessmen, and politicians.

Rudolf Auspitz (1873–1906) was a manufacturer, mathematician, and politician. His wife, Helene von Lieben (1838–1894), was a gifted painter. Leopold von Lieben (1835–1915) was president of the stock exchange and vice-governor of the Austro-Hungarian Bank. His brother Adolf Lieben (1836 to 1914) made a name for himself as a chemist at the universities of Palermo and Vienna and was a member of parliament. Richard Lieben (1842–1919) ran the Auspitz, Lieben & Co. bank with Rudolf Auspitz.

Robert Lieben (1878–1913), the son of Leopold Lieben, was one of the most important Austrian researchers and inventors. He designed an electrochemical phonograph, an AC motor and the Lieben tube, an early radio component.

From 1916 to 1938, Berta Zucker-kandl (1864–1945), widow of the

bedeutendsten österreichischen Forschern und Erfindern in den Anfängen des 20. Jahrhunderts. Er konstruierte unter anderem einen elektrochemischen Phonographen, einen Drehstrommotor und die so genannte Liebenröhre, die als Grundlage für die Entwicklung der Radio- und der Telefontechnik diente.

Von 1916 bis 1938 lebte Berta Zuckerkandl (1864–1945), Witwe des Emil Zuckerkandl (1849–1910), eines berühmten Anatomen, in diesem Haus. Berta Zuckerkandl war Schriftstellerin und Friedenskämpferin mit internationalen Kontakten. Sie führte einen Salon in der Tradition der Fanny von Arnstein, in dem bekannte Künstler aus und ein gingen – unter ihnen Hugo von Hofmannsthal, Arthur Schnitzler, Egon Friedell, Gustav Klimt, Gustav Mahler oder Max Reinhardt –, und war Mitbegründerin der Salzburger Festspiele. Zuckerkandl emigrierte im Jahr 1938 nach Paris, daraufhin nach Algier und starb im Oktober 1945 in Paris. Von kulturgeschichtlichem Interesse ist ihr postum erschienenes Buch *Österreich intim. Erinnerungen 1892–1942*.

Eine Gedenktafel zur Erinnerung an Berta Zuckerkandl wird von einem Blumengebinde verdeckt und ist nur mit großer Aufmerksamkeit zu finden. Das Palais beherbergt heute das bekannte Café Landtmann.

Berta Zuckerkandls Salon war ein Treffpunkt für zahlreiche berühmte Künstler.
Berta Zuckerkandl's salon was a meeting point for numerous famous artists.

famous anatomist Emil Zuckerkandl (1849–1910), lived in this house. She was an author and campaigner for peace with international contacts. Following the tradition of Fanny von Arnstein, she organized a salon, which was frequented by famous artists such as Hofmannsthal, Schnitzler, Friedell, Klimt, Mahler, and Reinhardt. She was also co-initiator of the Salzburg Festival. She emigrated to Paris in 1938 and from there to Algiers, and died in Paris in 1945. Her recollections, entitled *Österreich intim. Erinnerungen 1892*

„Arisierung"

Der Begriff ist eine nationalsozialistische Wortschöpfung und bezeichnet die Enteignung und Beraubung von Juden. Sofort nach dem „Anschluss" begannen in Wien die Raubzüge von NS-Parteigenossen. Juden wurden aus ihren Betrieben und Wohnungen vertrieben, ihre Besitztümer beschlagnahmt. Diese eigenmächtigen Aktionen von lokalen Partei- und SA-Dienststellen, die Einsetzung von „kommissarischen Leitern" und die Übernahme von jüdischem Vermögen erfolgten im Frühjahr 1938 in so großem Umfang, dass die staatlichen Stellen um ihren Anteil zu fürchten begannen. Sie versuchten, diesen „wilden Arisierungen" Einhalt zu gebieten und den Diebstahl in staatliche Bahnen zu lenken. Für die Juden bedeutete „Arisierung" meist die entschädigungslose Enteignung. Mit 26. April 1938 trat eine „Verordnung über die Anmeldung des Vermögens von Juden" in Kraft. Dadurch wurden alle Juden gezwungen, ihr Vermögen, sofern dieses einen Wert von 5000 Reichsmark überstieg, zu melden. Die Verordnung war die legale Grundlage zur Beraubung der jüdischen Bevölkerung und leitete die geplante „Entjudung" der Wirtschaft ein. Zur Administration dieser Maßnahmen schufen die Nazis eine eigene Behörde, die so genannte Vermögensverkehrsstelle. Riesige Vermögenswerte wurden durch sie ihren Besitzern geraubt: Das damals angemeldete Vermögen betrug rund 2,3 Milliarden Reichsmark. Zwar kam es nach 1945 in einigen Fällen zur Rückerstattung des Eigentums, in der Mehrzahl wurden die Rückstellungen aber verzögert, und viele der Opfer erhielten überhaupt nichts. Erst in den Jahren 1998 bis 2003 arbeitete eine von der Regierung eingesetzte Historikerkommission dieses schwarze Kapitel der österreichischen Geschichte auf, um die Basis für Verhandlungen über die Rückgabe von „arisiertem" Vermögen und über Entschädigungszahlungen zu schaffen. Beispielsweise wurden in Wien über 60.000 Wohnungen „arisiert"; die Nazis sprachen bereits 1939 davon, dass sie 70.000 Wohnungen für die „Volksgenossen" gewonnen hätten. Dies sind weitaus mehr Wohnungen, als etwa das „Rote Wien" in der Hochblüte des kommunalen Wohnbaus geschaffen hat.

Aryanization

This term was invented by the Nazis to describe the expropriation and theft of Jewish property. Immediately after the *Anschluss*, the Nazi party members began their plundering. Jews were driven out of their businesses and homes and their property was confiscated. The enthusiasm of local party and SA members was so great in the months following the *Anschluss* that the government began to fear that it would not get its fair share. It tried to put a stop to this uncontrolled Aryanization and to exert some control over it. For the Jews, Aryanization usually meant dispossession without compensation. On April 26, 1938, a decree entered into force requiring Jews to register their assets in excess of 5,000 reichsmark. It provided the legal basis for

Wien 1938.
Vienna 1938.

robbing the Jewish population and removing Jews from the economy. A special Jewish Property Declaration Office was set up to manage these activities and huge amounts were stolen from their owners. The assets declared at the time amounted to 2.3 billion reichsmark. Although some restitution was made after 1945, the procedure was usually drawn out and many victims received nothing at all. It was only in the years 1998 to 2003 that a Historical Commission set up by the Government reappraised this dark chapter in Austria's history and established a basis for negotiating compensation and the restitution of Aryanized assets. Over 60,000 homes were Aryanized in Vienna. In 1939, the Nazis boasted that they had obtained 70,000 apartments for "comrades," many more than were built during Vienna's "red" socialist era.

Palais Ephrussi
1., Dr.-Karl-Lueger-Ring 14

Dieses Gebäude, das Palais und bür-
gerliches Wohnhaus in einem sein
sollte, wurde 1872 von Theophil
von Hansen für den Bankier Ignaz
Ephrussi errichtet. Die Fassade ist ein
hervorragendes Beispiel für den damals vorherrschenden Baustil. Im
Erdgeschoß wurden Geschäftslokale
eingerichtet, im ersten Stock die Wohnung der Familie Ephrussi. Darüber
wurden Mietwohnungen für die ge-
hobene Mittelschicht eingerichtet.
Das Palais ist heute Sitz der Casinos
Austria AG.

Die Familie Ephrussi zählte zu den
bedeutendsten Bankiersfamilien Wiens
im 19. Jahrhundert. Sie stammte aus
Odessa, wo Ignaz Ephrussi (1829 bis
1899) geboren wurde. Er gründete
dort eine Kommerzialbank, weiters in
Sankt Petersburg die Internationale
Diskontbank und die Russische Han-
delsbank. Durch geschickte Transaktionen erwarb Ephrussi ein beachtliches
Vermögen, das er im Jahr 1856 nach
Wien transferierte, um das Bankhaus
Ephrussi & Co. zu gründen. Filialen
des Instituts existierten in Paris und
London. 1871 wurde Ephrussi in den
Ritterstand erhoben. Er gründete und
unterstützte viele Wohltätigkeits-
anstalten, darunter eine Volksschule
in Odessa, die seinen Namen trug.
Sein Sohn Viktor (1860–1945) führte

bis 1942, which were published posthumously, provide interesting insights
into the cultural scene at the time.

There is a plaque to commemorate
Berta Zuckerkandl but it is hidden by
flowerpots and is easy to miss. The
building today houses the renowned
coffeehouse Café Landtmann.

Palais Ephrussi
1., Dr.-Karl-Lueger-Ring 14

This palace, designed as a bourgeois
residence and apartment building,
was constructed by Theophil von
Hansen in 1872 for the banker Ignaz
Ephrussi. The façade is a good example of the prevailing architectural
style. The ground floor was set aside
for shops, and the Ephrussi family
residence was on the first floor. Above
it were large bourgeois apartments for
rent. Today the building is the headquarters of Casinos Austria AG.

The Ephrussi family was one of the
most important banking families in
Vienna in the nineteenth century. Its
members came originally from Odessa,
where Ignaz Ephrussi (1829–1899)
was born. He founded a merchant
bank there, together with an international discount bank in St. Petersburg
and the Russian merchant bank.
Thanks to a number of skillful bank
transactions, Ignaz Ephrussi was able
to amass a considerable fortune, which
he transferred to Vienna in 1856 in

das Bankhaus samt den Filialen in Paris und London weiter. Bereits am 27. April 1938 wurde das Palais Ephrussi von der Gestapo beschlagnahmt, die Bank Ephrussi & Co. vom langjährigen Mitgesellschafter und Prokuristen „arisiert". Während des Krieges waren das nationalsozialistische Amt Rosenberg und später das Amt für Wildbach- und Lawinenverbauung im Palais Ephrussi untergebracht. Die meisten Gegenstände im Haus wurden den Ämtern überlassen, die Bücher übergab die Gestapo der Nationalbibliothek, und ein Teil der Möbel gelangte ins Hofmobiliendepot. Die alliierten Besatzungsmächte in Österreich interessierten sich ebenso wenig für die ursprünglichen Besitzer von Immobilien wie die österreichische Administration, sondern suchten für ihre Büros prestigeträchtige Gebäude in repräsentativer Lage. Im Palais Ephrussi richtete sich das amerikanische Militärhauptquartier ein.

Rathaus
1., Friedrich-Schmidt-Platz
Hier befand sich die Zentralstelle des Philanthropischen Vereins, bei dem alle Fäden der Armenfürsorge zusammenlaufen sollten. Die im Jahr 1879 gegründete Gesellschaft zählte zu den größten privaten wohltätigen Einrichtungen der Stadt. Folgendes war ihre Aufgabe: „Das Elend verarmter

order to establish the Ephrussi & Co. bank, branches of which were also set up in Paris and London. Ephrussi, who was knighted in 1871, also founded and supported a number of charitable institutions, including a primary school in Odessa that bore his name. His son, Viktor Ephrussi (1860–1945), managed Ephrussi & Co. and its branches in Paris and London. Palais Ephrussi was confiscated by the Gestapo on April 27, 1938, and the bank was "Aryanized" by the faithful company secretary and partner. During the war the palace housed the Rosenberg Office and the Office for Flood and Avalanche Control. Most of the objects in the building were left for these offices to use. The library was donated by the Gestapo to the National Library and some of the furniture to the Imperial Furniture Collection. Neither the allied occupying forces nor the Austrian authorities were interested in the original owners of properties and were more intent on seeking out prestigious buildings for their own institutions. Thus Palais Ephrussi became the American headquarters.

Rathaus (Town Hall)
1., Friedrich-Schmidt-Platz
Vienna's Rathaus housed the offices of the Philanthropical Society, which was designed to consolidate all aspects of

Zedaka, Philanthropentum, bürgerliches Normverhalten

Eine der grundlegenden Verhaltensnormen im Judentum ist die Verantwortung für die Armen und Schwachen in der Gesellschaft. Die biblische Grundlage dazu findet sich im Gedanken der Zedaka (Wohltun, Gerechtigkeit) und äußerte sich im Wien des 19. Jahrhunderts dadurch, dass die Kultusgemeinde mit ihren zahlreichen Einrichtungen wie der Chewra Kadischa, dem Israelitischen Hospital, dem Blindeninstitut, dem Taubstummeninstitut und der Armenfürsorge ein vorbildliches Netz an sozialen Einrichtungen aufgebaut hatte. All diese Institutionen wurden mit Geld von privaten Spendern gegründet oder am Leben erhalten. Durch den rasanten materiellen und gesellschaftlichen Aufstieg einiger jüdischer Familien im 19. Jahrhundert, bedingt durch Aufklärung, Emanzipation und Liberalismus, übernahmen diese Familien soziale Aufgaben in der bürgerlichen Gesellschaft – nicht zuletzt auch deshalb, um ihre bürgerliche Gleichheit, Vollwertigkeit und patriotische Gesinnung zu beweisen, stand doch im bürgerlichen Wertekanon neben der Loyalität zum Kaiserhaus eine Tugend ganz oben: die Wohltätigkeit. Zwar half das Bürgertum mit seinen freiwilligen karitativen Aktivitäten nur punktuell und beabsichtigte auch gar nicht, die sozialen Probleme des Habsburgerstaates durch strukturelle Veränderungen zu lösen; dennoch trugen die von ihm geschaffenen Institutionen dazu bei, Not zu lindern und soziale Spannungen abzufangen. Dabei wurden von jüdischen Bürgern organisatorische und finanzielle Leistungen erbracht, die im Verhältnis jene ihrer christlichen Zeitgenossen um ein Vielfaches übertrafen. Aus der Tradition der Zedaka kommend, prägten einige Juden wie Julius Tandler oder Hugo Breitner die Sozialpolitik des „Roten Wiens" maßgeblich mit.

Tzedaka, Philanthropy, Bourgeois Standards

One of the fundamental tenets of Judaism is responsibility for the poor and weaker members of society. The biblical roots can be found in the idea of "tzedaka" (righteousness, justice), which found its expression in the nineteenth century in the network of welfare institutions such as the Chevra Kadisha, Jewish hospital, Institute for the Blind, Institute for the Deaf and Dumb, and the welfare institutions for the poor set up by the Jewish Community. All of these institutions were funded or kept running by private donors. With the rapid material and social rise of a few Jewish families in the nineteenth century as a result of enlightenment, emancipation, and liberalism, these families were able to take on social responsibilities in bourgeois society—not least as demonstration of their social equality, integrity, and patriotism. The bourgeois code of behavior called not only for loyalty to the emperor but also for the performance of "charitable works." Although charity work by the middle classes was sporadic and was not designed to bring about structural changes to solve the social problems of the Habsburg state, the institutions created in this way helped to reduce poverty and alleviate social tensions. The contributions made by Jewish citizens to the organization and financing of these institutions were proportionally far greater than the support provided by their Christian contemporaries. The tradition of tzedaka also had an influence on Jews like Julius Tandler or Hugo Breitner, who were instrumental in constructing the social policies of "Red Vienna."

Personen im Wiener Polizeirayon ohne Rücksicht auf Geschlecht, Stand, Alter, Konfession, Nationalität und Staatsbürgerschaft zu lindern; ferner ein harmonisches Zusammenwirken der öffentlichen Armenpflege und der privaten Armenunterstützung durch die verschiedenen Armenanstalten, Vereine und durch einzelne Wohltäter anzustreben; endlich durch Anlegung einer umfassenden Statistik des Wiener Armenwesens die Möglichkeit zu gewinnen, sowohl den Wohltätern als den Hilfsbedürftigen jederzeit die genauesten Auskünfte zu erteilen als auch den Reformbestrebungen auf dem Gebiete des Armenwesens eine praktische Grundlage zu verschaffen."

Von Beginn an zählten jüdische Familien zu den Gründern und Förderern dieses Vereines. In den Jahren 1880 bis 1899 wurde das Gesamtbudget von der Familie Rothschild und den Gebrüdern Gutmann zu 65 Prozent abgedeckt. Rechnet man andere jüdische Unterstützer und Förderer wie Springer, Schey von Koromla und Gomperz dazu, so belief sich die Deckung des Budgets durch jüdische Wohltäter auf annähernd 70 Prozent. Im Vergleich dazu nimmt sich die Spendentätigkeit der größten christlichen Förderer des Vereines – des Großindustriellen Richard Drasche und des Fürsten Liechtenstein – bescheiden aus: Sie deckten das Budget

welfare for the poor. Founded in 1879, it was one of the largest private welfare institutions in the city. Its proclaimed task was "to relieve the misery of poor people in Vienna regardless of sex, social class, age, confession, nationality, or citizenship; further, to achieve harmonious cooperation between the public welfare institutions for the poor and private charities through poorhouses, associations, and individual donors; finally, by keeping detailed statistics of the poor in Vienna, to provide precise information at all times for both donors and those in need of assistance and to create a practical basis for reform of welfare for the poor."

Jewish families were among the original founders and supporters of the Society. Between 1880 and 1899, sixty-five percent of the entire budget was provided by the Rothschild family and the Gutmann brothers. Including other Jewish donors and supporters such as Springer, Schey von Koromla, and Gomperz, practically seventy percent of the budget was accounted for by Jewish contributors. By comparison, the contributions of the largest Christian donors—the industrialist Richard Drasche and the Prince of Liechtenstein—were modest indeed: 5.6 and two percent, respectively. Between 1880 and 1899, the Philanthropical Society helped 258,543

Die Elisabethbrücke über den Donaukanal, rechts außen die Joseph-Sonnenfels-Statue.
Elisabeth Bridge across Danube Canal, on the far right, the Joseph Sonnenfels statue.

mit 5,6 Prozent beziehungsweise mit zwei Prozent ab. Im Zeitraum von 1880 bis 1899 unterstützte der Philanthropische Verein 258.543 Bedürftige mit 1,2 Millionen Gulden.

Joseph-Sonnenfels-Statue
1., Rathausplatz

Am 19. November 1867 – Kaiserin Elisabeths Namenstag – wurden auf der Elisabethbrücke acht Statuen von bedeutenden Persönlichkeiten aus der Geschichte Wiens feierlich enthüllt. Nach der Demolierung der Brücke 1897 wurden sie auf verschiedenen

people in need at a cost of 1.2 million guilders.

Joseph Sonnenfels Statue
1., Rathausplatz

On November 19, 1867, the name day of the Empress Elisabeth, eight statues of prominent figures from Vienna's history were unveiled on the Elisabeth Bridge. After the bridge was demolished in 1897, the statues were moved to different locations between the Rathaus and the Burgtheater. The statue of Freiherr von Sonnenfels on Rathausplatz was replaced by the

Toleranzpatent

Der Erlass des Toleranzpatents vom 2. Jänner 1782 führte zu wesentlichen Neuerungen im Verhältnis von Juden und Staat. Auf weltlicher Ebene brachte das Toleranzpatent zahlreiche Vorteile mit sich, auch wenn es nach wie vor nicht darum ging, Juden zu gleichberechtigten Staatsbürgern zu machen. Das von Joseph II. nicht verschwiegene Ziel war es, wichtige Bevölkerungsgruppen in das Wirtschaftsleben zu integrieren, um sie somit dem Staate nützlicher zu machen. Juden sollten nun öffentliche Schulen besuchen und jede Art von Handel und Gewerbe erlernen und ausüben dürfen. Es gab keine Bekleidungsvorschriften mehr, und das Ausgangsverbot an christlichen Feiertagen wurde aufgehoben. Um den Zuzug von Juden nach Wien zu kontrollieren, wurde allerdings nach wie vor zwischen Tolerierten und Nichttolerierten unterschieden. Die so genannten Tolerierten mussten für das Aufenthaltsrecht in Wien weiterhin Steuern bezahlen.

Für jene Juden des Kaiserreichs, die weiterhin nach den religiösen Traditionen leben wollten, brachte das Toleranzpatent allerdings Einschränkungen: Die autonomen Strukturen jüdischer Gemeinden sollten aufgehoben werden, zur besseren Kontrolle durften Juden ihre Geschäftsbücher nicht mehr in hebräischer oder jiddischer Sprache führen, und der religiöse Unterricht sollte zugunsten einer allgemeinen Schulbildung aufgegeben werden.

Trotz aller Nachteile stellte das Toleranzpatent den Ausgangspunkt einer Entwicklung dar, die schließlich zur vollständigen Gleichberechtigung führte.

Tolerance Patent

The promulgation of the Tolerance Patent on January 2, 1782, resulted in some fundamental changes in the relationship of Jews to the state. At a secular level, it brought a number of advantages, even though it still did not give Jews equal civil rights.

Joseph II's pronounced aim was to integrate important ethnic groups into economic life so that the state might take advantage of them. Jews were now allowed to attend state schools and to learn and practice all types of trade and commerce. Clothing regulations were abolished and

Faksimile des Toleranzpatentes.

Copy of the Tolerance Patent.

the curfew during Christian holidays lifted. To control the influx of Jews to Vienna, however, a distinction was still made between "tolerated" and "non-tolerated" Jews. The "tolerated" ones had to continue to pay a levy for this "tolerance," i.e., the right to live in Vienna.

For those Jews in the empire who wished to continue to uphold religious traditions, the Tolerance Patent merely brought restrictions: the autonomous structure of the Jewish communities was abolished, Jews were no longer allowed to keep their accounts in Hebrew or Yiddish, and religious education was to be abandoned in favor of general schooling.

In spite of all these disadvantages, the Tolerance Patent was the first step on the way to full equality.

Standorten zwischen Rathaus und Burgtheater aufgestellt; jene des Freiherrn von Sonnenfels auf dem Rathausplatz wurde 1940 von den Nationalsozialisten durch eine Gluck-Figur ersetzt und erst nach 1945 wieder hier aufgestellt.

Joseph Freiherr von Sonnenfels (1732–1817) war der Sohn des Hebräischlehrers Lipmann Perlin, der sich 1735 mit seinen drei Söhnen im Wiener Schottenkloster taufen ließ. Seit 1746 führte der Vater das Adelsprädikat von Sonnenfels. Nach dem Studium der Rechtswissenschaften in Wien war Sonnenfels ab 1763 als Universitätsprofessor tätig und als Hofrat der Hofkanzlei auch an der Reform des österreichischen Verwaltungs- und Gerichtswesens beteiligt. Er lebte zwar nicht mehr in der jüdischen Tradition, war aber an den Problemen der Juden sehr interessiert und hatte wahrscheinlich auch am josephinischen Toleranzpatent seinen Anteil.

Denkmal der Republik
1., Schmerlingplatz (bei Dr.-Karl-Renner-Ring 1 und 3)

Am 12. November 1928, dem zehnten Jahrestag der Ausrufung der Republik, wurde dieses Denkmal enthüllt. Es zeigt die drei bedeutendsten Repräsentanten der frühen österreichischen Sozialdemokratie: Jakob Reumann, Ferdinand Hanusch und Victor Adler.

Nazis in 1940 by a statue of Gluck and was not returned until after 1945.

Joseph Freiherr von Sonnenfels (1732–1817) was the son of the Hebrew teacher Lipmann Perlin, who was baptized in 1735 with his three sons in the Schottenkloster in Vienna. He was raised to aristocracy in 1746, after which he bore the title von Sonnenfels. After studying law in Vienna, Sonnenfels worked as a university lecturer from 1763. As a member of the imperial Chancellery, he was also involved in reforming the Austrian administrative and court system. Among other things, he strongly urged the abolition of torture. He was not a practicing Jew but took a strong interest in the problems of the Jews and probably contributed to the drafting of the Tolerance Patent.

National Memorial
1., Schmerlingplatz (Dr.-Karl-Renner-Ring 1 and 3)

This monument was unveiled on November 12, 1928, the tenth anniversary of the proclamation of the Republic. It shows Jakob Reumann, Ferdinand Hanusch, and Victor Adler, the three most important representatives of early Austrian social democracy.

Adler, who was born in 1852 in Prague, came from a liberal, bourgeois Jewish family. Like many of his contemporaries, after the collapse of the

Der 1852 in Prag geborene Victor Adler entstammte einer liberalen, großbürgerlichen jüdischen Familie. Wie viele seiner Zeitgenossen war auch er nach dem politischen Zusammenbruch der Liberalen Partei auf der Suche nach einer neuen politischen Heimat. Die deutschnationalen und christlichsozialen Parteien wurden im Laufe der 1880er-Jahre immer offener antisemitisch und damit für Juden unwählbar. Als eine der wenigen Alternativen boten sich die Sozialdemokraten an, die als einzige österreichische Partei den Antisemitismus nie zum Programm erhoben. Adler entwickelte sich zu einem der führenden Politiker der Sozialdemokratie. Auf dem Hainfelder Parteitag (1888/89) gelang es ihm, die in Gemäßigte und Radikale aufgesplitterte Partei zu einen. Die von ihm redigierte Prinzipienerklärung bildete die Grundlage für die politische Arbeit der folgenden Jahrzehnte. Der Erste Weltkrieg stellte Adler und die Partei vor einen schweren Gewissenskonflikt; Teile der Partei ließen sich von der herrschenden Kriegsbegeisterung anstecken. Dennoch versuchte Adler, auch in dieser Zeit für den Frieden zu wirken. In seiner letzten Rede im Reichsrat vor dem Krieg erteilte er dem Habsburgerstaat eine klare Absage und gab ein Bekenntnis zur vollen Eigenständigkeit der Nationalitäten ab. Adler starb

Victor Adler (1852–1918) einigte die österreichische Sozialdemokratie und war maßgeblich an der Begründung der Ersten Republik beteiligt.

Victor Adler (1852–1918) unified Austrian social democracy and was influential in the founding of the first republic.

Liberal Party he sought a new political orientation. The German national parties, including the Christian Socialists, became increasingly anti-Semitic in the 1880s and were therefore not an option for Jews. One of the few alternatives was the Social Democratic party, the only Austrian party that never included anti-Semitism in its

am 11. November 1918, dem Tag der Abdankung von Kaiser Karl I. Er bekam am Zentralfriedhof ein Ehrengrab (Gruppe 24, Nummer 1).

Palais Epstein
1., Dr.-Karl-Renner-Ring 1

Das vom Architekten Theophil von Hansen für Gustav Epstein errichtete Palais spiegelt die wirtschaftliche Macht wider, die die Bankiersfamilie im 19. Jahrhundert besaß. Gustav Epstein führte zunächst die ausgedehnten Baumwollfabriken seines Vaters in Böhmen, zog aber wegen der besseren geschäftlichen Möglichkeiten 1854 nach Wien, wo er eine Privatbank gründete und leitete. Daneben bekleidete er eine Reihe von Positionen im Bank- und Börsenwesen. 1866 wurde er vom Kaiser geadelt. Er war ein wirtschaftlicher Multifunktionär mit gewichtigem Einfluss, verlor jedoch im großen Börsenkrach von 1873 sein gesamtes Vermögen und verbrachte seine letzten Lebensjahre in bitterster Armut. Für sein Begräbnis musste die Kultusgemeinde die Kosten übernehmen.

Das Palais Epstein wurde 1883 an die Imperial Continental Gas Association verkauft und 1902 vom Staat erworben. Von 1922 bis 1938 war es Sitz des Wiener Stadtschulrates, 1938 bis 1945 brachten die Nationalsozialisten hier ihr Reichsbauamt unter,

manifesto. Adler became one of the leading politicians in the Social Democratic party. At the party conference in Hainfeld (1888/89), he managed to unite the moderates and the radicals. The manifesto which he wrote formed the basis of the party's political activities for the next decades. World War I placed Adler and the party in a dilemma, and although many members were carried away by the prevailing enthusiasm for war, he still pleaded for peace. In his last speech in Parliament before the war, he openly criticized the Habsburg state and call for complete independence for the various nationalities. Adler died on November 11, 1918, the day that Emperor Karl abdicated. He was given an honorary grave in Zentralfriedhof (group 24, number 1).

Palais Epstein
1., Dr.-Karl-Renner-Ring 1

Palais Epstein, which was designed by Theophil von Hansen for Gustav Epstein, reflects the economic power enjoyed by the Epstein family in the nineteenth century. Gustav Epstein initially managed a number of his father's cotton factories in Bohemia and came to Vienna in 1854 on account of the better business prospects there. He founded a private bank and also held a number of positions in banking and stock exchange

Palais Epstein, 1947.

von 1945 bis 1955 beherbergte es die sowjetische Kommandantur und 1955 bis 2001 war es wieder Sitz des Stadtschulrates. Nach Instandsetzung und Adaptierung soll es zukünftig als Bürogebäude für das Parlament dienen.

circles. In 1866, he was ennobled by the Emperor. He was a versatile businessman and exerted a considerable amount of influence until he lost his entire fortune in the stock exchange crash of 1873. He spent his final years

Palais Schey von Koromla
1., Opernring 10

Der Bankier Friedrich Freiherr Schey
von Koromla ließ sich dieses Palais
von den Architekten Johann Romano
und August Schwendenwein errichten. Die Großhändlerfamilie stammte
aus Güns (Köszeg) in Westungarn
und ging auf Philipp Schey (1798 bis
1881) zurück, der es in Wien zu Ansehen und Vermögen gebrachte hatte.
Während des Revolutionsjahres 1848
unterstützte er die kaiserlichen Truppen materiell und finanziell, was 1859
zu seiner Erhebung in den Adelsstand
führte. Gemeinsam mit seinem Neffen
Friedrich (1815–1881) betrieb er in
Wien die Firma F. Schey, k. k. priv.
Großhändler. Friedrich Schey war ein
angesehener Finanzexperte; er betätig-
te sich als Bankier und war Direktor
der Oesterreichischen Nationalbank,
Präsident der Handelskammer in Wien
und Verwaltungsrat der Kaiserin-Elisabeth-Bahn. Er war ein bedeutender
Förderer des Künstlerhauses, des
Musikvereins und des Museums für
Kunst und Industrie. Eines der Lieb-
lingsprojekte von Friedrich Schey war
das Stadttheater in der Seilerstätte: Als
großer Theaterfreund und Bewunde-
rer des damaligen Burgtheaterdirek-
tors Heinrich Laube wollte er diesem
nach dessen erzwungenem Abgang
vom Burgtheater dort eine neue Wir-
kungsstätte schaffen.

in abject poverty and the Jewish
Community was obliged to pay for
his funeral.

Palais Epstein was sold to the Imperial Continental Gas Association in
1883 before being purchased by the
state in 1902. Between 1922 and
1938, it housed the offices of the
Municipal Education Authority. From
1938 to 1945, the Nazis installed their
Reich Building Department and between 1945 and 1955, it was the
headquarters of the Soviet forces.
The Municipal Education Authority
returned from 1955 to 2001 and it is
currently being repaired and adapted
to provide parliamentary offices.

Palais Schey von Koromla
1., Opernring 10/Goethegasse 3

This residence was designed for the
banker Friedrich Freiherr Schey von
Koromla by Johann Romano and
August Schwendenwein. The Schey
family of wholesale traders came
originally from Koszeg in western
Hungary. Philipp Schey (1798–1881)
achieved wealth and fame in Vienna,
supporting the imperial troops with
money and supplies during the revolution in 1848, for which he was
ennobled in 1859. With his nephew
Friedrich (1815–1881), he ran a
wholesale business in Vienna. Friedrich was a respected finance expert.
He was director of the Austrian

Friedrich Schey hinterließ ein beträchtliches Vermögen. Das prächtige Interieur des Palais ist österreichischen TV-Sehern durch die Serie *Ringstraßenpalais* bekannt, die dort gedreht wurde.

Mahnmal gegen Krieg und Faschismus
1., Albertinaplatz

An diesem Ort stand der von Carl König erbaute Philip-Hof, der als repräsentatives Pendant zur Albertina fungierte, in den letzten Kriegstagen aber einen Bombentreffer erhielt und einstürzte. Die Trümmer begruben hunderte Menschen unter sich, die im Luftschutzkeller des Hauses Schutz gesucht hatten. Die genaue Zahl der Toten ist unbekannt, ihre Leichen wurden nie geborgen.

Der Plan der Stadt Wien, ein von Alfred Hrdlička gestaltetes Denkmal gegen Krieg und Faschismus an einem zentralen Wiener Ort aufzustellen, löste in Österreich intensive und jahrelange Diskussionen aus. Nachdem die Stadt Wien 1983 mit dem Bildhauer einen Vertrag geschlossen hatte, kam die Realisierung ins Stocken. Erst die so genannte Waldheim-Affäre und die Gedenkveranstaltungen zum 50. Jahrestag des „Anschlusses" erzeugten ein Klima, das die Realisierung des Denkmales beschleunigte. Im November 1988 wurde das Mahnmal schließ-

National Bank, president of the Vienna Chamber of Commerce, and member of the administrative board of the Kaiserin-Elisabeth-Bahn railway. He was also a patron of the Künstlerhaus, Musikverein and the Museum of Art and Industry. One of his favorite projects was the Stadttheater in Seilerstätte: as a great theatre enthusiast, his idea was to provide the Burgtheater director Heinrich Laube with a new place to work after his forced resignation.

Friedrich Schey left behind a considerable fortune. The splendid interior of Palais Schey-Koromla will be familiar to Austrian television viewers as the set for the "Ringstrassenpalais" series.

Monument Against War and Fascism
1., Albertinaplatz

The monument stands on the site of the Philip-Hof, built by Carl König, which was designed as an annex to the Albertina. In the final days of the war it was destroyed in an air raid with hundreds of people buried in a shelter underneath. The precise number of victims has never been determined as their bodies were never recovered.

The plan by the city of Vienna to erect Alfred Hrdlička's monument against war and fascism in the center of the city provoked intensive and protracted discussion. Although the

Alfred Hrdličkas Darstellung der Erniedrigung jüdischer Bürger nach dem „Anschluss".
Alfred Hrdlička's depiction of the denigration of Jewish citizens after the *Anschluss*.

lich enthüllt. Dabei löste vor allem das Bild des Straßen waschenden Juden wiederum zahlreiche Diskussionen aus. Hrdlička wählte diese Figur als Symbol für die Erniedrigung der Juden nach dem „Anschluss", da im März 1938 tausende von Juden gezwungen wurden, unter dem Gejohle der Menge mit Bürsten, mitunter sogar ihren eigenen Zahnbürsten, Straßen zu reinigen. Eindrücklich beschrieb dies ein Journalist: „Die erste Reibpartie sah ich auf dem Praterstern.

city council signed a contract with Hrdlička in 1983, there were repeated delays in getting the project started. The climate gradually changed with the commemoration of the fiftieth anniversary of the *Anschluss* of March 1938 and the Waldheim affair, and the monument was finally unveiled in November 1988—only to provoke further controversy on account of the image of a Jew scrubbing the pavement, which the sculptor had chosen as a symbol of the humiliation of the

Teilansicht des Mahnmals gegen Krieg und Faschismus am Albertinaplatz.
Partial view of the Memorial Against War and Fascism at Albertinaplatz.

Sie musste das Bild Schuschniggs entfernen, das mit einer Schablone auf den Sockel eines Monuments gemalt worden war. SA-Leute schleppten einen bejahrten jüdischen Arbeiter und seine Frau durch die Beifall klatschende Menge. Tränen rollten der alten Frau über die Wangen, und während sie starr vor sich hinsah und förmlich durch ihre Peiniger hindurchblickte, konnte ich sehen, wie der alte Mann, dessen Arm sie hielt, versuchte, ihre Hand zu streicheln."

Die Figur wurde von vielen aber als eine perpetuierte Erniedrigung empfunden. Schließlich schlug Simon Wiesenthal vor, ein Mahnmal ausschließlich für die österreichischen jüdischen Opfer der Schoah zu errichten, das im Oktober 2000 auf dem Judenplatz enthüllt wurde.

Staatsoper
1., Opernring 2

Ein Mann, dessen Wirken mit der Wiener Staatsoper untrennbar verbunden ist, war Gustav Mahler (1860 bis 1911). Mahler gilt als einer der größten österreichischen Komponisten. Er schloss mit seinem sinfonischen Werk an seinen Lehrer Anton Bruckner an. Der Spätromantik verpflichtet, gilt sein Kompositionsstil als typisch für das Fin de Siècle. Ab 1880 war Mahler Dirigent an zahlreichen kleineren Opernhäusern, 1888 bis

Jews after the *Anschluss*. In March 1938, thousands of Jews had been forced to scrub the pavements with brushes and even toothbrushes—to the general amusement of the onlookers. One journalist described it as follows: "I saw the first group at the Praterstern. They were forced to remove the picture of Schuschnigg that had been stencilled onto the base of a monument. SA members dragged an old Jewish worker and his wife through the applauding crowd. Tears rolled down the cheeks of the old woman and while she stared blankly in front of her, looking straight through her tormenters, I saw the old man, whose arm she was holding, attempt to stroke her hand."

The image of the Jew scrubbing the pavement was regarded by many as a further humiliation. Simon Wiesenthal ultimately suggested a monument exclusively for the Austrian Jewish victims of the Holocaust. It was unveiled in October 2000 on Judenplatz.

State Opera House
1., Opernring 2

One man inseparably connected with the Vienna State Opera is Gustav Mahler (1860–1911). He is regarded today as one of the greatest Austrian composers. His symphonic works show the influence of Anton Bruckner, who was one of his teachers, and his

Ansichtskarte der Oper, um 1900.
Postcard of the opera, approx. 1900.

1891 Operndirektor in Budapest, 1891 bis 1897 Theaterkapellmeister in Hamburg. 1897 kam er als Dirigent an die Wiener Staatsoper, die er von 1898 bis 1907 leitete. Mahler, der aus einer assimilierten jüdischen Familie stammte, trat im selben Jahr zum Katholizismus über, wohl in der Hoffnung, sich damit im Sinne Heinrich Heines die Eintrittskarte in die bessere Gesellschaft zu verdienen. 1902 heiratete er Alma Schindler, die als

style was typical of the turn of the century's late Romantic period. From 1880, he conducted a number of smaller opera houses, from 1888 to 1891 he was director of the opera in Budapest, and from 1891 to 1897 conductor of the opera in Hamburg. In 1897, Mahler became conductor of the Vienna State Opera, a position he held until 1907. He came from an assimilated Jewish family and in the year of his appointment he converted

Gustav Mahlers Schwager Arnold Rosé (links), von 1881 bis 1931 Konzertmeister der Wiener Philharmoniker, inmitten seines Quartetts.

Gustav Mahler's brother-in-law Arnold Rosé (left), who was concert master of the Viennese Philharmonic from 1881 to 1931, surrounded by his quartet.

Schülerin Alexander von Zemlinskys selbst komponierte.

Als Folge antisemitischer Angriffe verließ Mahler die Wiener Staatsoper und feierte als Dirigent in München, Paris und New York Erfolge; in New York war er ab 1909 Kapellmeister der Metropolitan Opera. Mahler kehrte unheilbar krank 1911 nach Wien zurück, wo er im selben Jahr verstarb.

Gustav Mahlers Schwager Arnold Rosé (1863–1946) war als Violinist

to Catholicism, no doubt hoping to gain entry into society. In 1902, he married Alma Schindler, herself a composer and student of Alexander von Zemlinsky.

He resigned from the Vienna State Opera as a result of anti-Semitic attacks and continued a successful conducting career in Munich, Paris, and New York. From 1909, he was conductor of the Metropolitan Opera. He returned to Vienna in 1911 and died there in the same year.

fast ein halbes Jahrhundert lang Konzertmeister der Wiener Philharmoniker. Im Jahr 1882 gründete er das Rosé-Quartett. 1926, in einer Rundfrage an Prominente, bekannte er seine Liebe zu Wien: „Ich bin derart verheiratet mit dieser lieben Stadt, dass ich mir ein Leben anderswo gar nicht denken kann. Wenn ich gezwungen wäre, mein Leben woanders zu verbringen, würde mich mein Heimweh verzehren." 1938 emigrierte Rosé nach London, wo er ein Jahr nach Kriegsende starb.

Palais Königswarter
1., Kärntner Ring 2-4

Das Gebäude wurde 1862 von den berühmten Gründerzeitarchitekten Johann Romano und August Schwendenwein erbaut. Der Name der großen Wiener Familie Königswarter verweist auf die Ortschaft Königswart in Böhmen, aus der die Vorfahren stammten. Der Wiener Zweig geht auf Moritz Königswarter (1780–1829) zurück, der in der Stadt ein Wechselgeschäft betrieb. Sein Neffe und Schwiegersohn Jonas Freiherr von Königswarter (1807–1871) aus Frankfurt übernahm dieses Geschäft und baute es zum Bankhaus Königswarter & Todesco aus. 1850 wurde er Direktor der Oesterreichischen Nationalbank, 1855 gründete er gemeinsam mit den Rothschilds die Creditanstalt. Er hatte als

Mahler's brother-in-law Arnold Rosé (1863–1946) was first violinist of the Wiener Philharmoniker for nearly half a century. In 1882, he founded the world-famous Rosé Quartet. In a survey of prominent figures in 1926, he pronounced his love for Vienna: "I am so happily married to this city that I couldn't conceive of living anywhere else. If I were forced to spend my life elsewhere, I would eat my heart out with homesickness." In 1938, he emigrated to London, where he died in 1946.

Palais Königswarter
1., Kärntner Ring 2–4

This residence was built in the Ringstrasse tradition in 1862 by the famous Gründerzeit architects Johann Romano and August Schwendenwein for the Königswarter family. The name refers to the town of Königswart in Bohemia where the family originated. The Vienna branch was founded by Moritz Königswarter(1780–1829) who ran a bill of exchange business. His nephew and son-in-law Jonas Freiherr von Königswarter (1807–1871) took over this business and developed it into the Königswarter & Todesco bank. In 1850, he became director of the Austrian National Bank and in 1855 founded the Creditanstalt together with the Rothschilds. As director of the Kaiser-Ferdinand-Nordbahn,

Direktor der Kaiser-Ferdinand-Nordbahn, Präses der böhmischen Westbahn und Verwaltungsrat der Theißbahn auch Anteil am Aufbau des österreichischen Eisenbahnwesens. Dieser Industriezweig war einer der wesentlichen Faktoren, die zum Aufblühen der Wirtschaft im Österreich der liberalen Ära beitrugen. Jonas Königswarter war auch in der Kultusgemeinde über einen langen Zeitraum hinweg engagiert und diente ihr in den Jahren von 1867 bis 1871 als Präsident. Als Wohltäter berühmt wurde Königswarter durch die Errichtung des Israelitischen Blindeninstituts auf der Hohen Warte.

Sein Sohn Moriz Freiherr von Königswarter (1837–1893) führte das Erbe seines Vaters fort und galt als hervorragender Finanzfachmann. Trotz seiner Reputation als Geizhals zeigte er großes Engagement für die Kultusgemeinde und für alle Belange jüdischen Lebens in Wien. Auch er trat als Wohltäter auf und richtete unter anderem eine Wärmestube in der Puchsbaumgasse im zehnten Bezirk ein.

Diese Wärmestuben, von denen es in Wien zahlreiche gab, wurden zumeist von privaten Wohltätern gegründet und dienten dazu, den Armen während des Winters tagsüber Aufenthalt zu bieten und sie mit Tee und heißer Suppe zu versorgen.

Jonas Königswarter, 1855 Mitbegründer der Creditanstalt.

Jonas Königswarter, 1855 co-founder of the Creditanstalt bank.

president of the Bohemian Westbahn, and board member of the Theissbahn, he was also involved in the development of Austrian railways. Railway construction in the nineteenth century contributed considerably to the expansion of the Austrian economy during the liberal era.

Jonas Königswarter was also involved for many years in the Jewish Community and was its president from 1867 to 1871. His welfare activities included the founding of the

Palais Gomperz
1., Mahlerstraße 4

Das 1860 und 1861 von Ludwig von Förster erbaute Ringstraßenpalais wurde von Max (1822–1913) und Julius Gomperz (1824–1909) gekauft. Die beiden Brüder entstammten einer weit verzweigten Familie, die sich jahrhundertelang zurückverfolgen lässt. Ihr Vater Philipp war mit Henriette Auspitz verheiratet; aus dieser Ehe gingen fünf Kinder hervor, die wiederum alle in große Bankiersfamilien einheirateten.

Die Brüder Gomperz waren äußerst erfolgreiche und wichtige Akteure im Wirtschaftsleben der Monarchie. Julius wurde 1879 geadelt. Obwohl er in Wien wohnte, war er ab 1872 Präsident der Brünner jüdischen Gemeinde, für die er sich auch als Politiker engagierte. Von Interesse ist auch die Förderung, die Max Gomperz dem Maler Emil Orlik angedeihen ließ. Dieser schuf aus Dankbarkeit eine Porträtplakette für Gomperz' Grab am Döblinger Friedhof.

Palais Todesco
1., Kärntner Straße 51

Hermann Todesco (1792–1844) war der Stammvater der großbürgerlichen, später adelig gesprochenen Familie Todesco. Als Industrieller engagierte er sich in unterschiedlichen Bereichen. So begründete er in Marienthal eine

Jewish Institute for the Blind on the Hohe Warte.

His son, Moriz Freiherr von Königswarter (1837–1893), continued in the tradition of his father and was regarded as an outstanding financial expert. In spite of his reputation as a miser, he was highly committed to the Jewish Community and all aspects of Jewish life in Vienna. He was also aware of the needs of the less fortunate and financed a shelter in Puchsbaumgasse in the tenth district, one of several charitable institutions of its type in Vienna that served soup and tea and provided a warm room for the poor and homeless during the cold winter days.

Palais Gomperz
1., Mahlerstrasse 4

This Ringstrasse residence built in 1860/61 by Ludwig von Förster was purchased by the brothers Max (1822 to 1913) and Julius (1824–1909) Gomperz, members of an extended family whose roots can be traced back several centuries. Their father Philipp had married Henriette Auspitz, and the couple's five children all married into important banking families.

Max and Julius were both major figures in the economic life of the monarchy. Julius was ennobled in 1879. Although he already owned this residence in Vienna, in 1872 he

Baumwollmanufaktur, wo er neue Maschinen und technische Methoden aus dem Ausland einführte, und war Mitfinanzier und erster Direktor der Wien-Gloggnitz-Bahn. Auch als Philanthrop machte er sich einen Namen und ließ unter anderem in Pressburg eine Schule, in Baden ein Spital und in Wien eine Ausspeisungsanstalt für Arme errichten. Für seine Verdienste wurde er geadelt.

Sein Sohn Eduard von Todesco (1814–1887) ließ zwischen 1861 und 1864 von den viel beschäftigten Architekten Ludwig Förster und Theophil von Hansen einen Repräsentationsbau in der Kärntner Straße errichten.

Er hatte im Jahr 1848 das vom Vater gegründete Großhandlungshaus übernommen. Für die österreichische Regierung war er einer der zuverlässigsten Finanzpartner und ein gern gesehener Berater in Geldangelegenheiten. Wie sein Vater tat auch er sich als Wohltäter hervor und spendete große Summen an soziale Einrichtungen. Durch seine Vorliebe für Fremdwörter, die er aber meist in falschem Zusammenhang verwendete, machte er sich zur Zielscheibe des Spottes der Wiener Gesellschaft. Eine Sitzung des Abgeordnetenhauses soll er auf folgende Weise kommentiert haben: „Ich bin für die Anatomie der Gemeinde, verwerfe die tschechische Deklamation, glaube aber, dass man den Polen,

became president of the Jewish community in Brno, where he was also politically active. Max Gomperz also supported the artist Emil Orlik, who showed his gratitude by painting the portrait on Gomperz's grave in Döbling cemetery.

Palais Todesco
1., Kärntner Strasse 51

Hermann Todesco (1792–1844) was the founding father of the bourgeois and later aristocratic Todesco family. He was an industrialist with many interests. He established a cotton factory in Marienthal, introducing new machines and methods from abroad. He was the first director of the Vienna-Gloggnitz railway, which he cofinanced. He also made a name for himself as a philanthropist, building a school in Bratislava, a hospital in Baden, and a canteen for the poor in Vienna. He was ennobled for his services.

His son Eduard von Todesco (1814 to 1887) had a large residence built on Kärntner Strasse between 1861 and 1864 by the architects Ludwig Förster and Theophil von Hansen. In 1848 he took over the wholesale business founded by his father. He was of great assistance to the Austrian government and a welcome advisor in financial matters. Like his father, he was also involved in charitable activities

die mit ihrer Absolution nur Vernünftiges verlangen, einige Konfessionen machen sollte." Er wurde zum Inbegriff des Ringstraßenbarons, dessen Bildung mit seinem Anspruch auf kultivierte Lebensart nicht Schritt halten konnte – ganz im Gegensatz zu seiner geistreichen Gattin Sophie, einer geborenen Gomperz, die den von ihr geführten Salon zu einem beliebten Treffpunkt von Persönlichkeiten des Wiener Kulturlebens machte. Zum 80. Geburtstag von Franz Grillparzer rief Sophie von Todesco mit Josefine von Wertheimstein und anderen Damen der Gesellschaft die Grillparzer-Preis-Stiftung ins Leben, die bis heute besteht und alle drei Jahre einen bedeutenden Literaturpreis verleiht.

Das Palais war von 1947 bis 1995 Sitz der Österreichischen Volkspartei.

Palais Gutmann
1., Fichtegasse 12

Das Gebäude wurde von den Architekten Johann Romano und August Schwendenwein im Auftrag der Gebrüder Wilhelm (1826–1895) und David (1834–1912) Gutmann errichtet, die einer angesehenen mährischen Familie von Gelehrten und Rabbinern entstammten. Ausgehend von bescheidenen Kohlegeschäften mit der Nordbahn, entwickelte sich ein florierender und aufstrebender Betrieb mit Filialen von Wien über Brünn bis Budapest.

and donated considerable amounts to welfare institutions.

Because of his penchant for foreign words, which he usually employed incorrectly, he was a target for derision by the Viennese society. He was said to have uttered the following sentence at a session of Parliament: "I am in favor of the anatomy of the community, reject the Czech declamation but believe that some confessions could be made to the Poles, whose demand for absolution is quite reasonable." He epitomized the Ringstrasse barons, whose cultural pretensions were not always matched by their education; by contrast, his wife Sophie née Gomperz was an intellectual whose salon became a popular meeting place for Vienna's artists and literati. To celebrate Franz Grillparzer's eightieth birthday, Sophie, together with Josefine von Wertheimstein and other society ladies, established the Grillparzer Prize, which is still awarded every three years in recognition of literary achievement.

From 1947 to 1995, the palace was the headquarters of the Austrian People's Party (ÖVP).

Palais Gutmann
1., Fichtegasse 12

This building was designed by the architects Johann Romano and August Schwendenwein for Wilhelm Gutmann (1826–1895) and his brother David

Dank dieses Filialnetzes garantierten die Brüder die Zustellung der Kohle in jeden Haushalt innerhalb von 24 Stunden. Durch den Kauf verschiedener Kohlegruben in Oberschlesien wurden die Gebrüder Gutmann auf dem Gebiet des Kohlebergbaus zum führenden Unternehmen in Österreich-Ungarn. Im Jahre 1865 begann die Zusammenarbeit mit den Unternehmen von Baron Anselm Rothschild. Gemeinsam erwarben sie die Wittkowitzer Eisenwerke, die bald zu einem der führenden Eisen verarbeitenden Unternehmen der Monarchie aufstiegen. Der Betrieb bestand bis zum Einmarsch der Nationalsozialisten in der Tschechoslowakei und wurde kurz darauf den Hermann-Göring-Werken in Linz eingegliedert.

Auf die Gebrüder Gutmann gehen zahlreiche wohltätige Stiftungen zurück. 1856 gründete Wilhelm Gutmann mit dem Industriellen Bernhard Pollak das Bet ha-Midrasch, die Talmud-Thora-Schule in der Malzgasse, die der Pflege der jüdischen Wissenschaften dienen sollte. 1870 war er Mitbegründer der Israelitisch-Theologischen Lehranstalt, die bestausgebildete jüdische Gelehrte hervorbringen sollte. Ab den Sechzigerjahren war er im Vorstand der Israelitischen Kultusgemeinde in Wien als Bethausvorsteher tätig und für die Bereiche Unterricht und Finanzen zuständig, von 1891

(1834–1912), who came from a respected Moravian family of scholars and rabbis. Starting out as modest suppliers of coal to the Nordbahn railway, their company developed into a flourishing concern with branches in Vienna, Brno, and Budapest, enabling them to guarantee the delivery of coal to every household within twenty-four hours. Through the purchase of coalmines in Upper Silesia, the brothers became the leading mining company in Austro-Hungary. In 1865, together with Baron Anselm Rothschild's companies, they purchased an iron works in Vítkovice, which soon developed into the leading iron works in the monarchy. The company existed until the Nazis invaded Czechoslovakia, after which it was incorporated into the Hermann-Göring works in Linz.

The Gutmann brothers set up several charitable foundations. In 1856, Wilhelm Gutmann and the industrialist Bernhard Pollak established the Bet Hamidrash Talmud Torah School in Malzgasse to further Jewish studies. In 1870, he was co-founder of the Jewish Theological Teaching College, which was designed to produce the "best trained Jewish scholars." From the 1860s, he was responsible for education and finance on the board of the Jewish Community in Vienna and from 1891 to 1893, he was president

bis 1893 war er Präsident der Kultusgemeinde. Die Brüder Gutmann
förderten auch die 1860 in Wien gegründete Alliance Israélite – die es
sich zur Aufgabe gestellt hatte, den in
drückender finanzieller und geistiger
Not lebenden Juden in Osteuropa
beizustehen und um ihre Befreiung
von religiöser Intoleranz zu kämpfen –
und den Verein zur Abwehr des Antisemitismus, der vom Ehepaar Arthur
und Bertha von Suttner gemeinsam
mit Marie von Ebner-Eschenbach
geleitet wurde. Das Engagement der
Brüder Gutmann ging aber weit über
rein jüdische Interessen hinaus. So
stifteten sie Geld für die Poliklinik,
die Rudolfinerstiftung und den Philanthropischen Verein.

of the Jewish Community. The brothers also supported the Alliance Israélite,
founded in 1860 in Vienna to assist
Eastern European Jews in financial or
spiritual need and to fight religious
intolerance, and the Association to
Counter Anti-Semitism, which was
directed by Arthur von Suttner and
his wife Bertha together with Marie
von Ebner-Eschenbach. The activities
of the Gutmann brothers went far
beyond purely Jewish interests, however. They also made donations to the
Polyclinic, Rudolfiner Foundation,
and the Philanthropical Association.

Lasallestr.

Taborstr.

Allliertenstr.

Nordbahnstr.

Am Tabor

Lamplg.

Lessinggasse

Darwingasse

Prater-

Mühlfeld-gasse

Heinestr.

stern

A u -

Klang-gasse

Große Stadtgutg.

Fr. brüg

g a r t e n

Blumauerg.

Zirkusgasse

Praterstr.

Czerning.

Augartenstr.

Gr. Pfarrg.

Große Taborstr.

Unt. Donn

Unt. Augartenstr.

Gr. Sperlg.

Mohreng.

Leopoldsg.

Kl. Sperlg.

Fr. Hochedlinger G.

Obere Donaustr.

Schweden-brücke

Dominika

Franz-Josefs-Kai

Str ing

Auf der „Mazzesinsel"

NS-Deportationssammellager
2., Kleine Sperlgasse 2 a

Die Gedenktafel erinnert daran, dass sich hier in den Jahren 1941 bis 1943 ein NS-Sammellager für Juden befunden hat. Im Zuge der „Arisierung" wurden Juden aus ihren Wohnungen vertrieben und in so genannte Sammellager eingewiesen, von denen aus die Deportation in die Vernichtungslager erfolgte.

Schiffschul
2., Große Schiffgasse 8

Bis zum Jahr 1938 stand hier die 1864 errichtete Synagoge der Großen Schiffgasse. Nur eine bescheidene Gedenktafel erinnert noch an die so genannte Schiffschul, eines der größten jüdischen Gotteshäuser Wiens und das Zentrum der Wiener Orthodoxie. In der Nacht auf den 10. November 1938 wurde die Synagoge verwüstet und brannte vollständig aus. Vor dem Gebäude errichtete der Pöbel mit Gegenständen aus der Synagoge einen Scheiterhaufen, auf dem Thorarollen und Gebetbücher verbrannt wurden.

Israelitische Kinderbewahranstalt
2., Schiffamtsgasse 15

An dieser Adresse befand sich die Israelitische Kinderbewahranstalt, die das

On Matzo Island

Nazi Deportation Collection Point
2., Kleine Sperlgasse 2 a

A plaque recalls that this site was used by the Nazis between 1941 and 1943 as a collection point for Jews. During the Aryanization process, Jews were driven out of their homes and herded into collection points, from where they were deported to the death camps.

Schiff Shul
2., Grosse Schiffgasse 8

Until 1938, this was the site of the Grosse Schiffgasse synagogue, which was built in 1864. A modest plaque is all that remains of what was one of the largest synagogues in Vienna. It was known as the "Schiff Shul" and was once the center of Viennese orthodoxy.

On the night of 9 November 1938, the synagogue was plundered and burnt to the ground. The mob built a bonfire in front of the building, onto which they threw the Torah scrolls and prayer books.

Jewish Children's Home
2., Schiffamtsgasse 15

This address was the site of the Jewish Children's Home, the most well-known example of the outstanding

renommierteste Beispiel für die hervorragenden Leistungen der Kultusgemeinde im Bereich der Kinder- und Jugendfürsorge darstellte. Bereits im Jahr 1843 gegründet, also zehn Jahre vor der offiziellen Konstituierung der Kultusgemeinde, wurden hier die neuesten Erkenntnisse der damaligen Pädagogik umgesetzt.

Joseph Ritter von Wertheimer (1800–1887), der sich bereits im Jahr 1825 mit aus England kommenden neuen Methoden der Kindererziehung beschäftigt hatte, war die treibende Kraft und auch wichtigster Finanzier dieser Anstalt. Sein Interesse für die Kindererziehung war so groß, dass er selber Bücher zu diesem Thema verfasste. Die Kinderbewahranstalten sah er als eine notwendige Ergänzung zum Familienleben und gleichzeitig, ganz dem paternalistischen Gedankengut des 19. Jahrhunderts verpflichtet, als wohltätige Institutionen für die sittliche, geistige und materielle Hebung der Armen an. 1830 gründete er gemeinsam mit dem katholischen Geistlichen Johann Lindner den ersten Kindergarten in Wien. 1858 wurde in der Schiffamtsgasse das von dem berühmten Theaterarchitekten Ferdinand Fellner geplante Gebäude für die Kinderbewahranstalt eröffnet.

Joseph Wertheimer war der zweite Präsident der Israelitischen Kultusgemeinde. 1860 wurde er aufgrund

contribution of the Jewish Community to child and youth welfare.

It was founded in 1843, ten years before the official constitution of the Community, and featured the latest findings in children's education of the time.

Joseph Ritter von Wertheimer (1800–1887), who in 1825 had already started investigating the latest English methods of child rearing, was the driving force behind the institute and its main financial support. His interest in child rearing was so great that he wrote books on the subject. He regarded children's homes as an important complement to family life and at the same time, in keeping with the paternalistic attitudes of the 19th century, as welfare institutions for the moral, intellectual, and material uplifting of the poor.

In 1830, he founded the first kindergarten in Vienna together with the Catholic priest Johann Lindner, and in 1858 the children's home planned by the theatre architect Ferdinand Fellner, was opened here on Schiffamtsgasse.

Joseph Ritter von Wertheimer was the second president of the Jewish Community of Vienna, and in 1860 he was knighted by the Franz Joseph Order for his philanthropic activities and his services to the Austrian economy.

seiner philanthropischen Aktivitäten und seiner Verdienste um die österreichische Wirtschaft zum Ritter des Franz-Joseph-Ordens ernannt.

Freie Jüdische Volksbühne
2., Untere Augartenstraße 8

In diesem Gebäude nahm 1920 die Freie Jüdische Volksbühne Unterkunft, die sich auf eine literarische Form des jiddischsprachigen Theaters spezialisiert hatte. Das rasche Anwachsen der jüdischen Bevölkerung in der Leopoldstadt brachte zur Jahrhundertwende auch eine Veränderung des Wiener Theaterlebens mit sich. Die Theatertraditionen der jüdischen Zuwanderer vermischten sich zusehends mit den örtlichen Spezifika, sowohl was Sprache als auch was Inhalt betraf. So entstanden in der Leopoldstadt einige Bühnen, die Werke ostjüdischer Dichter in jiddischer Sprache spielten.

Durch die Anlehnung des Jiddischen an das Deutsche entwickelte sich eine eigene Sprache, die abwertend als Jargon bezeichnet wurde und später als „Jiddeln" in antisemitische Witze Eingang fand.

Joseph-Roth-Wohnhaus
2., Rembrandtstraße 35

Joseph Roth, 1894 in Brody in Galizien geboren, studierte in Lemberg und Wien Germanistik. Als Journalist kritisierte er scharfzüngig das Welt-

Free Jewish Folk's Theatre
2., Untere Augartenstrasse 8

In 1920, the building housed the Free Jewish Folk's Theatre, which specialized in Yiddish theater.

The rapid growth of the Jewish population in the 2nd district at the turn of the century was accompanied by a change in Vienna's theater scene. The theatrical traditions of the Jewish immigrants were increasingly influenced by the local culture, in terms both of language and content. A number of theaters were founded in Leopoldstadt to perform the works of Jewish writers from Eastern Europe in Yiddish.

Because of the similarities between Yiddish and German, the Eastern European Jews tended to speak with a characteristic accent and vocabulary, which provided fertile ground for anti-Semitic jokes.

Joseph Roth's House
2., Rembrandtstrasse 35

Joseph Roth was born in 1894 in Brody, Galicia. He studied German in Lvov and Vienna. As a journalist, amongst other things as a correspondent for many years for the *Frankfurter Zeitung*, he was a sharp-tongue critic of world affairs. In 1920, Roth moved to Berlin and in 1933 he emigrated to Paris, where he wrote passionately about Nazi crimes and supported the re-establishment of an

Die Leopoldstadt, die Mazzesinsel

Heute jenseits des Donaukanals, früher inmitten der sich weit verzweigenden Donauarme liegt die Leopoldstadt, vom Volksmund auch als Mazzesinsel bezeichnet. Durch die Eingemeindung und Zusammenlegung einiger Vorstädte Wiens 1850 wurde dieser Vorort zum zweiten Gemeindebezirk.

Der Begriff Leopoldstadt erinnert an die zweite Gesera, die zweite große Vertreibung der Juden aus Wien; die Bezeichnung Mazzesinsel spielt auf das feuchte Gebiet innerhalb der Donauarme an (Mazzes ist der jiddische Ausdruck für Mazzot, das ungesäuerte Brot, das während des Pessachfestes gegessen wird). Vom Getto des 17. Jahrhunderts bis zum heutigen Tage ist die Leopoldstadt Zentrum jüdischen Lebens in Wien.

Die Praterstraße verdankt ihren Namen dem kaiserlichen Jagd- und Belustigungsrevier Prater. 1766 öffnete Kaiser Joseph II. Teile des Praters und den Augarten für die Wiener Bevölkerung und leitete damit einen Umschwung in der Leopoldstadt ein. Die Straßen zu den grünen Toren vor der Stadt wurden erweitert, und im ersten Viertel des 19. Jahrhunderts bekam die Jägerzeile ihren neuen Namen Praterstraße. Diese entwickelte sich im 19. Jahrhundert neben dem Ring zum prominentesten Straßenzug Wiens, wo sich der Adel niederließ, aber auch zahlreiche Cafés und Hotels entstanden.

Rund um die Praterstraße entwickelte sich im ausgehenden 18. Jahrhundert das Zentrum des Wiener Theaterlebens, vor allem das so genannte Vorstadttheater erlebte hier seinen Höhepunkt. Im Gegensatz zum elitären Ring mischten sich entlang der Praterstraße die sozialen und ethnischen Gruppen zu einem bunten Durcheinander.

Die einstmalige Pracht der Praterstraße, deren Spuren auch heute noch zu finden sind, darf jedoch nicht darüber hinwegtäuschen, dass nirgendwo in Wien Wohlstand und bitterste Armut so eng beieinander lagen wie in dieser Umgebung.

Leopoldstadt—Matzo Island

Leopoldstadt, situated today on the north side of the Danube Canal, was formerly spread among the various small tributaries of the Danube. It became the 2nd district of Vienna in 1850 following the incorporation and consolidation of some of the outlying districts.

The name Leopoldstadt recalls the second Gesera or banishment of the Jews from Vienna ordered by Emperor Leopold, but it was nicknamed "Matzo Island" by the Viennese, a reference to the old wetlands of the Danube tributaries and, of course, to the unleavened bread eaten by Jews during Pesach.

It has been the center of Jewish life in Vienna since the days of the 17th century ghetto and remains so today. One of the main thoroughfares in Leopoldstadt is Praterstrasse, named after the imperial hunting and recreation park. In 1766, Emperor Joseph II opened parts of the Prater and Augarten to the public, an act that was to bring about fundamental changes in the character of this district. The roads leading to the city's green lung were gradually widened and the main street was renamed Praterstrasse in the 1820s. During the course of the century, it developed into one of the most prominent streets in Vienna, after the Ring, and contained the homes of the nobility as well as numerous cafés and hotels.

In the late 18th century, Vienna's theater life was centered around the Praterstrasse and suburban theater, "Vorstadttheater," as it was called, flourished. In contrast to the exclusivity of the Ring, all social and ethnic groups would meet and mingle here.

The former opulence of Praterstrasse, traces of which can still be found today, cannot, however, conceal that nowhere else in Vienna did wealth and wretched poverty exist in such proximity to one another.

geschehen, unter anderem war er langjähriger Korrespondent der renommierten *Frankfurter Zeitung*. 1920
ging Roth nach Berlin, 1933 emigrierte er nach Paris, wo er engagiert
gegen nationalsozialistische Verbrechen anschrieb und sich für ein un-
abhängiges Österreich einsetzte.

1939 starb er an den Folgen seines
Alkoholismus in Paris.

Seine großen Erfolge feierte Roth
durch die Darstellung der Habsburgermonarchie kurz vor deren Untergang
(1932: *Radetzkymarsch*; 1938: *Die
Kapuzinergruft*). Aus Galizien stammend, verstand es Roth auch, das Leben der Ostjuden in eindrücklicher,
wenn auch oft idealisierender Weise
zu schildern.

Immer wieder kehrte Roth nach
Wien zurück, wo er an verschiedenen
Adressen lebte; in den Jahren 1935 bis
1937 wohnte er mit Unterbrechungen
im Hotel Bristol am Kärntner Ring.

Polnische Schul
2., Leopoldsgasse 29

An der Stelle der so genannten Polnischen Schul steht heute ein Wohnhaus.
Nur eine 1990 angebrachte Tafel erinnert an die frühere Synagoge, die 1893
von Wilhelm Stiassny (1842–1910)
erbaut worden war.

Geistiges Oberhaupt der polnischen
Juden war der aus Pressburg stammende Rabbiner Lazar Horowitz, als Ober-

independent Austria. He died of
alcoholism in Paris in 1939.

He was highly successful with his
descriptions of the Habsburg monarchy (1932: *The Radetzky March*;
1938: *The Emperor's Tomb*). As a native of Galicia he was able to portray
the life of Jews in Eastern Europe in
an impressive if idealized fashion.

Roth returned repeatedly to Vienna,
living in various houses. On his visits
in 1935, 1936, and 1937 he stayed,
with interruptions, at Hotel Bristol.

Polish Shul
2., Leopoldsgasse 29

On the site of the "Polish Shul" is an
apartment house and only the plaque
affixed in 1990 recalls the former synagogue. The synagogue was started in
1893 by Wilhelm Stiassny (1842–
1910) and was designed using oriental elements. The intellectual leader
of the Polish Jews was Rabbi Lazar
Horowitz from Bratislava. The cantor,
Mayer Schorr, became famous for re-
viving the liturgical music of Eastern
Europe. This synagogue was also
plundered on 10 November 1938
and subsequently demolished.

Talmud Torah School—Old Jewish Museum
2., Malzgasse 16

The Talmud Torah School Association, established in 1814, ran a school

Die Polnische Schul.
Foto, vor 1938.
The Polish Shul. Photo,
prior to 1938.

kantor wirkte Mayer Schorr, der durch die Wiederbelebung des östlichen Synagogalgesanges berühmt wurde.

Der Tempel wurde in der Nacht auf den 10. November 1938 verwüstet und danach abgerissen.

Talmud-Thora-Schule – altes Jüdisches Museum
2., Malzgasse 16

Hier betrieb der um 1814 ins Leben gerufene Talmud-Thora-Schulverein eine Schule. Sie wurde im Jahr 1850 gegründet und erhielt 1867, dem Jahr der rechtlichen Gleichstellung der Juden in Österreich, das Öffentlichkeitsrecht für Volksschulen und knapp 70 Jahre später auch für die Hauptschule. Knaben und Mädchen wurden und werden getrennt unterrichtet – die Schulräumlichkeiten für die Mädchen befanden sich schräg gegenüber in der Malzgasse 7, im Dr.-Krüger-Heim, sind heute aber auch im Haus Malzgasse 16 untergebracht. Die Schule wurde von dem hoch angesehenen Rabbiner Joel Pollak geführt und galt im In- und Ausland als Eliteschule.

Am 10. November 1938 wurden Institut und Bethaus verwüstet, das Lehrpersonal wurde misshandelt.

1946 nahm die Schule den Unterricht unter schwierigsten Umständen erneut auf. Erst 1956 konnte das alte Schulgebäude bezogen werden, seit 1978 besitzen Volks- und Hauptschule here. It was founded in 1850 and the primary school was state-recognized in 1867, the year in which the Jews of Austria were granted equality. The secondary school had to wait another 70 years before it was granted the same status. Boys and girls were and are separated. The girls originally had their own classrooms at Malzgasse 7, opposite in Dr. Krüger House, but today they are in the same building as the boys. The school was directed by the highly esteemed rabbi Dr. Joel Pollak and regarded in Austria and elsewhere as an elite establishment.

On 10 November 1938, the school and prayer house were plundered and the teaching staff mishandled.

In 1946, teaching resumed under extremely difficult circumstances. It was not until 1956 that the old school building was reusable.

The primary and secondary schools have been state-recognized since 1978. The Talmud Torah School provides an orthodox Jewish education and is devoted to communicating traditional religious values.

Malzgasse 16 was also the site from 1912 of the old Jewish Museum run by the Society for the Collection and Preservation of Art and Historical Memorials to Judaism. The Society was founded in 1893 and set itself the task of "collecting and preserving items from literature, art, and science,

wieder das Öffentlichkeitsrecht. Die Talmud-Thora-Schule erfüllt die erzieherischen Bedürfnisse der Orthodoxie und widmet sich der Vermittlung traditioneller religiöser Inhalte.

In der Malzgasse 16 war seit 1912 auch das alte Jüdische Museum der „Gesellschaft zur Sammlung und Konservierung von Kunst- und historischen Denkmälern des Judentums" untergebracht. Diese war 1893 gegründet worden und hatte sich die Aufgabe gestellt, „Erzeugnisse der Literatur, Kunst und der Wissenschaft sowie von historischen Denkmälern, welche auf die politische und Kulturgeschichte der Juden Bezug haben, zu sammeln und aufzubewahren".

Mit der Eröffnung der Räumlichkeiten in der Rathausstraße 13 war 1895 in Wien das weltweit erste jüdische Museum entstanden, das nach mehreren Standortwechseln 1912 in die Malzgasse zog. Nach dem „Anschluss" wurde das Museum von den Nationalsozialisten sofort geschlossen, ein Teil der Sammlung mutwillig zerstört, ein Teil geraubt. 1939 wurde der noch vorhandene Bestand beschlagnahmt und dem Wiener Museum für Völkerkunde übergeben. Einzelne Objekte gingen an die Nationalbibliothek, an die Universitätsbibliothek und an das Naturhistorische Museum, das 1939 einige Kultgegenstände für eine antisemitische Ausstellung verwendete.

and historical memorials relating to the political and cultural history of the Jews". The museum at Rathausstrasse 13, which opened in 1895, was the first Jewish museum in the world.

After several temporary moves, it finally found a home in Malzgasse. Immediately after the *Anschluss* the museum was closed by the Nazis. Some of the collection was willfully destroyed and some of it misappropriated.

In 1939, the remaining inventory was confiscated and transferred to the Völkerkunde (ethnology) Museum. Isolated objects were given to the National Library, University Library, and Natural History Museum, which used some of the religious items for an anti-Semitic exhibition. In the early 1950s, the Völkerkunde Museum returned the items in its possession to the Jewish Community in Vienna. These items have been on view at the Jewish Museum Vienna since 1993.

Zwi Perez Chajez High School
2., Castellezgasse 35

Zwi Perez Chajez (1876–1927) came from a Galician family of rabbis. He received an orthodox Jewish education as well as his general schooling. He moved to Vienna to study at the university and complete his training as a rabbi. He was an early supporter

Zu Beginn der Fünfzigerjahre restituierte das Völkerkundemuseum den Bestand des ehemaligen Jüdischen Museums an die Israelitische Kultusgemeinde. Seit 1993 ist diese Sammlung im Jüdischen Museum Wien zu sehen.

Zwi-Perez-Chajes-Schule
2., Castellezgasse 35

Zwi Perez Chajes (1876–1927) entstammte einer galizischen Rabbinerfamilie. Er erhielt sowohl eine profunde jüdische Schulung als auch eine allgemeine Ausbildung. Chajes ging nach Wien, um hier an der Universität zu studieren, aber auch um seine Ausbildung zum Rabbiner zu beenden. Er schloss sich sehr früh der zionistischen Bewegung an und wurde während seiner Lehrtätigkeit in Florenz zum wichtigsten Propagandisten des Zionismus in Italien. Nach seiner Tätigkeit als Rabbiner in Triest kehrte Chajes 1918 als Oberrabbiner nach Wien zurück.

Seinen pädagogischen Bemühungen verdankt Wien sein erstes jüdisches Realgymnasium, das von den Nationalsozialisten geschlossen und in ein Sammellager für Juden umgewandelt wurde. Die zur Deportation bestimmten Juden wurden meist nachts aus ihren Wohnungen abgeholt und in Sammellager überstellt, von wo aus der Abtransport in die Konzentra-

of the Zionist movement and while teaching in Florence became the most important proponent of Zionism in Italy.

After working as a rabbi in Trieste, he returned to Vienna in 1918 as chief rabbi.

Zwi Perez Chajes set up the first Jewish high school in Vienna, which was closed by the Nazis and converted into a collection point for Jews. The Jewish deportees were fetched from their homes, usually at night, and herded into these collection points, from where they were transported to the concentration camps.

In 1980, the school was reopened and now comprises a kindergarten, primary school and high school with after-school care.

The Zwi Perez Chajez School is a state-recognized school and is today an important part of the Jewish school infrastructure in Vienna.

On the 10th anniversary of its reopening in 1990, a memorial to the victims of deportation was installed by the pupils of the school.

Pazmaniten Temple
2., Pazmanitengasse 6

This site was the location of Pazmaniten Temple and community center, designed by the architect Ignaz Reiser and built in 1911/12. Reiser's plans marked a transition from Historicism

tionslager erfolgte. 1980 wurde die Schule wieder ins Leben gerufen und umfasst heute einen Kindergarten, eine Vorschule, eine Volksschule und ein Gymnasium mit angeschlossenem Hort. Die Schule besitzt das Öffentlichkeitsrecht und ist eine wichtige Einrichtung jüdischen Unterrichts in Wien.

Anlässlich des zehnjährigen Wiederbestehens brachten Schüler des Gymnasiums im Jahr 1990 eine Gedenktafel für die Opfer der Deportationen an.

Pazmanitentempel
2., Pazmanitengasse 6

An dieser Stelle stand der von Ignaz Reiser entworfene Pazmanitentempel, der 1911/12 gemeinsam mit einem Gemeindezentrum errichtet worden war. Reiser gelang es mit diesem Gebäude, den Übergang von Historismus und Jugendstil zur Moderne zu vollziehen. Gekennzeichnet war die Synagoge von außen durch sparsam eingesetztes Dekor und die Verwendung von roh behauenen Steinen. Die abgerundeten Turmstümpfe verliehen dem Gebäude eine eigenartige Monumentalität. Der Innenraum glich einer dreischiffigen Basilika, ein umlaufender Balkon beherbergte die Frauenempore. Auch dieser Tempel wurde 1938 zerstört. Seine Ruinen blieben während des Krieges zunächst noch

Aufnahme des während der „Reichskristallnacht" 1938 von den Nazis zerstörten Pazmanitentempels, 1913.

Photo of the Pazmaniten temple, which was destroyed by the Nazis in 1938 during "Reichskristallnacht," 1913.

and Art Nouveau to modern architecture. The exterior was sparse and the façade consisted of roughly hewn stones. The short rounded towers gave the building a distinctive look. The interior was a three-aisle basilica with women's galleries on three sides. This temple was also destroyed in 1938. The ruins were left to stand for most of the war but were finally removed before 1945.

163

bestehen, wurden aber noch vor Ende des Krieges endgültig geschleift.

Jüdischer Kindergarten Augarten
2., Rauscherstraße 16

Der Kindergarten im Augarten war eine der zahlreichen von der Kultusgemeinde geschaffenen Fürsorgeeinrichtungen in und um den Augarten. In nächster Nähe gab es auch ein Ambulatorium und ein Sonnentagesheim für kränkliche Kinder, die beide auch von nichtjüdischen Kindern besucht wurden und einen wichtigen Beitrag im Kampf gegen die Tuberkulose darstellten.

Bereits 1830 hatte Joseph Ritter von Wertheimer gemeinsam mit dem katholischen Geistlichen Johann Lindner diesen ersten Kindergarten in Wien gegründet. Mit der Eröffnung der Lauder-Chabad-Schule zog nach über 60 Jahren wieder eine jüdische Jugendeinrichtung in den Augarten.

Lauder-Chabad-Schule
2., Rabbiner-Schneerson-Platz

Der Lauder-Chabad-Campus wurde 1999 dank der großzügigen Unterstützung der Ronald Lauder Foundation errichtet. Für die Architektur zeichnete Adolf Krischanitz verantwortlich, der zuvor bereits den jüdischen Kindergarten im Prater geplant hatte. Der großzügig gestaltete Cam-

Augarten Jewish Kindergarten
2., Rauscherstrasse 16

The kindergarten was one of the many welfare facilities set up by the Jewish Community in and around the Augarten.

Nearby was a children's clinic and home for sickly children, both of which accepted non-Jewish patients and made an important contribution to the fight against tuberculosis. In 1830, Joseph Ritter von Wertheimer founded the first kindergarten in the city with the Catholic priest Johann Lindner. The opening of the Lauder-Chabad school marked the return to the Augarten of a Jewish tradition that had been absent for 60 years.

Lauder Chabad School
2., Rabbiner-Schneerson-Platz

The Lauder Chabad campus was set up in 1999 with the generous support of the Ronald Lauder Foundation. It was designed by the Viennese architect Adolf Krischanitz, who had previously designed the Jewish kindergarten in the Prater.

The spacious campus on the north side of the Augarten contains a kindergarten, primary school, middle school and teacher training academy.

Like the Zwi Perez Chajez School, it is also a state-recognized high school, which means that graduates can obtain the "Matura" university entrance

pus an der Nordseite des Augartens beherbergt Kindergarten, Volksschule, Mittelschule und eine pädagogische Akademie. Auch die Lauder-Chabad-Schule besitzt das Öffentlichkeitsrecht, sodass die Absolventen des Realgymnasiums über eine österreichische Matura verfügen.

Insgesamt beherbergt der Lauder-Chabad-Campus über 400 Kinder. Mit Bezug des Neubaus wurde der Kindergarten im Prater aufgelassen.

Arnold-Schönberg-Geburtshaus
2., Obere Donaustraße 5
In diesem Haus kam im Jahre 1874 Arnold Schönberg als Sohn des Kaufmanns Samuel Schönberg und seiner Frau Pauline, geborene Nachod, zur Welt. Bereits im Alter von acht Jahren brachte er sich selbst das Geigenspiel bei und begann zu komponieren. Da ihn wenig mit dem jüdischen Glauben verband, trat er 1898 in der Kirche in der Dorotheergasse 18 zum evangelischen Glauben über.

Mit Alexander Zemlinsky, einem der Vorkämpfer der musikalischen Moderne, verband ihn eine lebenslange Freundschaft; 1901 heiratete er dessen Schwester Mathilde. In der so genannten Zweiten Wiener Schule setzte Schönberg gemeinsam mit Alban Berg und Anton Webern fort, was Gustav Mahler, Franz Schreker und Zemlinsky begonnen hatten. Die

requirement. Today, the campus has over 400 pupils.

With the completion of a new building, the old kindergarten in the Prater was closed.

Arnold Schönberg's Birthplace
2., Obere Donaustrasse 5
This house is where the composer Arnold Schönberg, son of the businessman Samuel Schönberg and Pauline (née Nachod), was born in 1874. When he was just eight years old he taught himself to play the violin and began to compose.

As he had few links with the Jewish faith, he converted to Protestantism in the church at Dorotheergasse 18 in 1898. Schönberg was a lifelong friend of Alexander von Zemlinsky, one of the pioneers of modern music, and married Zemlinksy's sister Mathilde in 1901.

The "Second Vienna School" of Schönberg, Alban Berg, and Anton Webern continued the movement that Gustav Mahler, Franz Schreker, and Zemlinsky had launched in Vienna. The abandonment by Schönberg and his colleagues of the traditional rules of tonality forced a wedge between the new music and the Romanticism of the 19th century. His work was met with bafflement and his performances were heavily criticized in the press and booed by the bourgeois audience. In

Gruppe um Schönberg forcierte mit der Aufhebung der traditionellen Gesetze der Tonalität die Ablösung der romantischen Musik des 19. Jahrhunderts. Unverständnis und zahlreiche Skandale waren ständige Lebensbegleiter des großen Komponisten.

Schönbergs Musik löste einen wahrhaftigen Kulturschock aus. Einige Uraufführungen seiner Werke wurden von der Presse mit Missfallen und vom bürgerlichen Publikum mit lautstarken Protesten aufgenommen. Im Jahr 1913 wurde ein Konzert im Musikvereinssaal abgebrochen, weil das Publikum randalierte; der Saal musste geräumt werden.

Zwischen 1920 und 1923 befasste sich Schönberg mit einer neuen Kompositionsmethode, mit der er schließlich zu Weltruhm gelangen sollte: der so genannten Zwölftontechnik. Im Jahre 1926 übersiedelte er nach Berlin, wo er Mitglied der Berliner Akademie wurde.

Schönberg gehörte zu den wenigen Zeitgenossen, die den verbalen Antisemitismus richtig einschätzten. Er schrieb schon 1923 an seinen Freund Wassily Kandinsky: „Wozu aber soll der Antisemitismus führen, wenn nicht zu Gewalttaten? Ist es so schwer, sich das vorzustellen?" Nach der Machtergreifung Hitlers im Jahr 1933 wurde Schönberg aus „rassischen" Gründen entlassen. Zusammen mit seiner Frau

1913, a concert in the Musikverein had to be stopped and the hall cleared because of the violent protests by the audience.

From 1920 to 1923, Schönberg investigated a new method of composition, twelve-tone music, which was subsequently to bring him worldwide fame. In 1926, he moved to Berlin, where he became a member of the Berlin Academy.

Schönberg was one of the few people at the time to judge the verbal anti-Semitism correctly. In 1923, he wrote to Wassily Kandinsky: "Where can anti-Semitism end if not in violence? Is that so difficult to imagine?" After Hitler came to power in 1933, he was dismissed for "racial" reasons. Together with his wife and daughter he emigrated initially to Paris, where he reconverted to Judaism. Marc Chagall was a witness at the ceremony. Thereafter he continued to the U.S., where in 1936 he was appointed professor of music at the University of California in Los Angeles. He died in exile in 1951, aware of the fact that "it will be decades before my work is fully understood."

Schönberg's status as one of the most important composers of the 20th century is undisputed today. He has an honorary grave (group 32 c, number 21 a) in the Zentralfriedhof in Vienna.

und seiner Tochter emigrierte er zuerst nach Paris, wo er zum jüdischen Glauben zurückkehrte. Dabei fungierte Marc Chagall als Zeuge. Danach ging Schönberg in die USA, wo er in Los Angeles 1936 an der University of California einen Lehrstuhl erhielt.

1951 verstarb Schönberg im amerikanischen Exil im Bewusstsein der Tatsache, „dass volles Verstehen meiner Werke für einige Jahrzehnte nicht erwartet werden kann".

Der Rang Arnold Schönbergs als einer der bedeutendsten Komponisten des 20. Jahrhunderts ist heute unbestritten. In Wien bekam er ein Ehrengrab am Zentralfriedhof (Gruppe 32 c, Nummer 21 a).

Brigittenauer Tempel
20., Kluckygasse 11–13

Neben dem zweiten Bezirk war der 20. Bezirk Ende des 19. Jahrhunderts der Ort, an dem sich die meisten jüdischen Zuwanderer niederließen, sodass zur Jahrhundertwende der Bau einer neuen Synagoge nötig wurde. Als Architekt zeichnet Jakob Gartner verantwortlich, der zuvor schon die Humboldt-Synagoge und die Simmeringer Synagoge errichtet hatte. Sein Stil lehnte sich an die Romanik an, zeichnete sich jedoch durch verschiedene Türme und Türmchen aus, die den Synagogen einen besonderen Platz im Stadtbild zuwiesen.

Brigittenau Temple
20., Kluckygasse 11–13

Alongside the 2nd district, the adjacent 20th district was another area with a high Jewish immigrant population. A new synagogue was built there at the turn of the century. It was designed by the architect Jakob Gartner who had already built the Humboldt and Simmering synagogues.

The style was basically Romanesque, but its towers and turrets made the building stand out distinctively from the surrounding buildings. The synagogue was destroyed during the November Pogrom.

A commemorative plaque was unveiled in 1988.

Floridsdorf Temple
21., Holzmeistergasse 12

Autonomous Jewish communities built impressive synagogues in the outlying districts of Vienna.

The Floridsdorf Temple was built in 1876/77 by Johann Schäffer on a corner lot. A small entrance door took visitors along the north side to the vestibule on the west side. Like most of the synagogues of this time, the main section had three aisles and the galleries and ceiling were supported by pillars. On the ground floor were seats for 234 worshippers with a further 156 in the galleries. The three Byzantine arched windows as well as

Die Synagoge wurde während des Novemberpogroms zerstört. Heute erinnert nur mehr eine 1988 enthüllte Gedenktafel an das Gotteshaus.

Floridsdorfer Tempel
21., Holzmeistergasse 12

In den Wiener Vorstädten errichteten die autonomen Kultusgemeinden große repräsentative Tempelbauten. Der Floridsdorfer Tempel wurde in den Jahren 1876/77 von Johann Schäffer auf einem Eckgrundstück erbaut. Ein kleines Eingangstor führte den Besucher entlang der Nordseite zu den Vorhallen an der Westfront. Wie die meisten Synagogenbauten dieser Zeit war das Hauptgebäude dreischiffig, Galerien und Decke wurden durch Stützpfeiler getragen. Im Parterre befanden sich 234 Sitze, auf den Galerien 156. Mit drei großen byzantinisierenden Rundbogenfenstern und zwei Pilastern ließ auch die Außenseite die Dreischiffigkeit des Innenraums erkennen.

Die Synagoge ist heute aus dem Stadtbild verschwunden.

Floridsdorfer Friedhof
21., Ruthnergasse 24–26

1879 wurde dieser kleine, versteckte Friedhof von der damals unabhängigen Kultusgemeinde Floridsdorf angelegt. 1890 wurde Floridsdorf offiziell zu einem Stadtteil Wiens, und der the two pilasters on the outside were aligned with the three sections on the inside.

This synagogue has also disappeared without a trace.

Floridsdorf Cemetery
21., Ruthnergasse 24–26

In 1879, this small, hidden cemetery was laid out by the Jewish community of Floridsdorf. When it was incorporated with the Jewish Community of Vienna in 1890, the cemetery was also taken over. Most of the people buried here are from the communities in the north of Lower Austria.

The most well known Jewish personality from Floridsdorf was Rabbi Samuel Bloch (1850–1923), who worked untiringly for his fellow Jews and was a member of parliament from 1883 to 1895. He achieved fame in 1883 in connection with an alleged ritual murder in Tisza Eszlar (Hungary). The accused were found not guilty, but accusations of ritual murder continued to be made against the Jews. One of the main protagonists was August Rohling, a university professor in Prague, who claimed that "the spilling of non-Jewish virgin blood is an extremely holy act for Jews." Samuel Bloch publicly accused him of lying in order to induce Rohling to accuse him of slander so that he could prove Rohling wrong.

Friedhof ging in die Zuständigkeit der Israelitischen Kultusgemeinde über.

Es wurden hier vor allem Juden aus den nördlichen Gemeinden Niederösterreichs begraben.

Die bekannteste jüdische Persönlichkeit aus Floridsdorf war der Rabbiner Samuel Bloch (1850–1923), der sich unermüdlich für seine Glaubensgenossen einsetzte und von 1883 bis 1895 Reichstagsabgeordneter war.

Besondere Berühmtheit erlangte er im Jahr 1883 im Streit um einen angeblichen Ritualmord im ungarischen Tisza Eszlar. Die Angeklagten waren zwar freigesprochen worden, aber es kam weiterhin zu Ritualmordbeschuldigungen gegen Juden. Dabei tat sich besonders der Prager Universitätsprofessor August Rohling hervor. Er behauptete, dass „das Vergießen nichtjüdischen jungfräulichen Blutes für die Juden eine außerordentliche heilige Handlung" sei. Daraufhin bezichtigte Samuel Bloch Rohling öffentlich der Lüge, um damit einen Ehrenbeleidigungsprozess zu erzwingen, in dem er den Prager Antisemiten juristisch zu widerlegen hoffte.

In der Tat schritt Rohling zur Klage, zog diese allerdings kurz vor dem mit Spannung erwarteten Prozess zurück. Indirekt gestand er dadurch die Unwahrheit seiner Aussagen ein, wodurch er in weiterer Folge alle seine Positionen an der Prager Universität verlor.

Rohling did indeed sue but withdrew the complaint shortly before the eagerly awaited confrontation could take place. He thus indirectly admitted that the claims he had made were unfounded and was subsequently removed from his position at university. This marked an important victory by Bloch in the fight against anti-Semitism.

Arthur Schnitzler's Birthplace
2., Praterstrasse 16

The house, formerly Jägerzeile 16, was the birthplace of Arthur Schnitzler (1862–1931), son of the famous laryngologist Johann Schnitzler, the director of the General Polyclinic, and his wife Luise.

His initial contacts with the theater came through his grandparents who lived a few houses away in a building which also housed the Carl Theater.

Schnitzler, who studied medicine like his father, devoted his literary energies to combating deceit and hypocrisy. Because of his uncompromising descriptions he was frequently the target of anti-Semitic attacks.

After the 1900 publication of his novel *Lieutenant Gustl*, an unadorned exposure of the utterly senseless code of honor of the imperial army, he was stripped of his rank as officer. Censorship initially refused to allow a performance of Schnitzler's play *Professor*

Bloch hatte damit einen wichtigen Sieg im Kampf gegen den Antisemitismus errungen.

Arthur-Schnitzler-Geburtshaus
2., Praterstraße 16

Hier, in der ehemaligen Jägerzeile 16, wurde Arthur Schnitzler (1862–1931) als Sohn des berühmten Kehlkopfspezialisten und Direktors der Allgemeinen Wiener Poliklinik Johann Schnitzler und seiner Frau Luise geboren. Seinen Großeltern, die einige Häuser weiter im Gebäude des Carl-Theaters wohnten, verdankte Arthur Schnitzler die ersten Kontakte zum Theater.

Schnitzler, der wie sein Vater Medizin studiert hatte, widmete sein literarisches Werk dem Kampf gegen Lüge und Heuchelei. Aufgrund seiner kompromisslosen Darstellungen war er des Öfteren heftigen – auch antisemitischen – Angriffen ausgesetzt.

Nach der Veröffentlichung der Novelle *Leutnant Gustl* (1900), in der Schnitzler schonungslos den sinnentleerten Ehrenkodex der k. u. k. Armee darstellte, wurde ihm der Offiziersrang aberkannt. Das Drama *Professor Bernardi* (1912), das als frühe Warnung vor dem Antisemitismus verstanden werden kann, konnte aus Zensurgründen zunächst nicht aufgeführt werden. *Der Reigen*, von zeitgenössischen Verlegern als unverkäuflich eingestuft,

Bernardi, which can be regarded as an early warning against anti-Semitism. Contemporary publishers refused to take on *La Ronde* ("Der Reigen") and he published 200 copies at his own expense. The scandal surrounding the premiere was so great that Schnitzler himself forbade further performances, a ban that remained in place until 1982.

Schnitzler was a habitué of the literati cafés such as the Central, Imperial, and Griensteidl, where he met the author Hermann Bahr in 1891. He was a frequent visitor to Bahr's house and to Hugo von Hofmannsthal and to Berta Zuckerkandl's salon.

Roland Theatre
2., Praterstrasse 25

There was a theater in the Fürstenhof, designed by the Otto Wagner disciple Rudolf Perco, which played almost continuously from 1814 to 1950.

When the building was completed, the first tenants were the Budapest Orpheum, which had previously performed at Hotel Stephanie in Taborstrasse. It was the first major Jewish theater ensemble to establish itself in Vienna. Their name referred to the birthplace of its founder. The ensemble became well known in 1890 with a one-act play entitled *Die Klabriaspartie*, which was performed over 1,000 times and ran until 1925.

Das Carltheater in der Jägerzeile, wo der junge Arthur Schnitzler erste zarte Bande zum Theater knüpfte.

The Carltheater, Jägerzeile, where a young Arthur Schnitzler established his first fragile ties to the theatre.

wurde im Jahr 1900 auf Schnitzlers Kosten in einer Stückzahl von nur 200 gedruckt; nach der Uraufführung 1920 in Berlin kam es zu einem so großen Skandal, dass Schnitzler selbst weitere Aufführungen – bis 1982 – verbot.

Schnitzler verkehrte in den Literatencafés Central, Imperial und Griensteidl, wo er im Jahr 1891 Hermann Bahr kennen lernte, in dessen Haus er sich häufig aufhielt, ebenso wie bei Hugo von Hofmannsthal und im Salon von Berta Zuckerkandl.

Roland-Bühne
2., Praterstraße 25

Im so genannten Fürstenhof, der von dem Otto-Wagner-Schüler Rudolf Perco erbaut wurde, wurde von 1814 bis 1950 mit einigen kurzen Unterbrechungen Theater gespielt.

Nach der Fertigstellung zog zunächst das Budapester Orpheum hier ein, das zuvor im Hotel Stephanie in der Taborstraße beheimatet gewesen war. Es war die erste große jüdische Theatergruppe, die in Wien Fuß fassen konnte; ihr Name verwies auf die Herkunft der Gründer. Der Durchbruch gelang dem Ensemble 1890 mit dem Einakter *Die Klabriaspartie*, der bis ins Jahr 1925 über 1000-mal gespielt wurde. Mit von der Partie waren spätere Stars wie Hans Moser, Armin Berg oder Sigi Hofer. Nach dem Zusam-

Members of the cast included future stars such as Hans Moser, Armin Berg, and Sigi Hofer. After the collapse of the monarchy, Emil Richter-Roland took over the theater, which he renamed Roland Theater. The program was similar to the earlier Budapest Orpheum, which returned to its original location on Taborstrasse in 1918. The Roland Theater suffered in the theater crisis of the 1920s and survived in its last years mainly thanks to the future Israeli national theater Habima and the Jewish Theater. It closed in 1929.

In the following years there were several owners whose programs reflected the political developments. The penultimate director of the Roland Theater from 1946 onwards was Fritz Eckhardt, who had played at the Lieber Augustin in 1945.

In 1950 the theater closed for good. Apart from the picture-frame stage, which can be seen from the upper floor, there is practically nothing left of it today.

Fritz Grünbaum (1880–1940), one of the stars of the 1920s Vienna theater and variety scene, also performed at the Roland Theatre. He was particularly well known for his double act with Karl Farkas, which was performed for years at Kabarett Simpl.

Fritz Grünbaum published books of poetry and essays and wrote operetta

Frühe Publikumslieblinge. Das Budapester Orpheum, das seine große Zeit auf der Leopoldstädter Roland-Bühne erlebte.

Early popular audience favorites. The Budapester Orpheum, which experienced its heyday at Leopoldstadt's Roland-Bühne stage.

menbruch der Monarchie übernahm Emil Richter-Roland das Theater, das unter dem Namen Roland-Bühne ein ähnliches Programm bot wie zuvor das Budapester Orpheum. Dieses war nach 1918 wieder an seiner ursprünglichen Spielstätte in der Taborstraße zu sehen. Auch die Roland-Bühne hatte mit der großen Theaterkrise der Zwanzigerjahre zu kämpfen; in den letzten Jahren überlebte sie vor allem durch Aufführungen des späteren israelischen Nationaltheaters Habima

libretti for Franz Lehár, Leo Fall, and Emmerich Kálmán, as well as numerous sketches. He was arrested by the Gestapo while trying to flee to Brno and deported to Buchenwald concentration camp, where he died in 1940 after terrible suffering.

Theodor Herzl's House
2., Praterstrasse 25

This building was the home of the Herzl family after their move from Budapest to Vienna. Theodor Herzl

und der Jüdischen Bühne. 1929 wurde sie geschlossen. In den Jahren danach gab es verschiedene Besitzer, das Programm spiegelte die politischen Entwicklungen wider. Vorletzter Direktor des Theaters war ab 1946 Fritz Eckhardt. 1950 wurde die Roland-Bühne endgültig geschlossen, die Spuren einstiger Theatergröße sind kaum mehr sichtbar; im oberen Stockwerk ist heute noch die Guckkastenbühne erkennbar.

Auch Fritz Grünbaum (1880–1940), einer der Stars des Wiener Theater- und Varietélebens der Zwanzigerjahre, war für die Roland-Bühne tätig. Bekannt wurde er aber vor allem durch seine Doppelconférencen mit Karl Farkas, die die beiden jahrelang im Kabarett Simpl gaben. Grünbaum veröffentlichte Gedichtbände und Essays und schrieb Operettenlibretti, etwa für Franz Lehár, Leo Fall oder Emmerich Kálmán, sowie zahlreiche Theatertexte.

Auf seiner Flucht nach Brünn wurde er von der Gestapo verhaftet und ins Konzentrationslager Buchenwald eingeliefert, wo er 1940 nach grausamen Misshandlungen starb.

Theodor-Herzl-Wohnhaus
2., Praterstraße 25

Hier befand sich die erste Wohnung der Familie Herzl nach ihrer Übersiedlung von Budapest nach Wien, die Theodor Herzl bis 1882 bewohn-

lived here until 1882. In fact, he had eight different addresses in Vienna, the last being at Haizingergasse 29 in the 18th district.

Herzl was born in Budapest in 1860 into an assimilated bourgeois family. He studied law in Vienna but soon abandoned his idea of becoming a judge. He wrote plays and worked for the *Neue Freie Presse*, the most important German-speaking newspaper in the Habsburg monarchy. As foreign correspondent for this newspaper in the 1890s, he witnessed the Dreyfus affair in Paris at first hand, an experience that was to make him realize that a Jewish national state and not assimilation was the only possible solution to the "Jewish question."

In 1896, he published *The Jewish State* in which he explained his ideas. He is regarded as the founder of political Zionism. In 1897, he started the Zionist weekly *Die Welt* from offices at Universitätsstrasse 6–8 in the 9th district. From 1927 onwards, it was published by Robert Stricker, and it was relaunched as *Neue Welt* after the founding of the state of Israel. As the newspaper broadened its focus in the mid-1970s, it was renamed *Illustrierte Neue Welt* and is still published in Vienna under this name today.

Theodor Herzl died on 3 July 1904 while in Edlach an der Rax at the age of just 44 years.

te. Durch häufiges Umziehen brachte es Herzl auf acht Wohnadressen in der Stadt. Seine letzte war die Haizingergasse 29 im 18. Bezirk.

Herzl wurde im Jahr 1860 als Sohn einer bürgerlichen, assimilierten Familie in Budapest geboren. In Wien studierte er Rechtswissenschaften. Seine Pläne, Richter zu werden, gab er aber bald auf. Er verfasste Theaterstücke und war Mitarbeiter der bedeutendsten deutschsprachigen Zeitung in der Habsburgermonarchie, der *Neuen Freien Presse*. Als deren Auslandskorrespondent war er in den 1890er-Jahren in Paris, wo er die Dreyfus-Affäre miterlebte, die ausschlaggebend wurde für seinen Gesinnungswechsel: Nicht mehr die Assimilation, sondern einen jüdischen Nationalstaat sah Herzl als einzige Lösung für die „Judenfrage". 1896 veröffentlichte er seine Schrift *Der Judenstaat*, in der er sich für die Gründung eines eigenen jüdischen Staates aussprach. Herzl gilt damit als Begründer des politischen Zionismus. 1897 gründete er die zionistische Wochenzeitung *Die Welt* mit Sitz in der Universitätsstraße 6–8 im neunten Bezirk. Ab 1927 wurde sie von Robert Stricker herausgegeben und nach der Staatsgründung Israels als *Neue Welt* wieder ins Leben gerufen. Mit der Erweiterung des inhaltlichen Spektrums in den Siebzigerjahren erhielt die Zeitung den Titel *Illustrierte Neue Welt*,

Auch Oskar Beregi (1876–1965) spielte auf der Roland-Bühne, wie dieser Theaterzettel belegt.

Also Oskar Beregi (1876–1965) played on the Roland-Bühne stage, as this theatre announcement shows.

Leopoldstadt Temple
2., Tempelgasse 5

The founding of the Jewish Community in Vienna and the gradual attainment of civil rights by the Jews in the Habsburg monarchy brought with it a steady growth in the Jewish population from the mid-19th century onwards, which made it necessary to build a second synagogue. In 1854, the Emperor gave his permission for

unter dem sie heute noch in Wien publiziert wird.

Theodor Herzl starb, im Alter von nur 44 Jahren, am 3. Juli 1904 in Edlach an der Rax.

Leopoldstädter Tempel
2., Tempelgasse 5

Die Gründung der Israelitischen Kultusgemeinde in Wien und die schrittweise bürgerliche Gleichstellung der Juden in der Habsburgermonarchie bewirkten ab der Mitte des 19. Jahrhunderts einen starken Anstieg der jüdischen Bevölkerung in der Stadt. Als Folge dessen wurde der Bau einer zweiten Synagoge unumgänglich. 1854 erteilte Kaiser Franz Joseph I. selbst die Genehmigung, in der Leopoldstadt einen Tempel zu errichten. Das von dem renommierten Wiener Architekten Ludwig Förster errichtete Gotteshaus wurde am 18. Mai 1858 eingeweiht. Anders als der Stadttempel, der hinter einer Mietshausfassade versteckt werden musste, stand die Leopoldstädter Synagoge als freies Gebäude im Stadtbild und war damit Symbol der sich verändernden gesellschaftlichen Verhältnisse und des zunehmenden Selbstbewusstseins der Wiener Juden.

Nach einem Brand im Jahre 1917 wurde der Tempel langwierig restauriert und konnte erst 1921 wieder eingeweiht werden. Während des No-

the construction of a temple in Leopoldstadt. The building, designed by the renowned Viennese architect Ludwig Förster, was officially opened on 18 May 1858. Unlike the City Temple, which was hidden behind a façade, the Leopoldstadt Temple was a free-standing building, symbolizing the changed social circumstances and growing self-awareness of the Jews of Vienna.

After a fire in 1917, it was painstakingly restored and reopened in 1921, only to be destroyed by the Nazis during the November Pogrom in 1938.

Only the north wing remained of what once was the largest synagogue in Vienna, with seats for 2,000 worshippers. The four columns by the Viennese architect Martin Kohlbauer recall the destruction of the temple and also give an idea of the size of the original building. The site of the Leopoldstadt Temple is occupied now by a building constructed in the 1990s, which houses the Psychosocial Center of the Jewish Community, ESRA.

The Agudas Israel Talmud Torah school at Tempelgasse 3 offers advanced religious education to the children of orthodox Jews.

Turkish Temple
2., Zirkusgasse 22

An apartment building stands today on the site of the former Turkish Tem-

Der Leopoldstädter Tempel, das ehemals größte jüdische Gotteshaus Wiens, auf einer Ansichtskarte der Jahrhundertwende.

The Leopoldstadt Synagogue, previously the largest Jewish house of prayer in Vienna. Postcard, approx. 1900.

vemberpogroms 1938 fiel das Gotteshaus dem NS-Terror zum Opfer. Von Wiens einstmals größter Synagoge – sie umfasste über 2000 Sitzplätze – ist nur der Nordflügel erhalten. Die vier Säulen des Wiener Architekten Martin Kohlbauer erinnern an die Zerstörung des Tempels und zeigen gleichzeitig in eindrücklicher Weise dessen ursprüngliche Größe.

An der Stelle der Leopoldstädter Synagoge steht heute ein Gebäude aus den Neunzigerjahren, in dem ESRA,

ple, the synagogue of Vienna's Sephardic community, with only a modest plaque to commemorate the existence of this magnificent synagogue.

In 1885 Hugo von Wiedenfeld was commissioned by the Sephardic community to build a synagogue, which was opened in 1887. In commemoration of the Spanish origins of the Turkish Jews, it was built in oriental style, with Moorish motives reminiscent of the Alhambra. The building was wedged between two neighboring

Sephardische Juden, aschkenasische Juden

Die Eroberung Granadas, der letzten maurischen Bastion, im Jahr 1492 gilt als Abschluss der spanischen Reconquista. Danach wurden die zu diesem Zeitpunkt im Land lebenden zirka 200.000 Juden gezwungen, innerhalb von vier Monaten Spanien zu verlassen oder sich taufen zu lassen. Etwa 50.000 Juden traten zum Christentum über, die restlichen verließen Spanien.

Viele flohen nach Portugal, wo es jedoch auch bald zu Zwangstaufen kam und ab 1536 die Inquisition zu wüten begann, andere nach Nordafrika, Nordwesteuropa, Frankreich und in die Neue Welt. Der Großteil der Flüchtlinge fand jedoch Aufnahme im Osmanischen Reich. Im Zuge der türkischen Eroberungen gelangten die sephardischen Juden wieder westwärts und siedelten sich in den neu gewonnenen Gebieten an. So entstanden die großen sephardischen Gemeinden am Balkan.

Die türkisch-jüdische Gemeinde Wiens geht auf das 18. Jahrhundert zurück und erfreute sich von Anfang an eines besonderen Status. Nach dem Ende der Türkenkriege ermöglichten Friedensverträge zwischen den Habsburgern und dem Osmanischen Reich in der ersten Hälfte des 18. Jahrhunderts eine dauerhafte Siedlung von sephardisch-türkischen Juden in Wien. Da sie offiziell Untertanen des Sultans waren, konnte die strenge Gesetzgebung des österreichischen Staates auf die Sepharden nicht angewendet werden. Gegenüber den Hofjuden und den so genannten tolerierten Juden späterer Zeit besaßen sie eine durchaus privilegierte Stellung: Sie genossen das Recht auf Freizügigkeit, konnten öffentlich Gottesdienst abhalten und hatten bereits 1778 ein eigenes Bethaus, dessen Standort leider nicht mehr bekannt ist.

Als aschkenasische Juden werden jene Menschen mosaischen Glaubens bezeichnet, die im Mittelalter aus Deutschland vertrieben worden waren und sich vor allem im Osten Europas ansiedelten. Ihre Sprache ist das Jiddische, eine Mischung aus Mittelhochdeutsch, Hebräisch sowie slawischen und baltischen Sprachen. Es wird wie Ladino oder Spaniolisch, die Sprache der spanischen Juden, mit hebräischen Buchstaben geschrieben.

Sephardic Jews, Ashkenazi Jews

The conquest of Granada—the last Moorish bastion—in 1492, marked the conclusion of the Spanish Reconquista, after which the 200,000 Jews living in Spain were ordered to leave within four months or else undergo baptism. About 50,000 converted to Christianity, and the rest left Spain.

Many originally headed for Portugal, but baptism was soon enforced there as well and from 1536 came the Inquisition. Others fled to North Africa, northwest Europe, France and also to the New World. The majority, however, found refuge in the Ottoman Empire. These Sephardic Jews followed the Turks on their westward conquests and settled in the newly won regions. This was the origin of the large Sephardic communities in the Balkans.

The Turkish-Jewish community in Vienna dates back to the 18th century and enjoyed special status from its earliest days. After the Turkish Wars had ended, peace treaties between the Habsburgs and the Ottoman Empire in the first half of the 18th century made it possible for Sephardic-Turkish Jews to settle permanently in Vienna. As they were officially subjects of the sultan, the strict laws of the Austrian state were not applicable to them. They were in a far more privileged position than the court Jews and later the "tolerated" Jews: they could move freely, conduct religious services in public and from 1778 onwards even had their own prayer house, the site of which is unfortunately unknown today.

Ashkenazi Jews are Jews who were expelled from Germany in the Middle Ages and settled in Eastern Europe. They spoke Yiddish, a mixture of middle-high German, Hebrew, and Slavic and Baltic languages. Like Ladino or Spaniolish, the language of Spanish Jews, Yiddish is written with Hebrew characters.

das Psychosoziale Zentrum der Kultusgemeinde, untergebracht ist.

In der Tempelgasse 3 findet in der Talmud-Thora-Schule der Agudas Israel weiterführender Religionsunterricht für Kinder orthodoxer Eltern statt.

Türkischer Tempel
2., Zirkusgasse 22

Heute befindet sich an der Stelle des türkischen Tempels ein Wohnhaus, an dem nur mehr eine bescheidene Tafel an die Existenz der einstmals prächtigen Synagoge der sephardischen Gemeinde Wiens erinnert.

1885 wurde der Architekt Hugo von Wiedenfeld von der sephardischen Gemeinde mit dem Bau einer Synagoge beauftragt, die 1887 eingeweiht werden konnte. In Erinnerung an die spanische Herkunft der türkischen Juden wählte Wiedenfeld einen orientalischen Baustil und gestaltete das Gebäude nach Motiven der Alhambra. Der Tempel war zwischen Nachbarhäusern eingebaut und zeigte gassenwärts eine vergoldete Fassade mit reichem Schmuck. Er bot ungefähr 300 Menschen Platz und war bis zu seiner Zerstörung während des Novemberpogroms 1938 Mittelpunkt der Wiener sephardischen Gemeinde. Das jetzige Zentrum befindet sich seit 1992 in der Tempelgasse 7 im zweiten Bezirk.

houses and the side facing the street had a highly decorative gilded façade. It had seats for 300 worshipers and was the center of the Sephardic community until its destruction during the November Pogrom in 1938.

The present-day Sephardic community has had its center in the 2nd district at Tempelgasse 7 since 1992.

The Prater
2., Venediger Au, Gabor-Steiner-Weg

Alongside St. Stephan's Cathedral, the Giant Wheel is the most famous landmark of Vienna and at the same time the most well known attraction in the Prater amusement park. It was built in 1897 by Gabor Steiner. There were already giant wheels in the late 19th century in Paris and London, where Steiner saw one for the first time. Fascinated by it, on his return to Vienna he decided to erect one in the Prater.

When Emperor Joseph II opened the imperial hunting grounds to the public in 1776, the Prater developed into a recreation area where major celebrations and sporting events were also staged.

At the same time, the "Wurstelprater," as it is called, became a pleasure park with all kinds of sensational attractions. It also featured mock-ups of far-off lands, which were designed to transport visitors to places as far

Im Wiener Prater
2., Venediger Au, Gabor-Steiner-Weg

Das Wiener Riesenrad ist neben dem Stephansdom als zweites Wahrzeichen der Stadt weltweit bekannt und die berühmteste Attraktion des Volkspraters. Errichtet wurde es im Jahr 1897 auf Betreiben von Gabor Steiner. Riesenräder gab es im ausgehenden 19. Jahrhundert bereits in Paris und London, wo Steiner Bekanntschaft mit dieser Neuheit gemacht hatte. Fasziniert kam er nach Wien zurück und beschloss, auch im Prater ein Riesenrad zu errichten.

Nach der Öffnung des ehemaligen kaiserlichen Jagdreviers durch Kaiser Joseph II. im Jahr 1776 entwickelte sich der Prater zu einem Ort der Erholung, wo auch große festliche und sportliche Veranstaltungen stattfanden. Parallel dazu entstand im so genannten Wurstelprater ein Zentrum von Vergnügungen und allerlei Sensationen. Zahlreiche Attraktionen des Praters bestanden darin, ferne Länder vor den Augen der Besucher entstehen zu lassen, fantastische Reisen zu ermöglichen, die etwa zum Nordpol, nach Afrika und sogar ins Weltall führen konnten.

In dieser Tradition ließ Steiner 1895 im ehemaligen Kaisergarten im Prater den Vergnügungsschau „Venedig in Wien" errichten. Auf dem großen

Gabor Steiner. Nur ein winziges Gässchen im Prater erinnert an den Mann, der das Riesenrad in die Reichshauptstadt brachte.

Gabor Steiner. Only one tiny street recalls the man who brought the "Riesenrad" (big ferris wheel) to Vienna.

flung as the North Pole and darkest Africa, and even into outer space. In keeping with this tradition, Steiner created the amusement park "Venice in Vienna" in 1895 in the former imperial gardens. Designed by Oskar Marmorek, the 50,000 m^2 site featured original-size imitations of Venetian buildings and canals. According to the guidebook, there were 25 gondolas built in Venice itself and 40 gondolieri. In 1901 "Venice in Vienna" was converted into the "International City in the Prater."

Die ab 1895 gezeigte Schau „Venedig in Wien" lockte unter anderem mit echten Gondolieri aus Venedig.

The show "Venedig in Wien," beginning in 1895, offered real gondolieri from Venice, among other things.

Gelände von über 50.000 Quadratmetern entstanden nach Plänen des Wiener Architekten Oskar Marmorek begehbare Nachbildungen venezianischer Bauten in Originalgröße, die dank eines eigens dafür angelegten Kanalsystems zu Wasser besichtigt werden konnten. Glaubt man dem damaligen Ausstellungsführer, so waren dafür 25 in der Lagunenstadt gebaute Gondeln und 40 venezianische Gondolieri im Einsatz. 1901 wurde „Venedig in Wien" in die „Internationale Stadt im Prater" umgebaut; ein-

Steiner, a Jew, was obliged to leave Vienna in 1938. He emigrated to the USA and died in 1944 in Beverly Hills. His Giant Wheel was aryanized, partially destroyed during the war and restored in the 1950s. The only trace of Gabor Steiner that is left is a small street running from Praterstern to the Wurstelprater.

Jewish Kindergarten
2., Aspernallee 2

In 1994, the Neue Welt kindergarten was opened. Although the building

zig die Venediger Au erinnert heute noch an die vergänglichen Bauten des Oskar Marmorek.

Gabor Steiner musste als Jude Wien 1938 verlassen, emigrierte in die USA und starb 1944 in Beverly Hills. Sein Riesenrad wurde „arisiert", während des Krieges teilweise zerstört und in den Fünfzigerjahren wieder in Betrieb genommen. An ihn erinnert nur mehr die Gabor-Steiner-Gasse, die vom Praterstern in den Wurstelprater führt.

Jüdischer Kindergarten
2., Aspernallee 2

Der Kindergarten Neue Welt wurde 1994 eröffnet. Der Wiener Architekt Adolf Krischanitz weigerte sich, diesen Bau für Kinder zu verniedlichen und zu verkitschen. Als Materialien verwendete er Sichtbeton, Glas und Holzfußböden. Die anfangs große Skepsis vieler Gemeindemitglieder gegenüber diesem auf den ersten Blick „unkindlichen", kalten und harten Gebäude konnte überwunden werden und schlug in Begeisterung um, die dazu führte, dass Krischanitz auch den Auftrag für die Gestaltung der Lauder-Chabad-Schule im Augarten bekam. Mit der Eröffung des Lauder-Chabad-Campus wurde auch der Kindergarten dorthin verlegt und das Krischanitz-Gebäude der Kultusgemeinde zur Verwaltung übergeben. Es harrt zurzeit einer neuen Nutzung.

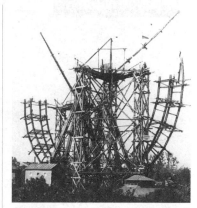

Steiners Visionen. Das Wiener Riesenrad im Jahr 1897.
Steiner's visions. The Vienna Riesenrad (big ferris wheel) 1897.

was intended for children, the architect Adolf Krischanitz avoided anything that might be interpreted as cute or kitsch. He used concrete and glass and the floors are made of wood.

The initial skepticism of numerous members of the community about the "unchildlike" cold and uncompromising building ultimately gave way to enthusiasm, so much so that Krischanitz was also commissioned to build the Lauder Chabad school in the Augarten. When the Lauder Chabad campus was opened, the kindergarten was moved there as well, and Krischanitz's building was taken over by the Jewish Community. A new use for it has not yet been decided.

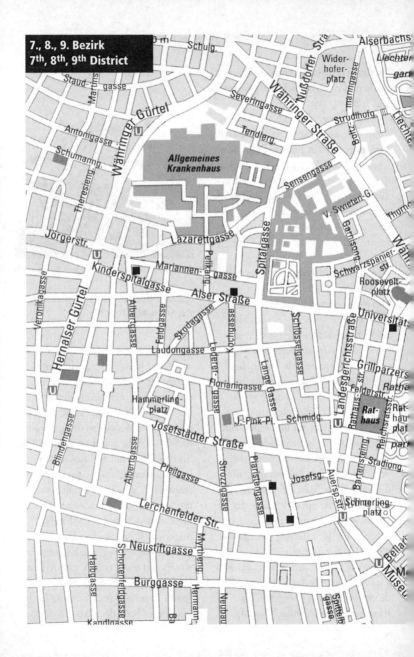

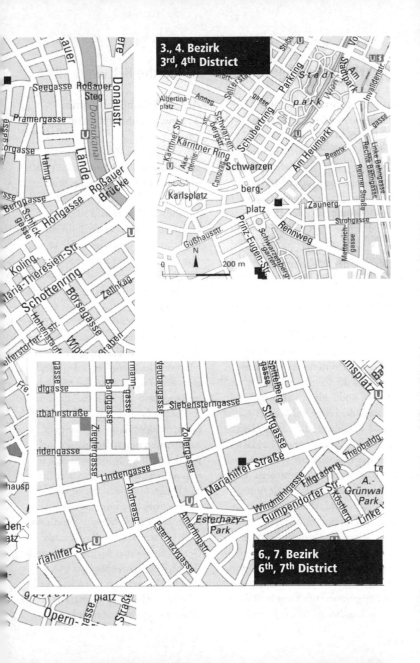

„Innerhalb der Linien"

Arnold-Schönberg-Center
3., Schwarzenbergplatz, Ecke Zaunergasse

Im Palais des Industriellen David Fanto, das 1917/18 von den Architekten Ernst von Gotthilf-Miskolczy und Alexander Neumann errichtet wurde, befindet sich seit 1998 das Arnold-Schönberg-Center. Ein gewonnener Rechtsstreit ermöglichte es der Familie Schönberg, den Nachlass des Komponisten nach Wien zu transferieren. Die Gemeinde nützte mit viel Engagement die Gelegenheit, dem Komponisten ein bleibendes ehrendes Andenken zu verschaffen.

Die Aufgaben der Privatstiftung, deren Gremien unter anderen auch Mitglieder der Familie Schönberg angehören, sind äußerst vielfältig. Sie umfassen die Pflege des Werkes von Arnold Schönberg, die wissenschaftliche Zugänglichkeit seines Nachlasses sowie die Veranstaltung von Konzerten, Workshops und Seminaren. Der Nachlass Schönbergs enthält Autografen, Skizzen und Abschriften aus der Hand des Komponisten zu praktisch jedem seiner Werke sowie Schriften, Briefe, eine umfangreiche Handbibliothek mit Noten und Büchern, historischen Fotografien und Autografen von Zeitgenossen wie Gustav Mahler, Wassily Kandinsky, Albert Einstein,

Inside the Beltway

Arnold Schönberg Center
3., Schwarzenbergplatz, at Zaunergasse

Since 1998, the Arnold Schönberg Center has had its home in the palace of industrialist David Fanto, built in 1917/18 by the architects Ernst von Gotthilf-Miskolczy and Alexander Neumann. After successful litigation, the Schönberg family was able to return the composer's estate to Vienna. The city authorities took the opportunity of creating this fitting memorial to Schönberg.

The private foundation, whose members include some of Schönberg's family, pursues a number of goals.

It promotes Schönberg's work and gives access to his estate for research purposes, and also organizes concerts, workshops, and seminars. Schönberg's estate includes signatures, original handwritten notes, and copies for practically all his works, writings, letters, an extensive library with scores and books, historical photos, and signatures from by contemporaries such as Gustav Mahler, Wassily Kandinsky, Albert Einstein, Man Ray, George Gershwin, Thomas Mann, and Bertolt Brecht. The archive also has a well-stocked library and a video and audio collection. There is a permanent exhibition of important manuscripts,

Man Ray, George Gershwin, Thomas Mann, Bertolt Brecht und vielen anderen. Das Archiv verfügt aber auch über eine gut bestückte Bibliothek sowie über eine Video- und Audiothek. Eine Dauerausstellung zeigt bedeutende Manuskripte, Schriften und Bilder aus allen Schaffensperioden sowie eine Rekonstruktion der Arbeitszimmer Schönbergs mit Originaleinrichtungsgegenständen aus Mödling, Berlin und Kalifornien.

Palais Rothschild
4., Prinz-Eugen-Straße 20–22
Wo heute das Gebäude der Arbeiterkammer steht, befand sich einst das Palais Rothschild, an das heute nur mehr eine Erinnerungstafel in der Eingangshalle erinnert.

Albert Salomon Anselm Freiherr von Rothschild (1844–1911) beauftragte für den Bau seines Stadtpalais in der Prinz-Eugen-Straße 1879 den französischen Architekten Gabriel-Hippolyte Destailleur, der auf ausdrücklichen Wunsch Rothschilds den für Wien ungewöhnlichen Stil eines Pariser Renaissance-Palais wählte.

Dabei war der Hauptteil des Gebäudes deutlich hinter die Straßenflucht zurückversetzt, was dem Sicherheitsbedürfnis Rothschilds sehr entgegenkam, der nicht vergessen konnte, dass er als kleines Kind mitansehen musste, wie der Pöbel 1848 das Haus sei-

Das Arnold-Schönberg-Center in Wien-Landstraße.
The Arnold Schönberg Center in Vienna, Landstraße.

writings and pictures from the whole of Schönberg's life and a reconstruction of his study with original furniture from his Mödling, Berlin and Californian periods.

Palais Rothschild
4., Prinz-Eugen-Strasse 20–22
The headquarters of today's Chamber of Labour was once the residence of

nes Großvaters Salomon Meyer belagert hatte. Daher schloss ein massiver hoher Gitterzaun das Grundstück von der Straßenseite her ab. Die englischen Rothschilds konnten dem Palais nicht viel abgewinnen und nannten es spöttisch „Albert-Denkmal".

In dem Gebäude richtete im August 1938 Adolf Eichmann seine berüchtigte „Zentralstelle für jüdische Auswanderung" ein. Die zur Emigration entschlossenen Juden erhielten hier Unmengen von Formularen und hatten dann einen Spießrutenlauf durch die Administrationen der Kultusgemeinde, der Wirtschafts- und Finanzbehörden sowie der Gestapo zu absolvieren, um endlich einen befristeten Reisepass zu erhalten, für den sie einen Großteil ihres Eigentums aufzuwenden hatten. Die Ausstellung dieses Dokuments war jedoch noch keine Garantie für eine erfolgreiche Emigration: Die Zentralstelle besorgte und verschaffte keine Einreisegenehmigungen in andere Länder, sondern war de facto bloß ein Passamt, das sich durch Abgaben der Juden selbst finanzierte.

Nach der Ingangsetzung der „Endlösung" erübrigte sich die Existenz der Zentralstelle; das Palais Rothschild wurde Sitz eines Post- und Fernmeldevereins. Im Herbst 1944 wurde das Gebäude durch einen Bombentreffer stark beschädigt. Als Louis Nathaniel Rothschild 1947 nach seiner Rück-

the Rothschilds. Only a plaque in the lobby recalls the history of the building.

In 1879, Albert Salomon Anselm Freiherr von Rothschild (1844–1911) commissioned the French architect Gabriel-Hippolyte Destailleur to build a residence at Prinz-Eugen-Strasse in Paris Renaissance style. He had the main section of the house set back from the street, a safety consideration that Albert appreciated—he had not forgotten how as a child he had witnessed the house of his grandfather, Salomon Meyer, being besieged by the mob in 1848. For this reason as well, he decided to erect a high fence in front of the building. The English Rothschilds were not impressed and scornfully dubbed it the "Albert Memorial."

It was in this palace that Adolf Eichmann set up his notorious Office for Jewish Emigration in August 1938. Jews wishing to emigrate would collect forms from this building and then had to run an administrative gauntlet that took them to the offices of the Jewish Community, financial and tax authorities and the Gestapo before they could obtain a temporary passport that cost them the majority of their savings. The passport alone did not open the door to emigration, however. The Office for Jewish Emigration did not obtain entry permits

kehr nur mehr die Trümmer seines ehemaligen Wohnhauses vorfand, beschloss er, das Wiener Bankhaus nicht mehr weiterzuführen. Zermürbt von den langwierigen Rückstellungsverfahren, bei denen er nur Teile seines ehemaligen Eigentums zurückerhielt, übergab Rothschild seine gesamten Vermögenswerte der österreichischen Regierung. Daran knüpfte er die Bedingung, damit einen staatlichen Pensionsfonds zu gründen, um allen ehemaligen Beschäftigten der Rothschilds gleich hohe Pensionen zu sichern, wie sie österreichischen Staatsbeamten zustanden.

Palais Rothschild
4., Prinz-Eugen-Straße 26

1894 ließ sich Albert Rothschild ein weiteres nobles Palais errichten. Für Planung und Ausführung waren die Wiener Architekten Hermann Helmer und Ferdinand Fellner verantwortlich. Das Duo war führend beim Bau von Theatern, die sie in der gesamten Monarchie errichteten – in Wien zeichnen sie etwa für das Ronacher, das Theater an der Wien und das Volkstheater verantwortlich; Wohnbauten entwarfen die beiden aber nur selten.

1938 wurde das Palais, wie auch der übrige Besitz der Familie Rothschild, von den Nationalsozialisten beschlagnahmt und von der SS ausgiebig geplündert. Die bedeutendsten Kunst-

for the other countries and was in reality nothing more than a passport office financed by levies on the Jews.

By the time the "Final Solution" had been decided, the Office had fulfilled its purpose and the palace became the headquarters of the post and telecommunications authorities. In autumn 1944 it was severely damaged in an air raid.

When Louis Nathaniel Rothschild saw the ruins of the palais on his return to Vienna in 1947, he decided to abandon the bank. Disgruntled by the drawn-out restitution process, in which was returned back only parts of his former estate, he handed over his entire property to the Austrian government on condition that it establish a state pension fund with the assets to ensure that former Rothschild employees could enjoy the same pensions as Austrian civil servants.

Palais Rothschild
4., Prinz-Eugen-Strasse 26

In 1894, Albert Rothschild had a second residence built by the architects Hermann Helmer and Ferdinand Fellner, who had already constructed a number of theaters throughout the monarchy, including the Ronacher, Theater an der Wien, and Volkstheater in Vienna. They had less experience in designing residences, however. In 1938, the palace was confiscated by

schätze des Hauses waren für Hitlers geplantes Führermuseum in Linz bestimmt.

Palais Rothschild
4., Theresianumgasse 16–18

Nathaniel Meyer Rothschild (1836–1905), der zugunsten seines Bruders Albert auf die Führung des Bankhauses Rothschild verzichtet hatte, ließ sich in den Jahren 1871 bis 1878 ein Palais in der Theresianumgasse errichten. Mit dem Bau war der Pariser Architekt Jean Girette beauftragt, der das Gebäude nach dem Geschmack Nathaniels im Neobarock ausführte.

Das Haus vermittelte dem Besucher einen Eindruck vom überwältigenden Reichtum der Familie. Anlässlich der Eröffnungsfeier richtete Rothschild ein großartiges Fest aus, bei dem ein eigens für diesen Anlass gegründetes Orchester auf alten, wertvollen Instrumenten spielte, die Rothschild in ganz Europa gekauft hatte.

Wie alle anderen Besitzungen der Rothschilds wurde auch dieses Palais 1938 von den Nationalsozialisten beschlagnahmt. Hohe Gestapo-Beamte richteten hier eine Verhörstelle ein.

Zsolnay-Verlag
4., Prinz-Eugen-Straße 30

Ein bescheidenes Schild verweist auf den bedeutendsten österreichischen belletristischen Verlag der Zwischen-

the Nazis with the rest of the Rothschilds' property and plundered by the SS. The most important artworks were earmarked for Hitler's planned Führer museum in Linz.

Palais Rothschild
4., Theresianumgasse 16–18

Nathaniel Mayer Rothschild (1836–1905), who stepped aside to allow his brother Albert to manage the bank, had a residence built from 1871 to 1878 in Theresianumgasse. The building was designed by the Paris architect Jean Girette in neo-Baroque style, as instructed by Nathaniel.

Visitors cannot but be impressed by the enormous wealth of the family that the building conveys. Rothschild organized a huge party for the opening with an orchestra specially put together for the event playing on valuable old instruments that had been purchased from all over Europe.

Like all other Rothschild possessions, the residence was confiscated by the Nazis in 1938. High Gestapo officials set up offices and an interrogation center here.

Zsolnay Publishing House
4., Prinz-Eugen-Strasse 30

A modest plaque recalls the most important fiction publishing house between the wars, founded in 1923 by Paul Zsolnay (1895–1961). Zsolnay

kriegszeit, der 1923 von Paul Zsolnay (1895–1961) gegründet worden war. Zsolnay stammte aus einer begüterten Pressburger Gärtnerfamilie und machte den Betrieb zur größten Blumenzüchterei der Tschechoslowakei.

Im Hause seiner Mutter verkehrten zahlreiche Schriftsteller, unter anderen Franz Werfel, Alma Mahler, Arthur Schnitzler und Felix Salten, von denen offenbar die Idee ausging, einen Verlag zu gründen.

Zsolnay, der sich dank seines Reichtums keine allzu großen Sorgen um die Rentabilität des Verlags machen musste, gewährte seinen Autoren großzügige Honorare und gab Unsummen für Werbung aus. Aufgrund der engen Zusammenarbeit mit Felix Salten erschienen zahlreiche Werke als Vorabdruck in der *Neuen Freien Presse*.

Zsolnay schuf durch die einheitliche Gestaltung seiner Bücher etwas, das wir heute als Corporate Identity bezeichnen würden. Zu den Autoren des Verlags zählten hauptsächlich österreichische und deutsche, aber auch russische, französische, italienische, amerikanische und englische Literaten.

Nach die Machtergreifung Hitlers in Deutschland zeichneten sich erste große finanzielle Einbußen ab, da viele Autoren wie Franz Werfel, Heinrich Mann oder Friedrich Torberg in Nazideutschland nicht mehr verkauft werden durften. Unmittelbar nach dem

came from a wealthy family in Bratislava, where he developed the family-run horticultural business into the largest flower nursery in Czechoslovakia. Writers such as Franz Werfel, Alma Mahler, Arthur Schnitzler, and Felix Salten used to visit his mother and it was this, he claims, that gave him the idea of starting a publishing company.

Thanks to his family fortune, he did not need to worry whether the publishing company would be profitable. He gave his authors generous advances and paid out vast amounts for publicity. Through his close collaboration with Felix Salten, extracts from many of the works appeared initially in the *Neue Freie Presse*. Zsolnay's idea of giving all the books a similar outward appearance is a forerunner of what we would today call corporate identity. He not only published German and Austrian writers, but also Russian, French, Italian, American, and English.

Hitler's rise to power adversely affected the company's fortunes, as the sale of works by most of the authors—including Franz Werfel, Heinrich Mann, and Friedrich Torberg—was prohibited in Germany.

After the *Anschluss*, a commissioner was attached to the publishing company. Zsolnay was allowed to stay but in 1938 decided not to return from a

„Anschluss" wurde ein kommissarischer Leiter für den Verlag eingesetzt. Zsolnay selbst konnte zwar weiter arbeiten, beschloss aber noch 1938, von einer Geschäftsreise nicht zurückzukehren.

In England betreute er ausländische Autoren und nahm nach wie vor großen Einfluss auf den Wiener Verlag, der 1939 jedoch einen neuen Verwalter bekam und 1941 verkauft wurde. Zsolnay zählte zu den wenigen Emigranten, die unmittelbar nach Kriegsende nach Wien zurückkehrten.

Nach langwierigen Verhandlungen übernahm er 1957 wieder die Leitung des Verlags. Ab Mitte der Achtzigerjahre kam es mehrmals zu Besitzerwechseln, seit 1996 gehört Zsolnay zum großen deutschen Verlagshaus Hanser.

Jubiläumstempel
5., Siebenbrunnengasse 1 a

Jakob Gartner errichtete diese Synagoge im Jahr 1908. Sie war nicht frei stehend, stach jedoch durch zwei Türme aus der Häuserfront heraus. Wie bei seinen anderen Synagogenbauten auch lehnte sich Gartner hier an den Stil der Romanik an. Die Türme verliehen der Synagoge einen besonderen Charakter. Heute erinnert nur mehr eine Gedenktafel an das Gotteshaus, das von den Nazis während des Novemberpogroms 1938 zerstört wurde.

business trip. In England he managed foreign authors and continued to influence the affairs of the publishing company in Vienna. In 1939, a new administrator was appointed, and two years later the company was sold.

Zsolnay was one of the few émigrés to return to Vienna after the war. Following drawn-out negotiations, he was ultimately able to resume management of his company in 1957. Ownership changed hands several times in the mid-1980s and since 1996, Zsolnay Verlag has been owned by the major German publisher Hanser.

Jubilee Temple
5., Siebenbrunnengasse 1 a

Jakob Gartner built this temple in 1908. It was not free-standing but its two towers nevertheless set it apart from the rest of the houses. As with Gartner's other synagogues, the architectural style is Romanesque, with the towers as a distinctive feature. Today there is only a plaque to recall the existence of this synagogue, which was destroyed by the Nazis during the November Pogrom.

Rüdigerhof
5., Hamburgerstrasse 20

Rüdigerhof is one of the most important works by Oskar Mamorek. Born in Poland in 1863, he studied architecture in Vienna and organized a

Rüdigerhof
5., Hamburger Straße 20

Das Gebäude an der Wien ist eines der bedeutendsten Werke von Oskar Marmorek. 1863 in Polen geboren, studierte Marmorek in Wien Architektur. Er gestaltete zahlreiche große Ausstellungen im Prater, etwa die berühmte Schau *Venedig in Wien*, an die heute noch die Venediger Au erinnert.

Als Architekt zeichnete Marmorek für zahlreiche Mietshäuser in Wien und Budapest verantwortlich, die herausragende Beispiele für die Wohnbauarchitektur um die Jahrhundertwende darstellen – in Wien etwa der Nestroy-Hof in der Praterstraße oder die Häuser Windmühlgasse 30 und 32 im sechsten Bezirk.

Marmorek gehörte neben Theodor Herzl zu den überzeugtesten Vertretern des Zionismus in Österreich und war gemeinsam mit Herzl und Max Nordau an der Organisation des ersten Zionistenkongresses 1897 in Basel beteiligt.

1909 erschoss sich Marmorek in einem Anfall von geistiger Umnachtung am Grab seines Vaters am Wiener Zentralfriedhof.

Schmalzhoftempel
6., Schmalzhofgasse 3

Hier, wo heute nur mehr eine kleine Gedenktafel die Erinnerung wachhält, stand einstmals die größte Synagoge

Jugendstilarchitekt Oskar Marmorek, der Erbauer des Rüdigerhofs an der Wienzeile.

Art nouveau architect Oskar Marmorek, builder of Rüdigerhof on Wienzeile.

number of major exhibitions in the Prater, including the renowned *Venice in Vienna*, of which only the Venediger Au remains today.

He also designed numerous apartment buildings in Vienna and Budapest which are still part of the late 19th century architectural heritage of

193

des sechsten Wiener Gemeindebezirks. Sie wurde 1883/84 nach Plänen von Max Fleischer errichtet. Fleischer setzte mit diesem Gebäude die Programmatik eines modernen, reformierten Judentums architektonisch um. Der Tempel war als dreischiffige Basilika angelegt, deren neogotische Anmutung bewusst in Anlehnung an den vorherrschenden Kirchenbaustil der Zeit gewählt war und ganz den Sakralbauten seines Lehrers Friedrich von Schmidt entsprach. Die Fassade wurde ohne Verwendung von Schmuck als Ziegelrohbau gestaltet.

Während des Novemberpogroms von 1938 wurde die Synagoge verwüstet und zerstört.

Siegfried-Marcus-Teststrecke
6., Mariahilfer Straße

Auf der Mariahilfer Straße und Auf der Schmelz im 15. Bezirk unternahm Siegfried Marcus im Jahr 1864 Probefahrten mit dem ersten benzinmotorbetriebenen Auto. Seine nächtlichen Ausflüge waren jedoch so laut, dass sie behördlich verboten wurden.

Marcus (1831–1898) stammte aus einer wohlhabenden jüdischen Familie aus Mecklenburg. Nach einer kurzen Anstellung bei Siemens & Halske in Berlin ließ er sich 1852 in Wien nieder, wo er eine Mechanikerwerkstätte gründete. Er machte zahlreiche Erfindungen und war auf unterschied-

Vienna today—Nestroy-Hof at Praterstrasse or Windmühlgasse 30 and 32 in the sixth district.

Alongside Theodor Herzl, he was one of the most committed representatives of Zionism in Austria. With Herzl and Max Nordau, he helped organize the first Zionist Congress in Basle in 1897. In 1909 he shot himself in a fit of mental derangement at his father's grave in the Zentralfriedhof.

Schmalzhof Temple
6., Schmalzhofgasse 3

Only a plaque remains to commemorate the site of the largest synagogue in the 6th district, built in 1883/84 from plans by Max Fleischer. His design was a reflection of the modern reform movement in Judaism. It was in the form of a three-aisle basilica, a neo-Gothic style in deliberate imitation of the prevailing church architecture of the time and the religious buildings of his teacher Friedrich von Schmidt. The brick façade was free of any ornamentation whatsoever.

This synagogue was also plundered and destroyed during the November Pogrom in 1938.

Siegfried Marcus Test Route
6., Mariahilfer Strasse

In 1864, Siegfried Marcus tried out the earliest known prototype of the

lichen Gebieten tätig, sein größtes Werk war jedoch ein Automobil mit Benzinmotor. Dieses Gefährt, das er 1864 erstmals vorführte und vermutlich 1875 fertig stellte, gilt als das erste benzinbetriebene Fahrzeug. Obwohl er ein Patent darauf anmeldete, gelang es ihm nicht, seine Erfindung zu verwerten und produzieren zu lassen.

Siegfried Marcus zu Ehren wurde 1932 vor der Technischen Universität auf dem Karlsplatz ein Denkmal errichtet, das die Nazis jedoch entfernen ließen. Anlässlich des 50. Todestages des Erfinders im Jahr 1948 wurde das Denkmal wieder errichtet, zugleich erhielt Marcus ein Ehrengrab auf dem Wiener Zentralfriedhof.

Warenhaus Gerngroß
7., Mariahilfer Straße 38–48

Der aus Fürth in Bayern stammende Alfred (eigentlich Abraham) Gerngroß (1844–1908) kam 1881 nach Wien und gründete gemeinsam mit seinem Bruder Hugo (1837–1929) ein kleines Tuchgeschäft in der Mariahilfer Straße

Dank ihres Geschäftssinnes und der Entwicklung der Mariahilfer Straße zu einer der ersten Einkaufsadressen Wiens gelang es den beiden innerhalb kurzer Zeit, ein großes Warenhaus zu etablieren. 1905 eröffneten die Brüder ein von den Wiener Theaterarchitekten Hermann Helmer und Ferdinand

automobile on Mariahilfer Strasse and Auf der Schmelz in the 15th district. His nocturnal excursions were so loud, however, that they were banned by the police.

Siegfried Marcus (1831–1898) came from a prosperous Jewish family in Mecklenburg. After working for Siemens & Halske in Berlin, he came to Vienna in 1852 and set up his own mechanic's workshop. He made several inventions and worked in a number of fields, but he is most famous for his internal combustion engine. The automobile, shown for the first time in 1864 and completed in 1875, is thought to be the first petrol-driven car. Although he registered a patent for it, he was never able to sell his invention and put it into production.

In his honor, a monument was erected in 1932 on Karlsplatz in front of the Technical University, but it was removed by the Nazis. It was restored in 1948 on the 50th anniversary of his death and he was given an honorary grave in the Zentralfriedhof.

Gerngross Department Store
7., Mariahilfer Strasse 38–48

Alfred (Abraham) Gerngross (1844–1908) from Fürth in Bavaria came to Vienna in 1881 and set up a small textile shop with his brother Hugo (1837–1929) on Mariahilfer Strasse. They quickly expanded thanks to

Fellner entworfenes prunkvolles Geschäftsgebäude, dessen Fassadengestaltung sich an den westeuropäischen Jugendstil anlehnte.

Im Inneren erlebten die Kunden alle Annehmlichkeiten moderner Einkaufsfreuden. Es standen etwa ein Wintergarten, eine Konditorei oder ein Lese- und Schreibzimmer zur Verfügung.

Die einzelnen Stockwerke konnten über eine Haupttreppe, fünf Aufzüge und eine Rolltreppe erreicht werden.

Nach dem Tod von Alfred Gerngroß im Jahr 1908 wurde die Firma in eine Aktiengesellschaft umgewandelt. Im Jahr 1932 verübten fanatische Nazis mit Tränengas und Stinkbomben einen Anschlag auf das Kaufhaus, sechs Jahre später, unmittelbar nach dem „Anschluss", wurde der gesamte Besitz „arisiert".

Heute steht an der Stelle des im Jahr 1979 abgebrannten Hauses ein Neubau gleichen Namens.

Ein weiteres großes, von einer jüdischen Familie gegründetes Kaufhaus in der Mariahilfer Straße war der als Textilgeschäft gegründete Herzmansky. In der Stiftgasse ist heute noch ein Teil des Originalgebäudes zu sehen, an dem in goldenen Lettern der Name des einstigen Besitzers zu lesen ist.

1938 wurde auch dieses Kaufhaus „arisiert", aber bis in die Neunzigerjahre unter seinem ursprünglichen Namen weitergeführt.

their own business acumen and the gradual development of Mariahilfer Strasse into one of the major shopping streets in Vienna.

In 1905, the brothers opened a department store designed by the Vienna theater architects Hermann Helmer and Ferdinand Fellner. The outside is in the style of Western European Art Nouveau.

The interior offered customers all the advantages of a modern shopping experience. There was a winter garden, cake shop, and reading and writing room. The different floors could be reached by the main staircase, five lifts and an escalator.

After Alfred Gerngross's death in 1911, the business became a joint-stock company. In 1932, the Nazis attacked the store with tear gas and stink bombs. The entire property was Aryanized in 1938.

Today, a new department store of the same name stands on the site of the original building which burned to the ground in 1979.

Another big department store on Mariahilfer Strasse founded by a Jewish family was Herzmansky. Part of the original building can still be seen on Stiftgasse with the name of the former owner in gold letters. In 1938, it was aryanized and continued to operate under its original name until the 1990s.

Billy Wilder, Österreichs größter Hollywoodexport.
Billy Wilder, Austria's most prominent Hollywood export.

Billy-Wilder-Gedenktafel
8., Lange Gasse, Ecke Zeltgasse

Samuel „Billy" Wilder (1906–2002), geboren im heute polnischen Sucha, kam 1910 nach Wien, wo er als Journalist arbeitete. Wie viele seiner Zeitgenossen ging er 1926 nach Berlin, um dort Anschluss an das kulturelle Leben zu suchen. Er schrieb Drehbücher, unter anderen für die Verfilmung von Erich Kästners *Emil und die Detektive* sowie *Scampolo, ein Kind der Straße*. Nach der Machtergreifung

Billy Wilder Memorial
8., Lange Gasse, at Zeltgasse

Samuel "Billy" Wilder (1906–2002), who was born in Sucha in Poland, came to Vienna in 1910, where he worked as a journalist. Like many of his contemporaries, the cultural life in Berlin attracted him and he moved there in 1926. He wrote screenplays for films including Erich Kästner's *Emil und die Detektive* and *Scampolo, ein Kind der Strasse*. After Hitler came to power, Billy Wilder emigrated in

197

Hitlers emigrierte Billy Wilder nach Frankreich und von dort weiter in die USA.

Wilder gilt bis heute als einer der bedeutendsten Hollywood-Regisseure und arbeitete mit den bekanntesten Stars der Filmmetropole wie Marilyn Monroe, Audrey Hepburn, Shirley MacLaine, Walther Matthau und Jack Lemmon. Zu seinen größten Erfolgen zählen *Sunset Boulevard* (1950), *The Seven Year Itch* (1955), *Some Like it Hot* (1959) und *Irma la Douce* (1963). 1961 drehte Wilder in Berlin die Groteske *One, Two, Three* mit James Cagney und Leon Askin, einem weiteren Wiener Juden, der 1938 seine Heimat hatte verlassen müssen.

Im Jahr 2000 erhielt Billy Wilder die Ehrenbürgerschaft der Stadt Wien. Er starb am 27. März 2002 in Hollywood.

Redaktion „Er und Sie"
8., Lange Gasse 5–7
In diesem Gebäude produzierte Hugo Maximilian Bettauer (1872–1925) seine Zeitung *Er und Sie. Wochenschrift für Lebenskultur und Erotik*, die aber bereits nach fünf Nummern wieder eingestellt wurde.

Bettauer übersiedelte 1899 in die USA, wo er als Korrespondent und Redakteur für verschiedene Tageszeitungen tätig war. Er wurde amerikanischer Staatsbürger, kehrte jedoch

1933 to France and a year later from there to the U.S.

He is regarded today as one of the greatest Hollywood directors and he made films with some of its biggest stars, including Marilyn Monroe, Audrey Hepburn, Shirley MacLaine, Walter Matthau, and Jack Lemmon. Among his most famous films are *Sunset Boulevard* (1950), *The Seven Year Itch* (1955), *Some Like It Hot* (1959), and *Irma La Douce* (1963). In 1961 he made the grotesque *One, Two, Three* with James Cagney and Leon Askin, another native son who had to leave Vienna in 1938.

In 2000 Billy Wilder was made an honorary citizen of the Vienna. He died in Hollywood on 27 March 2002.

"Er und Sie" Offices
8., Lange Gasse 5–7
In this building, Hugo Maximilian Bettauer (1872–1925) published his magazine *Er und Sie. Wochenschrift für Lebenskultur und Erotik*, which was discontinued after just five issues, and moved to the U.S. in 1899, where he worked as a correspondent and journalist for numerous daily newspapers. He became an American citizen, but returned to Austria in 1910 and worked there during World War I as a journalist for the *Neue Freie Presse*. He also wrote novels including *The Joyless*

1910 nach Österreich zurück, wo er während des Ersten Weltkriegs Redakteur der *Neuen Freien Presse* war.

Bettauer schrieb darüber hinaus Romane, etwa *Die freudlose Gasse*, der 1925 von Georg Wilhelm Pabst mit Greta Garbo in der Hauptrolle verfilmt wurde. Bettauers interessantestes Werk ist aber zweifellos der beinahe prophetisch zu nennende Roman *Stadt ohne Juden* (1922), in dem er beschreibt, wie ein populistischer Politiker als Lösung für die wirtschaftlichen Probleme vorschlägt, sämtliche Juden aus Wien zu vertreiben. Die Bevölkerung muss jedoch feststellen, dass sich die ökonomische Situation nach der Ausweisung der Juden dramatisch verschlechtert – der Roman endet mit der triumphalen Rückkehr der Vertriebenen.

Hugo Bettauer wurde 1925 von einem nationalsozialistischen Fanatiker, der sich Zugang zu seinem Büro verschafft hatte, erschossen.

Synagoge Neudeggergasse
8., Neudeggergasse 12

An der Stelle der von Max Fleischer errichteten Synagoge befindet sich heute ein Wohnhaus. Der von Moriz von Königswarter in Auftrag gegebene Tempel war vom Architekten nach dem Vorbild der norddeutschen Gotik geplant worden. Dementsprechend wurde ein Ziegelrohbau mit Fassaden-

Leon Askin, in Hollywood zumeist auf Bösewichte abonniert.

Leon Askin, usually reserved for a villain role in Hollywood.

Street, which Gustav Wilhelm Pabst made into a film starring Greta Garbo in 1925. His most interesting work is the prophetic novel *The City Without Jews* (1922), in which he describes how a populist politician suggests expelling all the Jews from Vienna as a solution to economic problems. The Viennese discover, however, that the economic situation deteriorates rapidly without the Jews; the book ends with their triumphant return.

Bettauer was shot dead in 1925 by a National Socialist fanatic who had managed to penetrate into his office.

türmen errichtet, und es kamen keine Stein- und Bildhauerarbeiten zur Anwendung.

Durch eine Vorhalle gelangte man in einen Betraum, welcher durch Säulenreihen in drei Schiffe abgeteilt war und Platz für 338 Männer bot. Der überaus wirkungsvolle Innenraum besaß Emporen über den Seitenschiffen und verfügte über eine ausgezeichnete Akustik. Neben dem Thoraschrein wurde 1904 ein weiße Marmortafel zum Gedenken an die ermordete Kaiserin Elisabeth angebracht.

Während des Novemberpogroms im Jahr 1938 wurde das Gotteshaus zerstört.

Sankt-Anna-Kinderspital
9., Kinderspitalgasse 6

Ludwig Mauthner von Mauthstein (1806–1858), der als 17-Jähriger zu Studienzwecken nach Wien kam, begann seine medizinische Laufbahn als Militärarzt. Angeregt durch die Dankbarkeit eines kleinen Mädchens, die Tochter eines mittellosen Soldaten, die er kostenlos behandelt hatte, gründete er 1837 ein Hospital für arme Kinder – das erste Kinderspital Wiens. 1842 nahm Kaiserin Maria Anna das Kinderspital unter ihre Obhut und gründete einen Unterstützungsverein. Ursprünglich in einem bescheidenen Gebäude in der Nähe des Allgemeinen Krankenhauses untergebracht,

Neudeggergasse Synagogue
8., Neudeggergasse 12

On the site of this apartment building in the 7th district was a synagogue designed by Max Fleischer at the behest of Moriz von Königswarter in north German Gothic style. The original brick structure with towers had no stone ornamentation or sculptures. The prayer room, divided into three sections by means of columns and accommodating 338 male worshippers, was reached through a vestibule.

There were galleries above the side aisles and the synagogue was known to have outstanding acoustics. Next to the ark, a white marble tablet was affixed in 1904 to commemorate the murder of Empress Elisabeth.

It was destroyed during the November Pogrom in 1938.

St. Anna Children's Hospital
9., Kinderspitalgasse 6

Ludwig Mauthner von Mauthstein (1806–1858), who came to Vienna to study when he was 17, started his medical career as an army doctor. Moved by the gratitude of a small girl, the daughter of a penniless soldier, whom he had treated free of charge, he established a children's hospital for poor children in 1837, which was also the first children's hospital in Vienna.

In 1842, Empress Maria Anna took the hospital in her charge and found-

konnte das Spital bald ein eigenes Gebäude beziehen, das nach der Patronin den Namen Annenspital erhielt. Zahlreiche wohltätige Bürger unterstützten das Kinderspital mit ihren Spenden.

Mauthner engagierte sich weiter in der Armenfürsorge und gründete einen Verein, der ein Spital zur kostenlosen Behandlung der Arbeiterklasse ermöglichen sollte; einige Jahre später rief er einen weiteren Verein ins Leben, der die trostlosen Verhältnisse in den Wiener Koststuben verbessern sollte. Als Kinderfacharzt war Mauthner zunächst Dozent, dann Professor an der medizinischen Fakultät. Für seine außerordentlichen Verdienste um die Kinderheilkunde wurde Mauthner 1849 in den Ritterstand erhoben.

Allgemeine Poliklinik
9., Mariannengasse 10

An der Allgemeinen Poliklinik zeigt sich, dass die Spendenbereitschaft des jüdischen Großbürgertums weit über die Grenzen der eigenen Glaubensgemeinschaft hinausging. Das Krankenhaus wurde 1872 durch ein Komitee von zwölf Privatärzten gegründet. Ziel war es, eine Idee des Chirurgen Theodor Billroth in die Tat umzusetzen, nämlich außerhalb der Universitätskliniken Arbeitsbereiche für Medizinstudenten zu schaffen, damit sich diese so umfassend wie möglich

ed a society to support it. Originally housed in a modest building near the General Hospital, it later moved to its own premises and was renamed "Annenspital" after its patron. It was supported by numerous charitable citizens.

Mauthner continued to help the poor and founded an association enabling the hospital to offer free treatment for the working class. A few years later he founded another association to improve the wretched conditions in the canteens for the poor.

Mauthner was also a lecturer and later professor of pediatrics at the university. He was knighted in 1849 for his outstanding services to pediatric medicine.

General Polyclinic
9., Mariannengasse 10

Charity and welfare work by the Jewish bourgeoisie extended far beyond the bounds of the Jewish community itself. The Polyclinic was founded in 1872 by a committee of twelve private doctors. It was designed to put into practice an idea by the famous surgeon Theodor Billroth of enabling medical students to broaden their knowledge by working outside the university clinics, combined with the humanitarian goal of offering free treatment to outpatients without the means to pay. The outpatient departments were orig-

weiterbilden konnten. Damit war ein humanitärer Zweck verbunden, weil nur mittellose Patienten ambulant und unentgeltlich behandelt wurden.

Zunächst waren die Ambulatorien in Mietwohnungen untergebracht, dank einer großzügigen Spende der Gebrüder Gutmann in der Höhe von 300.000 Kronen konnte 1890 aber ein Neubau der Klinik in der Mariannengasse 10 begonnen werden. Eine weitere Spende der Brüder in Höhe von 150.000 Gulden im Jahr 1893 erlaubte es der Poliklinik, ein in der Nachbarschaft stehendes Palais anzukaufen und als Gutmann-Kinderspital in die Poliklinik einzugliedern.

1902 sicherte Nathaniel Freiherr von Rothschild durch eine Spende von einer Million Kronen den weiteren Ausbau der Klinik. Nach dem „Anschluss" ging das Spital ins Eigentum der Stadt Wien über und heißt seither Allgemeine Poliklinik der Stadt Wien.

Friedrich-Torberg-Geburtshaus
9., Porzellangasse 7 a

Hier wurde der Schriftsteller, Feuilletonist und Kritiker Friedrich Torberg (1908–1979) geboren. Vor 1938 arbeitete er als Journalist bei renommierten bürgerlich-liberalen Zeitungen in Prag und Wien. Ständig zwischen den beiden Städten pendelnd, lebte er in der Zwischenkriegszeit vornehmlich in Untermiete oder in Hotels. 1938

inally housed in apartment buildings. With the aid of a generous donation of 300,000 crowns by the Gutmann brothers, a new clinic was built on Mariannengasse in 1890.

A further donation by the brothers of 150,000 guilders in 1893 made it possible to purchase a nearby palace, which became the Gutmann Children's Hospital. In 1902, Nathaniel Freiherr von Rothschild's generous donation of one million crowns permitted a further expansion of the Polyclinic.

In 1938, it became the property of the city of Vienna and has been known since then as the General Polyclinic of the City of Vienna.

Friedrich Torberg's Birthplace
9., Porzellangasse 7 a

This is where the writer and critic Friedrich Torberg (1908–1979) was born. Before 1938, he worked as a journalist for renowned liberal newspapers in Prague and Vienna. He journeyed constantly between the two cities, living between the wars in Vienna for the most part in sublets or hotels.

In 1938, he emigrated to the U.S., but was one of the few Jewish émigrés to return to Vienna in 1951. After the war he was a habitué of Café Hawelka. His novel *Der Schüler Gerber hat absolviert* (1930) and the volumes of short stories *Die Tante Jolesch oder der*

emigrierte Torberg in die USA, kehrte jedoch im Unterschied zu vielen anderen jüdischen Emigranten im Jahr 1951 nach Wien zurück und war danach Stammgast im Café Hawelka.

Einem breiten Publikum wurde Torberg durch den Roman *Der Schüler Gerber hat absolviert* (1930) und die Erzählbände *Die Tante Jolesch oder der Untergang des Abendlandes in Anekdoten* (1975) und *Die Erben der Tante Jolesch* (1978) bekannt. In diesen Werken ließ er pointenreich und satirisch die versunkene Welt des jüdischen Bürgertums der Zwischenkriegszeit wieder auferstehen und setzte damit zahlreichen zum Teil längst in Vergessenheit geratenen Figuren ein literarisches Denkmal.

In die direkte Nachbarschaft, in das Haus Porzellangasse 3, kehrte Torberg als Autor des Kabaretts ABC zurück, dessen Heimstätte sich davor in den Arkaden hinter der Universität befunden hatte.

Synagoge Müllnergasse
9., Müllnergasse 21

An der Stelle der ehemaligen Synagoge für den Alsergrund erhebt sich heute ein Wohnhaus. Der Tempel wurde vom renommierten Architekten Max Fleischer 1888/89 für den bereits im Jahr 1867 gegründeten Bethausverein Chewra Beth Hatfila errichtet. Weil sich die Ostwand mit dem Thora-

Untergang des Abendlandes in Anekdoten (1975), and *Die Erben der Tante Jolesch* (1978) were widely read. In these works he satirized the lost world of the Jewish bourgeoisie between the wars, providing a written memorial to a generation that has been largely forgotten.

Friedrich Torberg returned to his former neighborhood as a writer for Kabarett ABC, which had formerly been located in the arcade behind the university, on Porzellangasse 3.

Müllnergasse Synagogue
9., Müllnergasse 21

On the site of the former synagogue in the 9th district is an apartment building. The synagogue was built by the renowned architect Max Fleischer in 1888/89 for the Chevra Beth Hatfila prayer association, founded in 1867. As the east side with the ark faced the street, the actual entrance was at Grünentorgasse 13. From Müllnergasse it was only possible to enter the synagogue through two small side entrances.

It was in the form of a three-aisle basilica, in keeping with the fashion of the time. The women sat not in a gallery but in the side sections, which were only six steps higher than the main body of the synagogue. Because of the two 35-meter towers, the synagogue resembled a church.

schrein an der Straßenseite befand, musste der Eingang in die Grünentorgasse 13 verlegt werden. Von der Müllnergasse aus konnte man nur durch zwei kleine Seiteneingänge in die Synagoge gelangen.

Der Grundriss des Gotteshauses war, dem Zeitgeschmack entsprechend, eine dreischiffige Basilika. Das Besondere war die Lage der Frauenabteile, die sich nicht auf erhöhten Emporen, sondern in den um nur sechs Stufen erhöhten Seitenschiffen befanden. Durch zwei 35 Meter hohe Türme erinnerte die Synagoge von außen stark an eine Kirche.

Während des Novemberpogroms 1938 wurde die Synagoge von Einheiten der 89. SS-Standarte unter dem Beifall der Nachbarschaft zerstört. Der SS-Bericht vermerkte dazu: „Tempel, 9., Grüne-Tor-Gasse. Wurde vollkommen zerstört, war bereits, da es schon 6.45 war, von einer anderen Gruppe bearbeitet worden. Bei unserem Eintreffen war das Innere des Tempels mit Rauch erfüllt. Zu bemerken wäre, dass bei den von uns besuchten Tempeln die Diener Arier waren und dass die Bevölkerung über unser Vorgehen Befriedigung zeigte."

Friedhof Seegasse
9., Seegasse 9–11

Der Friedhof in der Seegasse ist die älteste noch existierende jüdische

It was destroyed during the November Pogrom in 1938 by units of the 89th SS battalion to the cheers of the onlookers. The SS report was as follows: "Temple 9., Grüne-Tor-Gasse. Completely destroyed, already dealt with by another group, as it was by then 6:45. When we arrived the interior was filled with smoke. It should be noted that the caretakers of the temples visited by us were aryans and the inhabitants supported our actions."

Seegasse Cemetery
9., Seegasse 9–11

The cemetery in Seegasse is the oldest surviving Jewish cemetery in Vienna and can be accessed today through the Jewish nursing home. It is no longer possible to ascertain exactly when the cemetery was founded, but the oldest surviving tombstone dates from the year 1582. At this time, Jews, with few exceptions, were not allowed to live in Vienna, so there was no organized Jewish community. The cemetery is mentioned for the first time in records in 1629. In a map from 1650, Seegasse, which was called Judengasse for a long time, is described as "street with Jewish graves."

When the Jews were banished from Vienna in 1670, the Fränkel brothers deposited 4,000 guilders with the magistrate to ensure that the cemetery would continue to be maintained.

Der Friedhof in der Seegasse am Alsergrund, die älteste noch erhaltene Grabstätte Wiens, in einer Aufnahme vor 1938.

The cemetery in Seegasse in Alsergrund, the oldest preserved burial grounds in Vienna. Photo, prior to 1938.

Grabstätte Wiens. Man betritt sie heute durch das Gebäude des jüdischen Altersheims.

Wann genau der Friedhof angelegt wurde, ist heute nicht mehr nachweisbar. Der älteste erhaltene Grabstein stammt aus dem Jahre 1582, also aus einer Zeit, als Juden bis auf wenige Ausnahmen kein Aufenthaltsrecht in Wien besaßen und daher keine organisierte jüdische Gemeinde existierte.

Der Friedhof wurde als „Juden-Freithoff am oberen Werd" 1629 erstmals

In 1696, Samuel Oppenheimer is registered as owner of the cemetery and his grave can still be found there today. He had the cemetery restored and built a wall around it. Oppenheimer was also the founder of the Jewish hospital, which occupied this site until 1934.

Oppenheimer's successor as court factor, Samson Wertheimer, is also buried here.

Other important representatives of the community in Vienna to be bur-

Um den berühmten „Fisch in der Seegasse" ranken sich Legenden unterschiedlichster Art.

There are a variety of different types of legends about the famous "Fish in Seegasse."

urkundlich erwähnt. Die Seegasse, die lange Zeit Judengasse hieß, wird in einem Plan von 1650 mit „Gassel, allwo der Juden Grabstätte", beschrieben. Bei der Vertreibung der Wiener Juden im Jahr 1670 hinterlegten die Gebrüder Fränkel beim Magistrat 4000 Gulden, um den Weiterbestand des Friedhofs auf ewige Zeiten zu sichern.

Ab 1696 scheint Samuel Oppenheimer als Eigentümer des Friedhofs auf;

ied here include Rabbi Menachem Hendel, Simeon Auerbach, Aron Isaak Arnstein, the original member of the famous family ennobled in 1795, and Sara Pereyra, the mother of the legendary Diego d'Aguilar, who lent Maria Theresa 300,000 guilders (equivalent to 6.7 million euros) to build Schloss Schönbrunn, one of many buildings in Vienna constructed with Jewish capital.

Diego d'Aguilar, whose Jewish name was Moshe Lopez Pereyra, came from a Portuguese Marano family. In 1725, Emperor Charles VI summoned him from Amsterdam to the capital to reorganize the Austrian tobacco monopoly. He was given a Spanish title by the Emperor, who was also king of Spain, in recognition of the profits he made for the state treasury as lessee of the tobacco monopoly.

Diego d'Aguilar is the founder of the Turkish-Sephardic community in Vienna, which until 1938 owned a Torah crown and a pair of finials with the dedication in Hebrew "Moshe Lopez Pereyra. 5498" (the year 1737). Every year until the community was destroyed, it said Kaddish, the prayer for the dead, for its founder on Yom Kippur.

The financial successes of d'Aguilar and court agents like Samson Oppenheimer or Samson Wertheimer helped to improve the social status of the Jews

sein Grab befindet sich heute noch dort. Er ließ den Friedhof wieder instand setzen, eine das Areal umschließende Mauer errichten und war auch Gründer des Siechenhauses, das sich bis 1934 hier befand.

Auch das Grab von Oppenheimers Nachfolger Samson Wertheimer, das in letzter Zeit restauriert wurde, ist hier zu finden. Andere wichtige Vertreter der Wiener Gemeinde, die hier ihre letzte Ruhe fanden, sind Rabbi Menachem Hendel, Simeon Auerbach, Aron Isaak Arnstein, Stammvater der 1795 in den österreichischen Adelsstand erhobenen berühmten Familie, und Sara Pereyra, die Mutter des von Legenden umrankten Diego d'Aguilar.

Wie zahlreiche andere Wiener Gebäude wurde auch das Schloss Schönbrunn unter bedeutendem Einsatz jüdischen Kapitals errichtet. Diego d'Aguilar lieh Kaiserin Maria Theresia 300.000 Gulden – das entspricht etwa 6,7 Millionen Euro – für den Umbau ihrer Sommerresidenz. D'Aguilar, mit jüdischem Namen Mosche Lopez Pereyra, stammte aus einer portugiesischen Marranenfamilie. Er wurde im Jahr 1725 von Kaiser Karl VI. aus Amsterdam nach Wien berufen, um die Reorganisation des österreichischen Tabakgefälles zu übernehmen. Zum Lohn für die wirtschaftlichen Erfolge, die er für den Ärar erzielte, wurde er

Das Grab Samson Wertheimers, eines der bedeutendsten jüdischen Bürger Wiens im 18. Jahrhundert.

The grave of Samson Wertheimer, one of Vienna's most prominent Jewish citizens in the eighteenth century.

living in Vienna. The growing self-confidence of these men also emboldened them to make a stand against the increasing levies that were imposed on them. In 1749, Diego d'Aguilar moved to London in protest against the high taxation.

In 1783, Emperor Joseph II issued a decree stating that no burials could take place inside the present-day beltway, which meant that the cemetery in Seegasse could no longer be used. The Jews nevertheless managed to ob-

vom Kaiser, der damals noch den Titel König von Spanien führte, mit einem spanischen Adelsprädikat ausgezeichnet.

D'Aguilar war der Begründer der türkisch-sephardischen Gemeinde in Wien, die bis 1938 eine Thorakrone und ein Paar Rimmonim mit der hebräischen Widmungsaufschrift „Mosche Lopez Pereyra. 5498" (nach christlicher Zählung das Jahr 1737) besaß. Bis zur ihrer Vernichtung durch die Nationalsozialisten im Jahr 1938 gedachte die Gemeinde ihres Gründers alljährlich an Jom Kippur mit einem Totengebet.

Die wirtschaftlichen Erfolge von Diego d'Aguilar oder der Hoffaktoren Samuel Oppenheimer und Samson Wertheimer führten zu einer sozialen Aufwertung der in Wien lebenden Juden. Das erstarkte Selbstbewusstsein dieser Männer machte es auch möglich, dass sie sich immer heftiger gegen die stetig wachsenden fiskalischen Forderungen wehrten. Diego d'Aguilar etwa übersiedelte 1749 als Protest gegen die hohen Toleranzsteuern nach London.

Im Jahr 1783 erließ der Reformkaiser Joseph II. ein Dekret, welches besagte, dass „innerhalb der Linien", also innerhalb des heutigen Gürtels, keine Toten mehr beerdigt werden durften, wodurch auch der Friedhof in der Seegasse nicht mehr belegt wer-

tain a court decree from the Emperor providing protection for the cemetery—which continued *de jure* until 1941.

In January of that year, the municipal authorities decided that all Jewish cemeteries in Vienna must be closed. A few Jews who still lived in Vienna managed in 1943, at great risk to themselves, to transport some of the tombstones of Seegasse by night to the Zentralfriedhof and to bury them there. Others were buried directly in the cemetery in Seegasse.

In 1984, most of the tombstones at the Zentralfriedhof were rediscovered and returned exactly to their original locations, thanks to a plan of the cemetery made by Bernhard Wachstein in 1912.

Jewish Hospital
9., Seegasse 9

The court agent Samuel Oppenheimer had already set up a hospital for fellow Jews in 1698. A new hospital was built in 1792, to be replaced 100 years later by a more modern building.

In 1890, the Jewish Community constructed a nursing home designed by Wilhelm Stiassny on the site of the old hospital, which was later enlarged through the addition of the "Siechenhaus."

Today, there is a municipal nursing home on the site.

den konnte. Allerdings erwirkten die Juden ein Hofdekret, das ihnen die Erhaltung und den Schutz des Friedhofes versprach – ein Schutz, der bis 1941 zumindest de jure bestand.

Im Jänner dieses Jahres beschloss die Gemeinde Wien die Auflösung der jüdischen Friedhöfe. Einigen wenigen noch in der Stadt verbliebenen Wiener Juden gelang es 1943 unter großen Gefahren, einen Teil der Grabsteine aus der Seegasse auf den Zentralfriedhof zu bringen und dort in einer buchstäblichen Nacht-und-Nebel-Aktion zu vergraben, andere vergrub man direkt am Friedhof in der Seegasse.

1984 wurden die dislozierten Grabsteine am Zentralfriedhof wiederentdeckt und größtenteils an ihrem ursprünglichen Ort in der Seegasse aufgestellt, was dank eines von Bernhard Wachstein erstellten und 1912 publizierten Friedhofsplanes problemlos möglich war.

Israelitisches Spital
9., Seegasse 9

Auf diesem Grundstück ließ der Hoffaktor Samuel Oppenheimer bereits 1698 das Spital für jüdische Glaubensgenossen errichten. 1792 entstand ein neues Spital, das aber 100 Jahre später wieder durch einen Neubau ersetzt wurde. 1890 baute die Kultusgemeinde nach Plänen von Wilhelm Stiassny

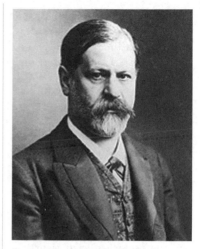

Sigmund Freud, der Begründer der Psychoanalyse, im Jahr 1906.

Sigmund Freud, founder of psychoanalysis, in 1906.

Sigmund Freud Residence and Museum
9., Berggasse 19

Berggasse 19 in Vienna is an address known throughout the world as the home and workplace from 1891 of the father of psychoanalysis, Sigmund Freud (1856–1939).

Freud's psychoanalysis method not only formed the basis for numerous other therapies, but it also revolutionized numerous other cultural fields—including cinema, literature and painting, as well as religion, ethnology and aesthetics.

an der Stelle des alten Krankenhauses eine Versorgungsanstalt für ältere Menschen, die später um ein Siechenhaus erweitert wurde. Heute steht hier ein Altersheim der Stadt Wien.

Sigmund-Freud-Wohnhaus und -Museum
9., Berggasse 19

Als gerade zu legendär darf man diese Wiener Adresse bezeichnen, an welcher Sigmund Freud (1856–1939) ab 1891 lebte und arbeitete.

Freuds Psychoanalyse stellt nicht nur die Grundlage zahlreicher Theorien und therapeutischer Praktiken dar, sondern revolutionierte auch viele Bereiche des Kulturlebens – vom Film über die Literatur bis zur Malerei, aber auch Religionswissenschaften, Ethnologie und Ästhetik.

Freud definierte sich selbst zwar als Atheist, blieb gleichzeitig aber seinem Judentum treu. Seine wissenschaftlichen Erkenntnisse, die auch die Verlogenheit und Heuchelei der Gesellschaft ans Tageslicht brachten, lösten des Öfteren antisemitische Anfeindungen aus, unter denen er zeit seines Lebens litt: „Meine Sprache ist Deutsch, meine Kultur, meine Erziehung sind deutsch. Ich hielt mich geistig für einen Deutschen, bis ich das Anwachsen des Antisemitismus in Deutschland und Deutsch-Österreich bemerkte. Seitdem ziehe ich es vor, mich einen

Although Freud defined himself as an atheist, he remained true to his Jewish origins. His scientific findings, which revealed the hypocrisy and falseness of society, gave rise to anti-Semitic animosities which also caused difficulties for him. "My language is German, my culture and education are German. I regarded myself intellectually as a German until I noticed the growth of anti-Semitism in Germany and German Austria. Since then, I prefer to call myself a Jew."

Even after the *Anschluss* in March 1938, Freud hesitated to leave Austria. It was not until his daughter Anna was detained by the Gestapo that he decided to emigrate—82 years old and in the advanced stages of cancer. In June 1938, after paying the Reich Flight Tax and the levy on Jewish assets, Freud left for London, where he died in 1939. Two days after his escape, he expressed his longing for Vienna: "The triumphant feeling of liberation is strongly mixed with sadness of someone who nevertheless loved the prison from which he has just been released."

In May 1938, after Sigmund Freud had finally obtained his emigration papers, a close friend, August Aichhorn, hired the young photographer Edmund Engelmann, who spent two days taking pictures of Freud's home and office. Aichhorn wanted to docu-

Juden zu nennen." Auch nach dem „Anschluss" im März 1938 zögerte Freud, Österreich zu verlassen. Erst als seine Tochter Anna von der Gestapo kurzfristig verhaftet wurde, konnte sich der 82-Jährige, der bereits stark vom Krebs gezeichnet war, zur Emigration entschließen. Im Juni 1938 wanderte er nach Zahlung der Reichsfluchtsteuer und der Judenvermögensabgabe nach London aus. Zwei Tage nach seiner Flucht verlieh Freud seiner Sehnsucht nach Wien Ausdruck: „Das Triumphgefühl der Befreiung vermengt sich zu stark mit der Trauer, denn man hat das Gefängnis, aus dem man entlassen wurde, immer noch sehr geliebt." Sigmund Freud starb 1939 in London.

August Aichhorn, ein enger Freund, engagierte im Mai 1938, als Freud die Ausreisegenehmigung endlich in der Tasche hatte, den jungen Fotografen Edmund Engelmann, der zwei Tage lang Wohnung und Ordination in der Berggasse fotografierte. Aichhorns Ziel war es, die Wohnung vor dem Umzug möglichst genau zu dokumentieren, damit „ein Museum geschaffen werden kann, wenn der Sturm der Jahre vorüber ist" – ein Vorhaben, das in Anbetracht der damaligen Verhältnisse wohl als visionär eingestuft werden kann, auch wenn Aichhorn die politischen Veränderungen der folgenden Jahre völlig falsch einschätzte.

Jura Soyfer lebte ab Anfang der Zwanzigerjahre in Wien. Zeichnung, um 1930.

Jura Soyfer lived in Vienna from the beginning of the 1920s. Drawing, approx. 1930 .

ment the apartment as accurately as possible before Freud left so as to be able to "establish a museum once the storm has past," a truly visionary plan for its time, even though Aichhorn completely underestimated the political changes that were to take place in the years to come.

Today, Freud's former home contains the Sigmund Freud Museum, an Anna Freud memorial room, a library, and archive. It is also the headquarters of the Sigmund Freud Society.

Cabaret ABC
1., Universitätsstrasse 3 (today Votiv Cafeteria)

The Ukrainian Jura Soyfer (1912 to 1939), son of Russian aristocrats who

Heute befinden in diesem Haus das Sigmund-Freud-Museum, der Sitz der Sigmund-Freud-Gesellschaft, eine Bibliothek und ein Archiv sowie die Anna-Freud-Gedenkräume.

Cabaret ABC
1., Universitätsstraße 3
(heute Cafeteria Votiv)

Jura Soyfer (1912–1939), ein in der Ukraine geborener Sohn russischer Aristokraten, die nach Ausbruch der Oktoberrevolution nach Wien emigriert waren, trat 1934 der Kommunistischen Partei Österreichs bei. In seinen Gedichten und Stücken zeigte er soziale Ungerechtigkeit und politische Missstände auf. Seine für die Kleinkunst der Zwischenkriegszeit typischen Kleindramen wurden sowohl auf einschlägigen Bühnen als auch in Kellertheatern aufgeführt. Im Kleintheater ABC gelangten seine Stücke *Der Weltuntergang*, *Astoria* und *Vineta* zur Aufführung.

Soyfer wurde im April 1938 inhaftiert, jedoch nach drei Monaten wieder freigelassen. Beim Fluchtversuch aus Österreich wurde er an der Grenze zur Schweiz festgenommen und zuerst nach Dachau deportiert, wo er das berühmte *Dachaulied* schrieb. Danach gelangte Soyfer ins Konzentrationslager Buchenwald, wo er, entkräftet und misshandelt, 1939 an Typhus starb.

had emigrated to Vienna following the October Revolution, joined the Communist Party in 1934. His poems and plays, which he wrote for Viennese cabaret theaters, focused on social inequalities and political problems. The mini-plays penned in the years between the wars were performed in cabarets and basement theatres.

Among the plays performed at the ABC were *Der Weltuntergang*, *Astoria*, and *Vineta*.

Soyfer was arrested a month after the Nazis came to power in Austria but he was released three months later. While escaping from Austria, he was arrested at the Swiss border and deported to Dachau concentration camp, where he wrote the famous *Dachau Song*.

From Dachau he was transferred to Buchenwald, where he died in 1939 of typhoid, contracted as a result of the inhuman and debilitating treatment meted out to him there.

Rechts: Werbeplakat des Kleintheaters ABC, um 1930.

Right: Advertising poster for the small theater ABC, approx. 1930.

Durch die Außenbezirke

Hietzinger Synagoge
13., Eitelbergergasse 22

An dieser Stelle stand die einzige frei stehende Synagoge, die im Wien der Zwischenkriegszeit gebaut wurde. Bereits im Jahr 1912 wurde ein erster Wettbewerb zum Bau eines Tempels ausgeschrieben, allerdings wurde das Siegerprojekt wahrscheinlich als Folge des Ausbruchs des Ersten Weltkrieges nicht realisiert. Erst 1924 beschloss man, einen neuen, internationalen Wettbewerb für jüdische Architekten zu veranstalten, an dem auch Auslandsösterreicher wie Richard Neutra und Arthur Grünberger teilnahmen – Letzterer gewann den Wettbewerb. 1926 wurde mit dem Synagogenbau begonnen. Grünbergers Konzeption unterschied sich deutlich vom Historismus des 19. Jahrhunderts und spiegelte die Stimmung der Zwanzigerjahre wider. Auch dieses Gotteshaus wurde ein Opfer der so genannten Reichskristallnacht; es wurde niedergebrannt, die Ruine ein halbes Jahr später geschleift.

Die Neue-Welt-Gasse, eine Seitenstraße der Eitelbergergasse, erinnert nur zufällig an die zionistische Zeitung der Zwischenkriegszeit. Vielmehr stammt der Name von einem Vergnügungsetablissement, das um 1860 auf diesem Gelände existierte.

The Outer Districts

Hietzing Synagogue
13., Eitelbergergasse 22

On this site was the only free-standing synagogue built in Vienna between the wars. A competition was launched in 1912 for the construction of a synagogue, but the winning project was never completed, no doubt because of the outbreak of World War I.

It was not until 1924 that a new competition for Jewish architects was launched. Entries were received by Austrians living abroad such as Richard Neutra and Arthur Grünberger – and it was the latter who won the competition. Construction started in 1926. Grünberger's design marked a departure from the historicism of the 19th century and reflected the mood of the 1920s.

The synagogue was burnt down during the November Pogrom, the ruins were cleared six months later.

By coincidence, Neue-Welt-Gasse, a street off Eitelbergergasse, has the same name as the Zionist newspaper of the 1920s. It was named after a locale that stood here around 1860.

Werkbundsiedlung
13., Jagdschlossgasse, Veitingergasse, Woinovichgasse, Jagićgasse

A visit to the Werkbundsiedlung, initiated in 1930 by the Viennese archi-

Die Werkbundsiedlung in Hietzing, eines der spannendsten Architekturprojekte der klassischen Moderne in Wien.

The Werkbundsiedlung in Hietzing, one of the most exciting architectural projects of the classical modern era in Vienna.

Werkbundsiedlung
13., Jagdschlossgasse, Veitinger-gasse, Woinovichgasse, Jagićgasse

Ein für Architekturliebhaber lohnens-wertes Ausflugsziel stellt die von Josef Frank 1930 initiierte Werkbundsied-lung dar. Frank war der einzige öster-reichische Architekt, der 1927 an der Errichtung der berühmten Siedlung am Stuttgarter Weißenhof beteiligt war. Fünf Jahre nach deren Vollendung

tect Josef Frank, is a worthwhile de-tour. He was the only Austrian archi-tect involved in the famous Weissen-hof estate in Stuttgart in 1927. Five years after its completion, he opened the Austrian counterpart as an answer to the Viennese multi-storey building tradition. Apart from the local archi-tectural elite, he also invited interna-tional architects whom he believed to have been overlooked in Stuttgart, in-

eröffnete er 1932 als Gegenkonzept zur Wiener Bautradition des mehrgeschoßigen Wohnblocks die österreichische Werkbundausstellung. Neben der heimischen Architekturelite lud Frank auch jene Architekten ein, die seiner Meinung nach in Stuttgart übergangen worden waren, unter ihnen Anton Brenner, Arthur Grünberger, Hugo Häring, Josef Hoffmann, Clemens Holzmeister, Heinrich Kulka, Adolf Loos, André Lurçat, Richard Neutra, Ernst A. Plischke, Gerrit Rietvelt und andere. Die Werkbundsiedlung ist die dichteste Ansammlung der Architektur der klassischen Moderne in Österreich.

Josef Frank (1885–1967) beendete sein Architekturstudium in Wien mit einer Dissertation über den Klassiker Leon Battista Alberti, um sich in seinem Schaffen dann ganz der Moderne zu widmen. 1919 bis 1925 war er als Professor an der Wiener Kunstgewerbeschule tätig. Er war Sozialist, warnte aber vor einer totalitären Gleichschaltung und vor dem Verlust des Individuums als Bezugspunkt in der Architektur. Seine Kritik an jeder Form von Dogmatik, die sich vor allem gegen das Bauhaus richtete, war mit einer tiefen Deutschlandskepsis verknüpft. In seinem wichtigen Werk *Architektur als Symbol* (1931) sprach er sich gegen den Funktionalismus der Bauhausbewegung aus.

cluding Anton Brenner, Arthur Grünberger, Hugo Häring, Josef Hoffmann, Clemens Holzmeister, Heinrich Kulka, Adolf Loos, André Lurçat, Richard Neutra, Ernst A. Plischke, and Gerrit Rietvelt. The Werkbundsiedlung is the most compact collection of classic modernist architecture in Austria.

Frank (1885–1976) completed his degree in architecture in Vienna with a dissertation on the classicist Leon Battista Alberti, before turning his back on tradition and devoting his career to modern architecture. From 1919 to 1925, he was professor at the School of Commercial Art in Vienna. He was also a socialist, although he warned against totalitarian equality and the loss of the individual as a reference point in architecture.

His criticism of any kind of dogma, aimed specifically at the Bauhaus, was linked with profound skepticism about Germany. In his work *Architektur als Symbol* (1931) he spoke against the functionalism of the Bauhaus movement. When the Fascist government came to power in Austria in 1934, he emigrated to Sweden, but frequently returned to Vienna, at least until 1938. In 1941 he and his wife emigrated to the U.S. During the years in New York he gave lectures at the New School for Social Research, turned to interior design, and was a successful creator of popular fabrics.

Nach Errichtung der austrofaschistischen Diktatur emigrierte Frank im Jahr 1934 nach Schweden, kam aber bis 1938 immer wieder nach Wien. 1941 wanderte er mit seiner Gattin in die USA aus. In seinen New-Yorker Jahren hielt er Vorlesungen an der New School for Social Research, widmete sich der Innenarchitektur und kreierte erfolgreich Stoffe. 1946 kehrte er nach Schweden zurück. Späte Huldigung in seiner früheren Heimat erfuhr er 1965, als ihm der Österreichische Staatspreis verliehen wurde. Frank starb 1967 in Stockholm in beruflicher Isolation.

Reinhardt-Seminar
14., Penzinger Straße 9

Max Reinhardt (1873–1943) stammte aus einer bescheidenen Kaufmannsfamilie und entwickelte in Wien seine Liebe zum Theater. Er war sich der antisemitischen Vorurteile seiner Zeitgenossen bewusst und legte 1890, vor seinem ersten Auftritt als Schauspieler, seinen eigentlichen Nachnamen Goldmann ab. Nach einem erfolgreichen Engagement in Salzburg ging Reinhardt 1894 nach Berlin.

Als Regisseur gelang ihm der Durchbruch mit Shakespeares *Sommernachtstraum*. Ab 1903 begann eine erfolgreiche Zusammenarbeit mit Hugo von Hofmannsthal: 1911 inszenierte Reinhardt die Uraufführung der Oper *Der*

In 1946 he returned to Sweden. He received belated recognition in Austria when he was awarded the Austrian Architecture Prize in 1965, but died in professional isolation in Stockholm in 1967.

Reinhardt Seminar
14., Penzinger Strasse 9

Max Reinhardt (1873–1943), who came from a modest merchant family, developed a fascination for the theater in Vienna. He was aware of the anti-Semitic prejudices of his contemporaries and for this reason changed his name from Goldmann before he appeared on the stage for the first time in 1890.

Following a successful engagement in Salzburg, he moved to Berlin in 1894. His breakthrough as a director came with Shakespeare's *Midsummer Night's Dream*. In 1903 he began a successful collaboration with Hugo von Hofmannsthal. In 1911 he directed the premiere of the opera *The Cavalier of the Rose* and in 1920 he opened the Salzburg Festival, which he had helped to create, with Hofmannsthal's *Everyman*.

He was director of a number of theaters in Berlin, and in 1924 he also became director of the Theater in der Josefstadt in Vienna. Reinhardt revolutionized not only German but also European theatre as a whole with his

Rosenkavalier, und mit dem Drama *Jedermann* eröffnete er 1920 die von ihm mitbegründeten Salzburger Festspiele. Er leitete zahlreiche Theater in Berlin, ab 1924 auch das Theater in der Josefstadt in Wien.

Reinhardt revolutionierte mit seinen allgemeinen technischen, aber auch schauspielerischen Innovationen nicht nur das deutschsprachige, sondern das gesamte europäische Theater. Im Jahr 1929 gründete er in Wien eine Schauspiel- und Regieschule, das nach ihm benannte Reinhardt-Seminar.

Reinhardt musste seine Tätigkeit in Deutschland 1933 gezwungenermaßen beenden. 1938 wanderte er mit seiner Ehefrau, der Schauspielerin Helene Thimig, nach New York aus, wo er jedoch nicht mehr richtig Fuß fassen konnte.

Storchenschul
15., Storchengasse 21

Am Gebäude der ehemaligen Storchenschul erinnert heute nur mehr eine verwitterte Tafel an die Synagoge. Die Inschrift lautet: „In diesem Haus befand sich durch mehr als 60 Jahre, bis zu seiner gewaltsamen Zerstörung im Jahre 1938, der Storchentempel des israel. Tempelvereins Emunath Awoth f. d. Bezirke XII–XIV."

Bereits um 1873 konnte der Verein, der als eigene Kultusgemeinde anerkannt war, in der Storchengasse ein

technical and theatrical innovations. In 1929 he founded an acting and directing school in Vienna called the Reinhardt Seminar.

He was forced to cease working in Germany in 1933 and in 1938 he emigrated with his wife, the actress Helene Thimig, to New York, where he was unfortunately never able to settle down.

Storchen Shul
15., Storchengasse 21

A weather-beaten plaque is the only indication that the Storchen Shul once stood on this site. The inscription says: "This building housed the Storchen Temple of the Emunath Avoth Jewish Temple Society for the 12th to 14th districts for more than 60 years until its brutal destruction in 1938."

The Society, which had already been recognized as a community in its own right, acquired a two-storey building on Storchengasse in the year 1873. A boys' school, a Talmud Torah school, and youth, women's and welfare organization were accommodated here.

In 1890, after the amalgamation of the outlying districts with the city of Vienna and the promulgation of the Jewish Act, the Fünfhaus Jewish community was incorporated into the Jewish Community of Vienna.

In 1930, the Society's headquarters were converted into a synagogue by

zweistöckiges Wohnhaus erwerben. Es waren hier eine Knabenlehranstalt, eine Talmud-Thora-Schule sowie ein Jugend-, Frauen- und Unterstützungsverein untergebracht. 1890, nach dem politischen Zusammenschluss der Vorstadtgemeinden mit Wien und dem Erlass des Israelitengesetzes, wurde die Kultusgemeinde Fünfhaus in die Israelitische Kultusgemeinde Wien eingegliedert. 1930 wurde das Vereinshaus durch den Architekten Ignaz Reiser in eine Synagoge umgewandelt.

Die Storchenschul wurde während des Novemberpogroms verwüstet und zerstört. Seither dient das Gebäude nur mehr profanen Zwecken.

Synagoge Turnergasse
15., Turnergasse 22

Lange Zeit herrschten in Österreich und Deutschland arabisch-maurische, türkische oder russische Architektur- und Dekorationselemente für Synagogenbauten vor. Durch den anwachsenden Antisemitismus einerseits, durch die fortschreitende Assimilation andererseits wurden aber ab 1870 orientalische Stilelemente als „fremd" abgelehnt und stattdessen abendländische Vorbilder für die Synagogalarchitektur herangezogen. Anders als viele seiner Kollegen in der zweiten Hälfte des 19. Jahrhunderts, die den gotischen Stil bevorzugten, wählte Carl König (1841–1915) für die Synagoge der

Der Arzt Adolf Fischhof, ein Agitator der Revolution des Jahres 1848, spricht zur jubelnden Menge.

The physician Adolf Fischhof, an agitator of the revolution of 1848, talks to the cheering crowd.

the architect Ignaz Reiser. In 1938, the Storchen Shul was destroyed and demolished. Since then, the building has been used solely for secular purposes.

Turnergasse Synagogue
15., Turnergasse 22

Moorish, Turkish, or Russian architectural or decorative elements prevailed

jüdischen Vorstadtgemeinde Fünfhaus den Renaissancestil. Der Tempel war an drei Seiten frei stehend, der Hauptfront war ein kleiner Garten vorgelagert. Durch seinen Turm war das Gebäude schon von weitem als Sakralbau erkennbar.

Der aus Mähren stammende Adolf Schmiedl (1821–1914) wirkte als Rabbiner in Fünfhaus; mit seinen volkstümlichen Predigten und einfachen Erklärungen erlangte er große Beliebtheit in der Gemeinde. Im Jahr 1894 wurde er an den Leopoldstädter Tempel berufen, wo er sein Amt bis zu seinem Tode ausübte.

Die Synagoge in der Turnergasse fiel im November 1938 dem Wüten der Nationalsozialisten zum Opfer.

Ehemaliger Schmelzer Friedhof
15., Märzpark

Auf dem Gelände, auf dem sich heute Wiener Stadthalle und Märzpark befinden, lag der Schmelzer Friedhof, auf dem die ersten Opfer der Revolution von 1848 beigesetzt wurden. Unter den fünf Gefallenen des 13. und 14. März waren auch der jüdische Student Karl Heinrich Spitzer und der jüdische Webergeselle Bernd Herschmann. Getreu den Idealen der Revolution wurden die Toten, ungeachtet ihrer konfessionellen Zugehörigkeit, gemeinsam in einem Grab beigesetzt. Bei der Zeremonie ließen die protes-

for a long time in synagogues in Austria and Germany. With the increase in anti-Semitism and the growing assimilation, oriental elements were rejected from 1870 as being "alien" and western models sought for synagogues.

Unlike many of his colleagues in the second half of the 19th century, who preferred the Gothic style of architecture, Carl König (1841–1915) opted for the Renaissance style for the synagogue built for the community of the 15th district, Fünfhaus. It was freestanding on three sides, the front had a small garden. The tower made it obvious that it was a place of worship.

Dr. Adolf Schmiedl from Moravia (1821–1914) was the local rabbi in Fünfhaus and his populist sermons and simple explanations made him extremely popular with his congregation. In 1894, he moved to the Leopoldstadt Temple where he remained in office until his death.

The synagogue in Turnergasse was not spared the Nazi rampage in November 1938.

Former Schmelz Cemetery
15., Märzpark

On the site of the present-day Stadthalle and Märzpark was the former Schmelz cemetery, in which the first victims of the 1848 revolution were buried. Among the five persons killed on 13 and 14 March were the Jewish

tantische Pastor Josef Pauer und der katholische Priester Anton Füster dem Wiener Rabbiner Isaac Noa Mannheimer demonstrativ den Vortritt. An der Trauerfeier nahmen rund 40.000 Menschen teil.

Mannheimer nutzte die Gelegenheit, um seinen Forderungen nach Emanzipation Nachdruck zu verleihen: „Es sei mir noch ein Wort vergönnt an meine christlichen Brüder! Ihr habt gewollt, dass die toten Juden da mit euch ruhen in eurer Erde, in einer Erde. Sie haben gekämpft für euch! Sie ruhen in eurer Erde! Vergönnt nun aber auch denen, die den gleichen Kampf gekämpft, dass sie mit euch leben auf einer Erde, frei und unbekümmert wie ihr!"

Die Grabstätte schmückte ein Obelisk mit der Inschrift „13. März 1848". Nach der Auflösung des Friedhofs wurden Grab und Obelisk 1888 auf den Zentralfriedhof verlegt.

Synagoge Hubergasse
16., Hubergasse 8

Nur eine kleine, 1988 enthüllte Gedenktafel erinnert an die Synagoge des 16. Bezirks, die in den Jahren 1885/86 nach Plänen des Architekten Ludwig Tischler erbaut wurde. Die Synagoge war nicht frei stehend, sondern war von zwei Häusern begrenzt, mit denen sie eine gemeinsame Häuserflucht bildete. Auf den ersten Blick

Die Opfer der Märzrevolution von 1848, unter ihnen zwei Juden, werden unter großer öffentlicher Anteilnahme auf dem Schmelzer Friedhof beigesetzt.

The victims of the March revolution of 1848, among them, two Jews, are buried at the Schmelzer Friedhof (cemetery) with a great deal of public participation.

student Karl Heinrich Spitzer and the Jewish apprentice weaver Bernd Herschmann. Faithful to the ideals of the revolution, the dead were buried together in a single grave irrespective of their religion.

At the ceremony, the Protestant clergyman Josef Pauer and the Catholic priest Anton Füster demonstratively stepped aside to allow the Viennese Rabbi Isaac Noa Mannheimer to say prayers. Around 40,000 people attended the funeral. Mannheimer took the

wirkte deshalb die Straßenfront auch wie eine besonders schön gegliederte Hausfassade.

Im Hof errichtete Ignaz Reiser in der Zwischenkriegszeit ein kleines Winterbethaus.

Kuffner-Brauerei (heute Ottakringer Brauerei)
16., Ottakringer Straße 91

Untrennbar mit der Biererzeugung in Wien ist der Name Kuffner verbunden. Die Familie stammte aus dem mährischen Lundenburg, wo sie durch Branntweinbrennerei und Wollhandel zu Vermögen gekommen war. Im Jahr 1849 begann die Geschäftstätigkeit in Wien. Ignaz Kuffner (1822–1882) übernahm mit seinem Cousin Jakob ein Bräuhaus in Wien-Hernals. Ein Jahr später erwarben sie die vormals Plank'sche Brauerei in Ottakring, deren Kapazitäten sie rasch erhöhten. Durch verschiedene Innovationen – wie zum Beispiel den Einsatz von Presshefe, die die Lagerfähigkeit der Biere verbesserte – blieb die Produktion immer auf dem neuesten Stand der technischen Entwicklung. Bereits in den Siebzigerjahren des 19. Jahrhunderts war die Kuffner'sche Brauerei die viertgrößte Biererzeugerin in Wien.

Auch in sozialen Belangen war der Betrieb seiner Zeit voraus. Da die Verköstigung der Arbeiter in den umlie-

opportunity to urge emancipation: "Allow me to say a few words to my Christian brothers! You wanted the dead Jews to be laid to rest with you in your earth, in the earth together. They fought for you! They are lying in your earth! Grant those who have fought the same fight the possibility of living with you on the earth together, free and unfettered as you are."

An obelisk was erected on the grave, with the inscription "13 March 1848." When the cemetery was closed, the grave and obelisk were moved to the Zentralfriedhof in 1888 (group 26).

Hubergasse Synagogue
16., Hubergasse 8

Only a small plaque unveiled in 1988 recalls the synagogue for the community in the 16th district, built here in 1885/86 from plans by Ludwig Tischler. It was built between two houses, with which it formed a common façade. At first glance, the front of the synagogue looked simply like an elegant house façade.

In the courtyard, a small winter prayer house was built between the wars by Ignaz Reiser.

Kuffner (Ottakringer) Brewery
16., Ottakringer Strasse 91

The Kuffner family is inseparably associated with beer brewing in Vienna. The family came from Lundenburg in

genden Wirtshäusern zu kostspielig war und in den so genannten Volksküchen die Qualität zu wünschen übrig ließ, errichtete Ignaz Kuffner eine betriebseigene Speiseanstalt, in der billige, aber nahrhafte Kost verabreicht wurde. Die Arbeiter hatten Urlaubsanspruch und erhielten Sonderzulagen.

Kuffner, der zwischen 1869 und 1876 auch als Bürgermeister der Gemeinde fungierte, war als Wohltäter allgemein bekannt. 1873 wurde ihm das Ehrenbürgerrecht verliehen, fünf Jahre später erhob ihn Kaiser Franz Joseph I. als „Wohltäter der Armen" in den Adelsstand.

Nach Ignaz von Kuffners Tod übernahm sein Sohn Moritz (1854–1939) das Unternehmen und führte es bis zur Machtübernahme der Nationalsozialisten in Österreich weiter.

1938 verkaufte er seinen Betrieb in aller Eile noch vor Einrichtung der Vermögensverkehrstelle. Obwohl die Transaktion einigermaßen fair über die Bühne ging, musste die Familie einen beträchtlichen Vermögensverlust hinnehmen. Auch für den Käufer hatte die Abwicklung des Geschäftes unangenehme Folgen. Er wurde wegen „Tarnung jüdischen Vermögens" in Haft genommen und musste eine empfindliche Geldstrafe zahlen.

Moritz von Kuffner verstarb 1939 hochbetagt im Schweizer Exil. Nach Kriegsende wurde zwischen dem

Der Brauereibesitzer Ignaz von Kuffner wurde als „Wohltäter der Armen" geadelt.
The brewery owner Ignaz von Kuffner was ennobled as "benefactor of the poor."

Moravia, where it had made its fortune with a spirits factory and wool business. In 1849, they started operations in Vienna. Ignaz Kuffner (1822–1882) and his cousin Jakob took over the brewery in Hernals. In 1850, they purchased the Plank Brewery in Ottakring and quickly stepped up production there. Through a number of innovations, such as the use of pressed yeast, which improved the storage capacity of the beer, they were able to ensure that their production was always in keeping with the latest tech-

Käufer und der Familie ein Vergleich zustande gebracht, womit sich die Familie endgültig aus ihrem alten Metier zurückzog.

Palais Kuffner
16., Ottakringer Straße 118–120

1887 ließ Moritz von Kuffner dieses Palais für sich und seine Brüder Karl und Wilhelm erbauen und übersiedelte vom damaligen Wohnsitz im Brauereikomplex in ein standesgemäßes Quartier.

Das Haus wurde im Stil der Rothschild-Palais, allerdings in kleinerem Maßstab, errichtet. Bei zahlreichen Empfängen und Soireen verkehrten hier Intellektuelle und Politiker, der Kardinalerzbischof von Wien zählte ebenso zu den Gästen wie der Wiener Oberrabbiner oder der Sozialdemokrat Albert Sever. Letzterer trug vermutlich wesentlich dazu bei, dass Moritz von Kuffner namhafte Beträge in die Arbeiterheime in Ottakring und Favoriten investierte.

Kuffner war zwischen 1900 und 1919 Vorstandsmitglied der Israelitischen Kultusgemeinde. In Ottakring gründete er eine Bewahranstalt für israelitische Kinder, für die seine Frau angeblich jeden Tag ein Kleidungsstück strickte.

Moritz von Kuffners Interessen waren äußerst vielfältig. Er beschäftigte sich mit Philosophie und sammelte

nologies. In the 1870s, the Kuffner Brewery was already the fourth largest in Vienna.

The company was also ahead of its time in many respects in its treatment of its employees. As it was too expensive for the workers to eat in the nearby restaurants and popular kitchens left much to be desired in terms of quality, Ignaz Kuffner installed a canteen in the brewery selling nutritious meals at subsidized prices. The workers were also entitled to leave and received bonuses.

Ignaz Kuffner, who was also mayor of the district from 1869 to 1876, was known for his charity work. In 1873, he was made an honorary citizen and in 1878, Emperor Franz Joseph I ennobled him as a "benefactor to the poor."

After Ignaz von Kuffner's death, his son Moritz (1854–1939) took over the business and managed it until the Nazis came to power in Austria.

In 1938, Kuffner had to sell it in haste, before the demanded registration of Jewish assets. Although the sale was "reasonable," the family had to accept a considerable loss of assets. The purchaser also suffered unpleasant consequences. He was arrested for "concealment of Jewish assets" and had to pay a hefty fine. Moritz von Kuffner died in 1939 at a grand old age in Switzerland. After the war a settlement

Kunst – unter anderem besaß er eine bedeutende Sammlung von Dürer-Holzschnitten.

Seine großen Leidenschaften waren allerdings Mathematik, Astronomie und Bergsteigen. Eine besonders enge Freundschaft verband ihn mit dem Bergführer Alexander Burgener, mit dem er fast alle Viertausender der Alpen bestieg. Kuffner publizierte zahlreiche Artikel über die Geschichte des Bergsteigens und die alpine Literatur und Kunst in diversen Zeitschriften.

Kuffner-Sternwarte
16., Johann-Staud-Straße 10

Der Grundstein zur Sternwarte wurde 1884 auf den Kuffner'schen Gründen am Osthang des Gallitzinberges gelegt, zwei Jahre später erfolgte die Fertigstellung des vom k. u. k. Architekten Franz von Neumann junior, einem Schüler von August Sicard von Sicardsburg und Eduard van der Nüll, geplanten Gebäudes.

Der Bauherr Moritz von Kuffner (1854–1939) studierte an der Technischen Hochschule in Wien und trat dann in den Betrieb seines Vaters ein, den er ab 1882 leitete. Seine Erbschaft und seine erfolgreichen industriellen Unternehmungen ermöglichten es ihm, seinem astronomischen Hobby nachzugehen, wofür er bis zur Jahrhundertwende die stolze Summe von einer halben Million Gulden ausgab.

was made between the purchaser and the Kuffner family, which finally retired from their traditional business.

Palais Kuffner
16., Ottakringer Strasse 118–120

Moritz von Kuffner built a residence for himself and his brothers Wilhelm and Karl in 1887 to enable them to move from their former dwelling within the brewery to a residence in keeping with their station. It was in the style of the Rothschild residence, albeit on a smaller scale. Intellectuals and politicians, personalities such as the archbishop of Vienna, chief rabbi, and the Social Democrat Albert Sever attended the numerous receptions and soirées held there. Sever was probably responsible for the contributions made by Moritz von Kuffner to workers' homes in Ottakring and Favoriten.

Kuffner was also a member of the board of the Jewish Community from 1900 to 1919. In Ottakring he founded a Jewish children's home, for which his wife apparently knitted clothes every day.

Kuffner's interests were diverse and eclectic. He studied philosophy and collected works of art, including a significant collection of Dürer wood carvings.

His greatest passions, though, were mathematics, astronomy, and mountain climbing. He was a close friend

Die Kuffner-Sternwarte beschäftigte so bedeutende Astronomen wie Karl Schwarzschild, Leo de Ball, Samuel Oppenheim oder Gustav Eberhard und machte bald nach ihrer Inbetriebnahme durch überaus bedeutende wissenschaftliche Leistungen auf sich aufmerksam. Im Laufe der Zeit etablierte sie sich zu einer ernst zu nehmenden Konkurrenz für die Universitätssternwarte.

Während des Ersten Weltkrieges kamen die wissenschaftlichen Aktivitäten der Sternwarte zum Stillstand, in der Zwischenkriegszeit bemühte sich Kuffner, die Sternwarte unter der Leitung Oppenheims als Universitätsinstitut einzurichten. 1928 kam ein Vertrag zwischen der Österreichischen Akademie der Wissenschaften und Moritz von Kuffner zustande, in welchem Letzterer der Akademie seine Sternwarte für 15 Jahre zur Nutzung überließ. Kuffner erklärte sich auch bereit, die Reparatur der astronomischen Instrumente zu finanzieren.

1933 trat die Akademie von ihrem Vertrag zurück und ließ den nunmehr 80-jährigen Industriellen mit der Sorge um die Sternwarte allein. Im Jahr 1938 wurde Kuffner aus Österreich vertrieben und verstarb bald darauf in seinem Schweizer Exil.

Die Sternwarte wurde von der Ortsgruppenleitung der NSDAP besetzt und 1944 an das Reichsministerium

of the mountaineer Alexander Burgener, with whom he climbed practically all the 4,000 meter peaks in the Alps. He wrote numerous articles on the history of mountaineering and Alpine literature and art in magazines.

Kuffner Observatory
16., Johann-Staud-Strasse 10

The foundation stone for the observatory was laid in 1884 on the Kuffner estate on the east side of the Gallitzinberg hill. Two years later it was completed by imperial architect Franz von Neumann junior, a student of August Sicard von Sicardsburg and Eduard van der Nüll.

Moritz von Kuffner (1854–1939), who commissioned the observatory, started working in his father Ignaz's business after studying at the Technical University of Vienna and managed it from 1882 onwards. Thanks to his inheritance and his own successful industrial undertakings, he was able to pursue his passion for astronomy. Indeed, by the end of the century he had spent no less than half a million guilders on his hobby.

The Kuffner Observatory employed reputed astronomers, for instance Karl Schwarzschild, Leo de Ball, Samuel Oppenheim, and Gustav Eberhard, and it quickly established itself as a serious rival to the university observatory. During World War I, research was

für Wissenschaft verkauft, nach dem Krieg zogen Organisationen der SPÖ und ÖVP in das Gebäude ein.

1950 wurde der gesamte Besitz an die Familie Kuffner rückgestellt, die die Liegenschaft mit der Auflage, die Sternwarte fortan der Erwachsenenbildung zur Verfügung zu stellen, veräußerte.

Egon-Friedell-Wohnhaus
18., Gentzgasse 7

In diesem Hause lebte Egon Friedell (eigentlich Egon Friedmann, 1878–1938). Er machte sich sowohl als Kulturwissenschaftler (*Kulturgeschichte der Neuzeit*, 3 Bände, 1927–31, und *Kulturgeschichte des Altertums*, 2 Bände, 1936/49) als auch als Feuilletonist, Schriftsteller, Kritiker und Schauspieler einen Namen. Zu seinen engen Freunden zählten Peter Altenberg und Alfred Polgar.

1908–1910 leitete er das berühmte Cabaret Fledermaus, ab 1913 spielte er unter der Regie von Max Reinhardt in Berlin und Wien.

Zwei Tage nach dem „Anschluss" läuteten SA-Männer an Friedells Wohnungstür. Friedell geriet in Panik und verübte Selbstmord, indem er aus dem Fenster sprang. Wie viele seiner Zeitgenossen hatte er zwar die sich abzeichnende Gefahr erkannt, aber nicht die Kraft besessen, Österreich rechtzeitig zu verlassen.

suspended, but after the war Kuffner made efforts to have the observatory established as a university institute under Oppenheim's direction.

In 1928, a contract was signed giving the Austrian Academy of Science use of the observatory for 15 years. Kuffner agreed to finance the repair of the astronomical instruments.

In 1933, the Academy of Science withdrew from the contract and the 80-year-old Kuffner was left to look after the observatory on his own. In 1938, Kuffner was expelled from Austria and died soon afterwards in Swiss exile.

The observatory was occupied by the local Nazi party and sold to the Reich Ministry of Science in 1944. After the war it was used by the SPÖ and ÖVP political parties. In 1950, the Kuffners regained possession of the estate, which they subsequently sold on the condition that it be used for adult education.

Egon Friedell's House
18., Gentzgasse 7

In this house lived Egon Friedell (real name Egon Friedmann, 1878–1938). He was famous as a cultural historian (*Kulturgeschichte der Neuzeit*, 3 volumes, 1927–31, and *Kulturgeschichte des Altertums*, 2 volumes, 1936/49) and as an essayist, writer, critic, and actor. His close friends included Peter

Rothschild-Spital
18., Währinger Gürtel 97

An der Stelle des Wifi, des Wirtschafts-
förderungsinstituts der Kammer der
gewerblichen Wirtschaft stand einst
das berühmte Rothschild-Spital.

Da das alte Spital der Israelitischen
Kultusgemeinde in der Seegasse ab
der zweiten Hälfte des 19. Jahrhunderts nicht mehr den Anforderungen
der Zeit entsprach, suchte man nach
Möglichkeiten, eine neue Kranken-
anstalt zu errichten. Nach einigen
Verhandlungen erklärte sich Anselm
Salomon Freiherr von Rothschild bereit, die Finanzierung des neuen jüdischen Krankenhauses zu übernehmen.

Bereits bei der Planung verlangte die
Kultusgemeinde, dass beim Bau die
neuesten Erfahrungen auf dem Gebiet
des Spitalswesens zu berücksichtigen
seien. Wilhelm Stiassny errichtete nach
zahlreichen Diskussionen mit Ärzten
ein vorbildliches Bauwerk, der auf die
Bedürfnisse von Personal und Patienten Rücksicht nahm. Berühmte Ärzte
der Wiener medizinischen Schule
praktizierten im Rothschild-Spital, so
etwa Leopold Oser (1839–1910), Otto
Zuckerkandl (1861–1921) und Viktor
E. Frankl (1905–1997). Nach dem
Einmarsch der Nationalsozialisten in
Österreich bestand das Spital noch bis
1942. Die SS beschlagnahmte das Gebäude und verwendete es als Lazarett.
Das Israelitische Hospital hatte in die

Altenberg and Alfred Polgar. From
1908 to 1910, he directed the famous
Cabaret Fledermaus, and from 1913,
he performed under the direction of
Max Reinhardt in Berlin and Vienna.
Two days after the *Anschluss*, SA men
knocked at his door and he jumped
out of the window in panic and died.
Like many of his contemporaries, he
had recognized the growing danger
but had not had the energy to leave
Austria in time.

Rothschild Hospital
18., Währinger Gürtel 97

The Wifi, the Austrian Chamber of
Commerce's Institute of Business Pro-
motion, stands today on the site of
the renowned Rothschild Hospital.

As the old Jewish hospital in Seegasse no longer met the demands of the
times, in the second half of the 19th
century the Jewish Community considered possibilities erecting a new
hospital. After discussions with the
Community, Anselm Salomon Freiherr von Rothschild agreed to finance
a new Jewish hospital.

Even as the Rothschild hospital was
being planned, the Community insist-
ed that it take the latest findings in
hospital technology into consideration.
Wilhelm Stiassny, the architect, spent
considerable time in consultation with
doctors before finalizing the plans that
took account of the demands of both

Wien, XVIII. Rothschild Stiftung.

Das von Wilhelm Stiassny erbaute Rothschild-Spital am Gürtel. Heute findet sich an dieser Stelle ein Zweckbau aus den 1970er-Jahren.

The Rothschild hospital on the Gürtel (beltway) in Vienna built by Wilhelm Stiassny. Today, there is a 1970's administrative building at the site.

Malzgasse 16 in den zweiten Bezirk zu übersiedeln.

Durch Bombentreffer beschädigt, wurde das Rothschild-Spital nach dem Zweiten Weltkrieg als Lager für so genannte *displaced persons* verwendet. Insgesamt befanden sich in der Nachkriegszeit über 1,5 Millionen Flüchtlinge unterschiedlicher Herkunft und Ziele in Österreich. Allein im Sommer 1946 gingen 52.000 Personen durch das Lager im ehemaligen Rothschild-Spital. 1947 mussten vor allem rumä-

staff and patients. A number of famous doctors from the Vienna school of medicine worked at the hospital, including Leopold Oser (1839–1910), Otto Zuckerkandl (1861–1921), and Viktor E. Frankl (1905–1997).

After the Nazis came to power, the hospital continued to operate until 1942, when it was commandeered by the SS and used as a military hospital. The Jewish hospital was required to move to Malzgasse in the 2nd district. The building, which was damaged by

nische Flüchtlinge betreut werden, was dazu führte, dass sich zeitweise bis zu 8000 Personen im Spital aufhielten. Erst 1953 wurde das Gebäude an die Kultusgemeinde rückgestellt. Da diese kein Geld hatte, das stark beschädigte Haus instand zu setzen, verkaufte sie es 1959 an die Kammer der gewerblichen Wirtschaft.

Währinger Tempel
18., Schopenhauerstraße 39

Im Jahr 1988 wurde an dem Wohnhaus eine Gedenktafel angebracht, die an die nach Plänen des Architekten Jakob Modern 1888/89 errichtete Synagoge erinnert. Das Gotteshaus war in der Form einer Basilika gestaltet und im arabischen Stil ausgemalt. Es bot Platz für rund 500 Gläubige. Gleichzeitig mit der Synagoge wurde auch ein kleiner beheizbarer Wintertempel eingerichtet.

Die Synagoge wurde 1938 während des Novemberpogroms zerstört.

Währinger Friedhof
18., Semperstraße 64 a

Der Währinger Friedhof wurde in der Zeit von 1783 bis 1879 belegt, Nachbelegungen in bestehende Familiengräber und -grüfte erfolgten bis ins Jahr 1884.

Die Grabstätte wurde kurz nach dem Toleranzpatent Josephs II. angelegt und spiegelt das Schwanken zwischen

bombs during the war, was used as a center for displaced persons. After the war, some 1.5 million refugees found their way to Austria and more than 52,000 people passed through the DP center in the summer of 1946 alone. In 1947, there was a massive influx of refugees from Romania and the hospital was required to accommodate no less than 8,000 people at a time. It was not until 1953 that the hospital was given back to the Jewish Community. As it had no money to repair the damaged building, it sold it in 1959 to the Chamber of Industry.

Währing Temple
18., Schopenhauerstrasse 39

In 1988, a plaque was affixed to the apartment building here to recall the synagogue built by Jakob Modern in 1888/89. It was in the form of a basilica painted in Arab style and seated 500 worshippers. A small, but heatable winter temple was constructed at the same time.

The synagogue was destroyed during the November Pogrom in 1938.

Währing Cemetery
18., Semperstrasse 64 a

The Währing cemetery was used from 1783 to 1879, with family members being buried in existing graves and crypts until 1884. It was laid out not long after the pronouncement of the

fortschreitender Assimilation und dem Aufrechterhalten jüdischer Traditionen wider.

Zu den berühmtesten Persönlichkeiten, die hier bestattet wurden, gehören Fanny und Nathan von Arnstein.

Zu Jahresbeginn 1941 beschloss der Wiener Gemeinderat, dass die jüdischen Friedhöfe Wiens aufgelöst werden sollten. Der Währinger Friedhof wurde in eine Grünanlage und ein Vogelschutzgebiet umgewidmet. Eine besonders grausame Idee hatten die Nationalsozialisten um die Jahreswende 1941/42, als sie noch in Wien lebende Juden zwangen, hunderte hier begrabene Personen zu exhumieren und zu pseudowissenschaftlichen Vermessungszwecken ins Wiener Naturhistorische Museum zu bringen.

1947 wurden der Israelitischen Kultusgemeinde 220 dieser Skelette zur Wiederbestattung zurückgegeben.

Ein beträchtlicher Teil des Währinger Friedhofs wurde während des Krieges zerstört, da man auf dem Areal einen Löschwasserteich anlegte. Heute steht dort der Schnitzler-Hof, ein Gemeindebau. Von den ursprünglich zirka 9500 Gräbern existieren heute noch etwa 7000.

Synagoge Dollinergasse
19., Dollinergasse 3

Das Wohnhaus samt Gewerbebetrieb lässt wenig erahnen von der einstigen

Der wunderschöne Währinger Friedhof ist aufgrund langwieriger Renovierungsarbeiten derzeit leider nicht öffentlich zugänglich.

The extraordinarily beautiful cemetery in Währing is currently not accessible to the public due to lengthy renovation work.

Tolerance Patent by Joseph II, and the tombstones reflect the gradual assimilation of the Jews and their efforts to maintain the Jewish tradition. Among the most famous people buried here are Fanny and Nathan von Arnstein.

It was decided at a meeting of the municipal authorities in early 1941,

Funktion und Schönheit des Gebäudes. 1907 wurde das Haus nach Plänen des Architekten Julius Wolmuth im Jugendstil für eine Synagoge adaptiert. Die Fassadengestaltung mit giebelförmigen Seitenrisaliten verlieh dem Gebäude ein palaisartiges Aussehen. Die Schmalseite zur Dollinergasse war durch ein ornamentiertes Rundbogenfenster aufgewertet.

Nach 1938 wurde das Gebäude jeglichen Fassadenschmucks beraubt; alles, was an religiösen Verwendungszweck erinnerte, wurde entfernt.

Waisenhaus für israelitische Mädchen (Charlotte-Merores-Itzeles-Stiftung)
19., Bauernfeldgasse 4
9., Währinger Straße 24

Dieses Waisenhaus ging auf eine testamentarische Stiftung von Charlotte Merores-Itzeles zurück, die nahezu ihr gesamtes Vermögen von rund zwei Millionen Kronen der Errichtung und Erhaltung eines Waisenhauses für israelitische Mädchen widmete. Zur Kapitalanlage wurde 1899 das Stiftungshaus in der Währinger Straße und 1902 bis 1904 das Waisenhaus in der Bauernfeldgasse errichtet. Beide Gebäude wurden von Wilhelm Stiassny geplant und ausgeführt. Auf dem Haus in der Währinger Straße ist noch heute sehr gut die Inschrift zu erkennen. Das Waisenhaus in der

to close all the Jewish cemeteries in Vienna. Währing cemetery was converted into a park and bird sanctuary. The Nazis had a particularly vicious idea in 1941/42, when they forced Jews still living in Vienna to exhume hundreds of bodies buried in the cemetery and to transport them to the Natural History Museum, for pseudo-scientific anthropometrical purposes. In 1947, 220 of these skeletons were returned to the Jewish Community of Vienna for reburial.

Part of Währing cemetery was destroyed during the war to make a reservoir containing water to put out fires. The Schnitzler-Hof public apartment complex stands in its place today. Of the original 9,500 graves, only around 7,000 still exist.

Dollinergasse Synagogue
19., Dollinergasse 3

The present-day apartment block and workshop give no inkling of the former function and beauty of this building. In 1907, it was adapted by Julius Wolmuth as a synagogue in Art Nouveau style. The façade with its gabled side projections gave the building a palatial style. The narrow side facing Dollinergasse had a decorative round-arched window.

After 1938, the decorative elements on the façade disappeared and everything that could have recalled the

Bauernfeldgasse wurde auf einem 7600 m² großen Gartengrundstück errichtet, das Gebäude selbst nahm 856 m² ein. Es umfasste drei Geschoße und ein Tiefparterre.

Die Gebäudeanlage wurde von einem glasgedeckten Hof beherrscht, der alle drei Stockwerke umfasste und von dem aus alle Räume zugänglich waren. In die Anlage integriert waren ein Festsaal, der gleichzeitig als Lehr- und Übungsraum diente, ein Speisesaal sowie ein Turnsaal zur körperlichen Ertüchtigung der Waisen. Neben der testamentarischen Stiftung von Charlotte Merores-Itzeles vermachte auch der nicht dem jüdischen Glauben angehörende österreichisch-ungarische Generalkonsul Carl B. Prumler seinen gesamten Nachlass dem Waisenhaus. Sein Interesse für die Anstalt war durch mehrere Besuche geweckt worden, bei denen ihn die Arbeit für die Waisenmädchen tief beeindruckt hatte. Nach 1918 schlitterte das Waisenhaus – wie viele andere humanitäre Anstalten – in eine tiefe finanzielle Krise. Die meisten Stiftungsvermögen wurden durch die Inflation nahezu vollkommen entwertet, sodass die Institution nur dank großer Mühen eines speziell dafür eingerichteten Komitees erhalten werden konnte.

Trotzdem versuchte man auch weiterhin, den Kindern die bestmögliche Betreuung zu sichern. Der Beginn der building's earlier religious purpose was removed.

Orphanage for Jewish girls (Charlotte Merores-Itzeles Foundation)
19., Bauernfeldgasse 4
9., Währinger Strasse 24

This orphanage for Jewish girls was bequeathed by Charlotte Merores-Itzeles, who donated practically her entire fortune of around 2 million crowns for its construction and running. The foundation in Währinger Strasse was set up in 1899 and the orphanage built from 1902 to 1904 in Bauernfeldgasse. Both buildings were designed by Wilhelm Stiassny. The inscription can still be seen on the building in Währinger Strasse.

The orphanage in Bauernfeldgasse was built on a 7,600 m² estate and the building itself occupied 856 m². It had three floors and a basement, and the glass-roofed courtyard was accessible from all three floors. The building also included a ballroom that doubled as a lecture theatre and exercise room, a dining room and a gymnasium.

Apart from Charlotte Merores-Itzeles's bequest, the Austro-Hungarian consul general Carl B. Prumler, who was not a Jew, also bequeathed his entire estate to the orphanage. He had made a number of visits and was deeply impressed by the facility.

nationalsozialistischen Schreckensherrschaft bedeutet 1938 das endgültige Aus für das Waisenhaus.

Heute befindet sich auf diesem Gelände das Sanatorium Maimonides-Zentrum, das von der Kultusgemeinde betrieben wird und sowohl eine Tagesstätte und Plegewohnheim für alte Menschen als auch zwei Bettenstationen unterhält.

Villa Wertheimstein
19., Döblinger Hauptstraße 96

Der alte Tullnerhof, der im Vormärz von dem berühmten Industriellen Rudolf Arthaber gekauft und restauriert worden war, wurde 1876 vom Bankier Leopold Wertheimstein gekauft. Wertheimstein war Prokurist des Bankhauses Rothschild und gehörte zu jenen Juden, die ihre hohe soziale Stellung im Kampf um die Anerkennung der Kultusgemeinde einsetzten. Wertheimstein wurde 1853 zum ersten Präsidenten der Israelitischen Kultusgemeinde gewählt.

Seine Gattin Josefine führte ebenso wie seine Tochter Franziska (1844 bis 1907) einen Salon. Zu den Freunden des Hauses zählte Ferdinand von Saar, der von Franziska auch finanziell unterstützt wurde. Sie vererbte die Villa samt der prächtigen Einrichtung und dem Park der Stadt Wien. Heute finden sich in diesem Haus Gedenkräu-

Between the wars the orphanage, like many other welfare institutions, experienced serious financial difficulties. Most foundations had lost practically all their assets during World War I, and the institution was only able to survive thanks to the considerable efforts of a committee specially formed for the purpose. The staff continued to look after the children as best they could, but the rise of the Nazi terror in 1938 marked the end of the orphanage.

Today, the site is occupied by the Maimonides Center, a sanatorium run by the Jewish Community, and contains a day care center and home for the elderly and two hospital wards.

Villa Wertheimstein
19., Döblinger Hauptstrasse 96

The former Tullnerhof, which was bought and restored by the famous industrialist Rudolf Arthaber in the first half of the 19th century, was purchased by the banker Leopold Wertheimstein in 1876. Wertheimstein was authorized signatory of the Rothschild bank and was one of the Jews who used their social status to fight for recognition of the Jewish community. In 1853, he was elected first president of the Jewish Community. His wife Josefine and their daughter Franziska (1844–1907) ran a salon. Among the close friends of the family was the

me für Saar und Eduard von Bauernfeld sowie das Döblinger Bezirks- und
das Döblinger Weinbaumuseum.

Villa Werfel
19., Steinfeldgasse 2

Am Höhepunkt seiner klassizistischen
Phase erbaute Josef Hoffmann im
Jahr 1909 als letztes Gebäude seines
„Hoffmann-Konglomerats" auf der
Hohen Warte diese Villa für den Bau-
ingenieur Eduard Ast.

Franz Werfel erstand 1931 die Villa
für sich und seine Frau Alma Mahler-
Werfel, die ihm das dritte Stockwerk
zu einem Arbeitsatelier umbauen ließ.
Trotzdem fühlte sich der Bohemien
Werfel, der vorher an verschiedensten
Orten gelebt hatte – unter anderen im
Grabenhotel und im Hotel Bristol –,
in dem luxuriösen Repräsentativbau
nie wohl. Alma Mahler-Werfel mach-
te den Salon dieser Villa zu einem
Treffpunkt der Intellektuellen ihrer
Zeit, unter anderen verkehrten dort
Ernst Bloch, Hermann Broch, Elias
Canetti, Egon Friedell, Ödön von
Horváth, Thomas Mann, Arnold
Schönberg, Fritz Wotruba und Carl
Zuckmayer.

Franz Werfel (1890–1945) ließ sich
nach seinem Studium in Leipzig und
nach seinem Dienst als Soldat an der
russischen Front in Wien nieder. Seinem Pazifismus verlieh er durch die
1919 erschienenen Gedichte in *Der*

Alma Mahler-Werfel, zu Beginn des
20. Jahrhunderts die wohl begehrteste
Frau Wiens.

Alma Mahler-Werfel, probably the most
sought-after woman in Vienna at the
beginning of the twentieth century.

writer Ferdinand von Saar, who also
received financial support from Franziska. She bequeathed the villa and its
magnificent furnishings and park to
the city of Vienna. Today it contains a
memorial to von Saar and Eduard von
Bauernfeld, together with the Döbling
local museum and a wine-growing
museum.

Villa Werfel
19., Steinfeldgasse 2

At the height of his classicist phase,
Josef Hoffmann built this villa, the
last of the "Hoffmann conglomerate"

Gerichtstag Ausdruck. 1933 veröffentlichte er den Roman *Die vierzig Tage
des Musa Dagh*, der den aussichtslosen
Kampf der Armenier gegen ihre Vernichtung durch die Türken und das
tatenlose Zusehen der Weltmächte
schilderte.

Nach dem „Anschluss" emigrierte er
mit seiner Frau nach Frankreich und
von dort weiter in die USA, wo es ihm
gelang, zahlreiche eigene Werke auf
die Bühne zu bringen beziehungsweise
zu verfilmen.

Werfel nahm sich in einigen Werken
christlicher Themen an – etwa in *Das
Lied von Bernadette* (1941) –, wehrte
sich aber gegen die Behauptung, er
habe sich dem Christentum angenä-
hert: „Ich bin nicht getauft! Ich werde
mich niemals taufen lassen! Ich habe
niemals vom Judentum fortgestrebt,
ich bin im Fühlen und Denken be-
wusster Jude!"

Knabenwaisenhaus des Vereines zur Versorgung hilfsbedürftiger israelitischer Waisen
19., Probusgasse 2

Bis vor kurzem stand hier ein völlig
verwahrlostes Gebäude, das nun abgerissen wurde. Damit wurde das einst
größte israelitische Waisenhaus Wiens,
das 65 Knaben beherbergte, dem Erd-
boden gleichgemacht. Ebenso wie das
Mädchenwaisenhaus in der Ruthgasse
wurde es vom „Verein zur Versorgung

on Hohe Warte, for the construction
engineer Eduard Ast in 1909. Franz
Werfel (1890–1945) bought the villa
in 1931 for himself and his wife Alma
Mahler-Werfel, who had the third
floor converted into an atelier.

Werfel the Bohemian, who had lived
previously in many different places—
including the Grabenhotel and Hotel
Bristol—never felt at home in this lux-
urious residence. Alma Mahler-Werfel
made her salon into a meeting place
for the intellectuals of the time, including Ernst Bloch, Hermann Broch,
Elias Canetti, Egon Friedell, Ödön
von Horváth, Thomas Mann, Arnold
Schönberg, Fritz Wotruba, and Carl
Zuckmayer.

The writer Franz Werfel settled in
Vienna after studying in Leipzig and
serving in the Austrian army on the
Russian front. He gave expression to
his pacifism in a series of war poems
entitled *The Day of Judgement*, published in 1919. In 1933 his novel *The
Forty Days of Musa Dagh* appeared. It
described the hopeless struggle of the
Armenians against destruction by the
Turks while the world powers looked
on passively.

After the *Anschluss,* Werfel and his
wife emigrated to France and then to
the United States, where many of his
works were performed on stage and
turned into films. In some of his literary works, Franz Werfel addressed

hilfsbedürftiger israelitischer Waisen" erhalten. Der Verein mit Sitz in der Seitenstettengasse wurde 1861 gegründet und hatte es sich zum Ziel gesetzt, hilfsbedürftige verwaisten Knaben und Mädchen der Israelitischen Kultusgemeinde Wiens durch moralische Einwirkung und Unterricht sowie durch Geldmittel eine zeitweilige Versorgung oder eine Unterstützung zur Erlangung einer selbstständigen Existenz zu gewähren.

Der Verein trug auf verschiedene Art und Weise Sorge für seine Zöglinge. Entweder wurden die Kinder in das Waisenhaus aufgenommen und dort versorgt, oder der Verein zahlte einmal oder auch wiederholt Erziehungsbeiträge aus. Um 1900 hatte der Verein etwas mehr als 900 zahlende Mitglieder. Als Folge der Inflation nach dem Ersten Weltkrieg verloren viele Stiftungen in der Zwischenkriegszeit ihren ursprünglichen Wert, sodass die Geldmittel zur Erhaltung der Waisenhäuser von den Vereinsmitgliedern nur mehr unter großen Mühen aufgebracht werden konnten.

1938 kam durch die nationalsozialistische Schreckensherrschaft für das Knabenwaisenhaus – wie für alle anderen jüdischen Institutionen auch – das Ende. Die Vereine wurden aufgelöst, ihr Vermögen „arisiert", und die meisten Kinder in die osteuropäischen Vernichtungslager deportiert.

Christian themes, for example in *The Song of Bernadette* (1941), for example, but denied being attracted by Christianity: "I am not baptized and never shall be! I have never abandoned Judaism, I am Jewish in my thoughts and feelings!"

Boys' Orphanage of the Association for Needy Jewish Orphans
19., Probusgasse 2

Until recently, a completely desolate building stood on this site which has now been demolished. It used to be the largest Jewish orphanage in Vienna, with accommodation for 65 boys. Like the girls' orphanage on Ruthgasse it was run by the Association for Needy Jewish Orphans. This Association, with its headquarters in Seitenstettengasse, was founded in 1861 to help needy orphaned boys and girls from the Jewish community by providing them with education and moral guidance and also giving them food and shelter until they could manage on their own.

The association provided support for its wards in various ways. The children were either accommodated and looked after in the orphanage or they were given single or regular payments for their education. Around the turn of the century, the association had over 900 paying members. As a consequence of World War I, many foun-

Israelitisches Blindeninstitut
19., Hohe Warte 32

Heute befindet sich in dem früheren Institutsgebäude das Polizeikommissariat für den 19. Wiener Gemeindebezirk. Nichts erinnert mehr daran, dass sich hier einst eine der berühmtesten und wichtigsten Institutionen der Blindenerziehung befand.

Die Gründung des Blindeninstitutes auf der Hohen Warte ging auf eine Initiative von Ludwig August Frankl zurück, Dichter und Revolutionär des Jahres 1848, Generalsekretär und Archivar der Wiener Israelitischen Kultusgemeinde. Für diese Gründung und für andere Leistungen wurde dem ehemaligen Revolutionär der Adelstitel Ritter von Hochwarth verliehen.

Eine großzügige Stiftung von Baron Jonas von Königswarter sicherte den Bau der Anstalt, der vom Architekten Wilhelm Stiassny geplant wurde. Im Dezember 1872 konnte das Blindeninstitut eröffnet werden. Die Anstalt verfügte über ein Areal von 6060 m², wovon 767 m² verbaut waren, sowie über Schlafsäle für 22 Mädchen und 32 Knaben, vier Lehrsäle, einen Betraum und einen Turnsaal. Außerdem war das Haus mit Werkstätten für die Blinden ausgestattet. Das Institut entsprach zeit seines Bestehens sämtlichen modernen Anforderungen der Blindenpädagogik. Die Grundlagen der Erziehung waren vor allem die

dations lost much of their assets, and funds to run the orphanages could only be obtained with the greatest difficulty.

With the arrival of the Nazi terror in 1938, all Jewish institutions were closed down. The associations were dissolved and most of the children deported to Eastern Europe where they were put to death in the extermination camps.

Jewish Institute for the Blind
19., Hohe Warte 32

The site of the former Institute for the Blind is now occupied by the police station for the 19th district. There is no indication that one of the most famous and important institutions for educating the blind was once housed there.

The institute was founded by Ludwig August Frankl, poet and participant in the 1848 revolution, and secretary general and archivist of the Jewish Community of Vienna. For this and other services, the former revolutionary was awarded the title Ritter von Hochwarth. A generous donation by Baron Jonas von Königswarter enabled the building of the institute, which was designed by Wilhelm Stiassny.

It opened in December 1872 on a site of 6,060 m², of which the building itself took up 767 m². There were dormitories for 22 girls and 32 boys,

„Veredelung" der Anlagen, die gründliche Geistesbildung und die zur vollen Erwerbstätigkeit führende Arbeit. Neben Gewerbe und Handwerk wurde besonderer Wert auf die musikalische Ausbildung gelegt. Die Schüler konnten etwa die Staatsprüfung für das Musiklehramt ablegen und als Klavierstimmer und Organisten arbeiten.

Nach Verlassen des Instituts wurden die Schüler bei der Existenzgründung und der weiteren Berufslaufbahn unterstützt. Das Institut gehörte zu den führenden Einrichtungen der Blindenerziehung in Europa. Ein Jahr nach dem „Anschluss" wurde das Institut geschlossen, die Schüler wurden zu den Eltern zurückgeschickt und kamen großteils in Vernichtungslagern um.

Mädchenwaisenhaus des Vereines zur Versorgung hilfsbedürftiger israelitischer Waisen
19., Ruthgasse 21

Das noch heute existierende Gebäude des Mädchenwaisenhauses wurde im Jahr 1891 nach Plänen von Architekt Max Fleischer errichtet. Die Baukosten sowie die Einrichtung wurden zur Gänze von den Brüdern Wilhelm und David Ritter von Gutmann getragen. Der „Verein zur Versorgung hilfsbedürftiger israelitischer Waisen" unterhielt das Heim, das durchschnittlich 60 Mädchen beherbergte. Ziel des Mädchenwaisenhauses war es, den

four classrooms, a prayer room and a gymnasium, as well as a workshop.

The institute incorporated all the latest findings in education for the blind, which was based on developing natural talents, in-depth intellectual training, and work that would enable the young adults to earn their living. Apart from commerce and handicrafts, particular attention was paid to the musical education of the pupils, leading to qualifications to teach music or to work as piano tuners and organists.

After they left the institute, the former pupils were provided with additional support as they made their way in the world. The institute was one of the leading facilities of its kind in Europe.

In 1939, a year after the *Anschluss*, the institute was closed and the pupils were sent back to their parents. Most of them ended up in the Nazi death camps.

Girls' Orphanage of the Association for Needy Jewish Orphans
19., Ruthgasse 21

The building which housed the girls' orphanage still exists today. It was built in 1891 from a design by Max Fleischer. The construction costs were paid for in their entirety by Wilhelm and David Ritter von Gutmann. The Association for Needy Jewish Orphans ran the home, which could accommo-

Zöglingen eine Ausbildung zu ermöglichen, die sie auf ein eigenständiges Leben vorbereiten sollte. Mit 16 oder 17 Jahren mussten sie das Waisenhaus verlassen. Im Eingang erinnert noch heute eine Tafel an Sophie Gutmann, die Ehefrau von David Gutmann, die Vizepräsidentin eines Unterstützungsvereines für das Waisenhaus war.

Im Jahre 1936 musste das Mädchenwaisenhaus wegen Geldmangels aufgelassen werden. Die Kultusgemeinde richtete danach eine Sommertagesheimstätte ein, in der alljährlich etwa 400 bedürftigen jüdischen Kindern Erholungsmöglichkeiten angeboten wurden. 1935 wurde das Programm erweitert und ein Erholungsheim in Payerbach an der Rax mit dazugehörigen Wald- und Wiesengründen erworben. Im Rahmen der Aktion „Kinder aufs Land" konnten dort in den Sommermonaten jedes Jahr 4000 jüdische Kinder betreut werden.

Ralph-Benatzky-Gedenktafel
19., Himmelstraße 5

In Grinzing hing schon einmal eine Gedenktafel für den Komponisten Ralph Benatzky (1884–1957); als Dank für sein Lied „Ich muss wieder einmal in Grinzing sein" wurde sie 1936 enthüllt, zwei Jahre später von den Nazis aber wieder abgenommen und eingeschmolzen. Benatzky zählte zu den bedeutendsten Vertretern der

date 60 girls. The aim was to give the wards training to prepare them to fend for themselves. They were obliged to leave the orphanage at the age of 16 or 17. At the entrance, there is still a plaque dedicated to Sophie Gutmann, the wife of David Gutmann and vice-president of the Association.

In 1936, the orphanage was closed for lack of funds. The Jewish Community set up a summer day care center, which every year provided facilities for 400 needy Jewish children. In 1935, the program was extended and a holiday home in Payerbach an der Rax with forestland and fields was opened. In the summer months, some 4,000 Jewish children were able to enjoy the facilities as part of the "Children in the Country" campaign.

Ralph Benatzky Memorial
19., Himmelstrasse 5

This is the second memorial to Ralph Benatzky (1884–1957) in Grinzing. The first one was unveiled in 1936 in gratitude for his song *Ich muss wieder einmal in Grinzing sein*, only to be removed and melted down two years later by the Nazis.

Benatzky was one of the great composers of the "silver operetta era." His most well known work was *The White Horse Inn*, which was performed for the first time in 1930 in Berlin. It was received enthusiastically not only there

silbernen Operettenära. Seine bekannteste Operette ist *Im Weißen Rößl*, die im Jahr 1930 in Berlin uraufgeführt und ein Riesenerfolg wurde – nicht nur in Berlin, sondern auch in Wien, London, Rom, Paris und in Kairo.

Insgesamt schuf Benatzky über 5000 Kompositionen, weiters die Musik zu über 200 Filmen und zwei Opern; zu fast allen Liedern hat er auch den Text verfasst. Für *Hunderttausend Kinderhände*, das er nach dem Ersten Weltkrieg schrieb, wurde er zum Ritter der französischen Ehrenlegion ernannt.

Benatzky wanderte 1938 nach Paris aus, wo er alle die wiedersah, die am *Weißen Rößl* beteiligt waren: Karl Farkas und Siegfried Arno, die in Wien respektive Berlin den Sigismund gespielt hatten, Robert Gilbert, den Texter, Bruno Granichstaedten, den Komponisten der Einlage *Zuschau'n kann i net*, Max Hansen, den Leopold aus der Berliner Uraufführung, und Robert Stolz, der die Evergreens *Mein Liebeslied muß ein Walzer sein* und *Die ganze Welt ist himmelblau* komponiert hatte. Mit Ausnahme von Robert Stolz mussten alle Genannten aus „rassischen" Gründen Schutz in der Emigration suchen. Stolz war aus ideologischen Gründen emigriert und wollte erst wieder zurückkehren, wenn die Nazis nicht mehr an der Macht seien. Im Mai 1940 flüchtete Benatzky mit seiner Gattin in die USA, wo es ihm

and in Vienna but also in London, Rome, Paris, and even Cairo.

Altogether Benatzky wrote well over 5,000 compositions, as well as music for over 200 films and two operas. He also wrote the lyrics to practically all his songs. For *Hunderttausend Kinderhände*, a song he penned after World War I, he was made a Knight of the French League of Honor.

Benatzky in 1938 emigrated to Paris, where he met up with everyone who had been involved in *The White Horse Inn*: Karl Farkas and Siegfried Arno, who had played Sigismund in Vienna and Berlin, respectively, the librettist Robert Gilbert, Bruno Granichstaedten, the composer of the intermezzo *Zuschau'n kann i net*, Max Hansen, who played Leopold at the Berlin premiere, and Robert Stolz, who composed the evergreens *Mein Liebeslied muss ein Walzer sein* and *Die ganze Welt ist himmelblau*.

Apart from the latter, all the others were forced into emigration on "racial" grounds. Stolz had emigrated for ideological reasons and did not intend to return until the Nazis were no longer in power.

In May 1940, Benatzky fled with his wife to the U.S., where he was unable to continue the successful career he had enjoyed before the war. "America is no place for me, my music, my lyrics, my style, my way, my essence! It is

aber nicht gelang, an seine Erfolge vor dem Krieg anzuschließen. „Amerika ist für mich, meine Musik, meine Texte, meinen Stil, meine Art, mein Wesen – kein Boden! Es ist furchtbar traurig, aber es ist so!"

Kein Wunder also, dass Benatzky 1946 nach Europa zurückkehrte, und zwar nach Zürich, wo er 1957 starb.

Sigmund-Freud-Stele
19., Himmelstraße

Hier stand das Schloss Bellevue, in dem Sigmund Freud den Sommer 1895 verbrachte und wo es ihm zum ersten Mal gelang, einen Traum vollständig zu deuten.

Zu Lebzeiten wurde er von seinen Zeitgenossen in Wien nicht nur nicht anerkannt, sondern teilweise verachtet und für seine Erkenntnisse angefeindet. Freud selbst spürte die mangelnde Anerkennung in Wien, war sich aber seiner Bedeutung wohl bewusst, wenn er nicht ohne Ironie im Juni 1906 an Wilhelm Fließ folgende Sätze schrieb, die auf dem Gedenkstein zu lesen sind: „Glaubst du eigentlich, dass an dem Hause dereinst auf einer Marmortafel zu lesen sein wird: ‚Hier enthüllte sich am 24. Juli 1895 dem Dr. Sigmund Freud das Geheimnis des Traumes'? Die Aussichten sind bis jetzt hiefür gering." Freud sollte sich irren: Am 6. Mai 1977, an seinem 121. Geburtstag, wurde in der Anwe-

terribly sad, but that's the way it is!" It is hardly surprising, therefore, that Benatzky returned to Europe in 1946, not to Vienna, however, but to Zurich, where he died in 1957.

Sigmund Freud Stele
19., Himmelstrasse

On this site was Bellevue Palace, where Freud spent the summer of 1895 and where he managed for the first time to interpret a dream completely.

During his lifetime, he was acclaimed by many of his contemporaries but he was also the target of contempt and hostility for his findings. Freud himself felt the lack of recognition in Vienna but was no doubt well aware of his importance, as the following ironic words, which can be seen on the memorial, which he wrote to Wilhelm Fliess in 1906 shows: "Do you really believe that there will ever be a marble tablet on this house with an inscription saying 'In this house Dr. Sigmund Freud discovered the secret of dreams on 24 July 1895'? So far, the chances are slight."

Freud was wrong: on 6 May 1977, on the 121st anniversary of his birth, this memorial designed by the architect Wilhelm Holzbauer was unveiled in the presence of his daughter Anna Freud.

And yet, despite the various sites in Vienna that commemorate his life, the

senheit seiner Tochter Anna diese von Architekt Wilhelm Holzbauer gestaltete Gedenktafel errichtet. Dennoch, die Anerkennung und die Verehrung, die Freud international erfuhr und bis heute erfährt, wurden ihm in Wien nie zuteil, auch wenn wir heute im Stadtbild einige Orte finden, die an ihn erinnern.

Döblinger Friedhof
19., Hartäckerstraße 65

1855 wurde der Döblinger Friedhof eröffnet, der sich rasch zu einer beliebten Grablege für finanzkräftige Schichten entwickelte. Industrieadel, Fabrikanten und Großbürger, aber auch Künstler und Wissenschaftler fanden hier ihre letzte Ruhe. Es existiert zwar eine so genannte israelitische Abteilung, allerdings finden sich die Gräber des Who's who des jüdischen Großbürgertums und Industrieadels auch außerhalb dieses Bereichs. Eine Grabstätte auf dem Döblinger Friedhof zu besitzen war Ausdruck erfolgreicher Assimilation und des Wunsches, die Zugehörigkeit zur Wiener Gesellschaft auch nach dem Tod unter Beweis zu stellen. Auch wenn viele der hier Bestatteten ihre jüdische Religion nicht abgelegt hatten, wurden die religiösen Vorschriften nicht so ernst genommen. Der Nobelfriedhof ist keine rituell zulässige oder rituell geführte Begräbnisstätte; auch in der israeliti-

Burgtheaterdirektor Adolf von Sonnenthal, einer der prominenten Toten auf dem Döblinger Friedhof.

Burgtheater Director Adolf von Sonnenthal, one of the most prominent people buried at the cemetery in Döbling.

city where he carried out his most important work has never accorded him the kind of recognition that he has received elsewhere.

Döbling Cemetery
19., Hartäckerstrasse 65

The Döbling cemetery was opened in 1855 and quickly developed into the favorite burial ground of the wealthy. Industrialists, manufacturers, and prosperous citizens, as well as artists and scientists were laid to rest there. There

schen Abteilung ist der Bestand der Gräber auf Friedhofsdauer – nach talmudischer Vorschrift soll die Grabesruhe auf ewig gesichert sein – nicht garantiert.

Unter anderen fanden hier ihre letzte Ruhe: Leopold Wertheimstein (1801–1883), Josephine Wertheimstein (1820–1894) und Franziska Wertheimstein (1844–1907): Abt. I/1/Gruft 1; Moritz Freiherr von Todesco (1816–1873) und Eduard Freiherr von Todesco (1814–1887): Abt. I/1/Gruft 2; Leopold von Lieben (1835–1915) und Robert von Lieben (1878–1913): Abt. I/1/Gruft 3; Max Ritter von Gomperz (1822–1913): Abt. I/1/Gruft 4 (zu diesem Grab schuf der von der Familie Gomperz geförderte Emil Orlik ein Porträtrelief); Rudolf Auspitz (1837–1906): Abt. I/1/Gruft 13; Wilhelm Kuffner (1846–1923): Abt I/1/Gruft 17 (Grabmal von Max Fleischer); Adolf von Sonnenthal (1834–1909): Abt. I/1/Gruft 44; Emil Zuckerkandl (1849–1910): Abt. I/2/Gruft 11 (das Grabmal wurde entworfen von Josef Hoffmann); Theodor Gomperz (1832–1912): Abt. VII/6; Albert Figdor (1843–1927): Gruft 2 hinter den Arkaden (das Grabmal stammt von Josef Hoffmann); Adolf Lieben (1836–1914): Gruft 7 hinter den Arkaden; Familie Kuffner, Gruppe XXII/Gruft 26; Max Gutmann (1857–1930): Gruppe XXII/Gruft 33;

is a Jewish section, but the graves of the prominent and wealthy Jewish citizens and industrialists are also to be found elsewhere. To be buried in Döbling cemetery was an indication of successful assimilation and of belonging to Viennese society. Although many of the people buried here had not renounced their Jewish origins, the religious rituals were not taken so seriously. The people in this elite cemetery were not buried strictly according to ritual; even in the Jewish section the tombstones are not built to last for ever, as the Talmud stipulates.

Among the people buried here are: Leopold Wertheimstein (1801–1833), Josephine Wertheimstein (1820–1894), and Franziska Wertheimstein (1844–1907), sect. I/1/crypt 1; Moritz Freiherr von Todesco (1814–1877) and Eduard Freiherr von Todesco (1814–1887), sect. I/1/crypt 2; Leopold von Lieben (1835–1915) and Robert von Lieben (1878–1913), sect. I/1/crypt 3; Max Ritter von Gomperz (1822–1913), sect. I/1/crypt 4 (Emil Orlik, who was sponsored by the Gomperz family, painted a portrait for the grave); Rudolf Auspitz (1837–1906), sect. I/1/crypt 13; Wilhelm Kuffner (1846–1923), sect. I/1/crypt 17 (tombstone by Max Fleischer); Adolf von Sonnenthal (1834–1909), sect. I/1/crypt 44; Emil Zuckerkandl (1849–1910), sect. I/2/crypt 11 (tombstone designed by

Karoline Gomperz-Bettelheim (1845–1925): Gruppe XXXII/3/22.

Das berühmteste Grab ist jenes der Familie Herzl. In Abt. I/1/Gruft 30 wurde Theodor Herzl am 7. Juli 1904 unter großer Anteilnahme von Zionisten aus aller Welt zur ewigen Ruhe gebettet. Mehr als 6000 Menschen folgten dem Sarg, Herzls 13-jähriger Sohn sprach das Kaddisch, das jüdische Totengebet. In seinem Nachruf legte David Wolfsohn für die zionistische Bewegung den Schwur ab, dass Herzls Werk fortgeführt und sein Name nie vergessen werde, solange noch ein Jude auf der Erde lebe. Mit Psalm 137 schloss Wolfsohn seine Rede: „Wenn ich Dein vergesse, Jerusalem, verdorre meine Rechte."

Heute ist das Grab leer. Nach der Gründung des Staates Israels wurden die sterblichen Überreste Theodor Herzls 1949 am Herzl-Berg in Jerusalem bestattet.

Favoritner Tempel
10., Humboldtgasse 27

Die Humboldt-Synagoge war das erste Gotteshaus, das Jakob Gartner in Wien errichtete. Es zeichnete sich bereits die Vorliebe des Architekten für romanisierende Stilformen ab, die er meist durch verschiedene Türmchen bereicherte. Die Humboldt-Synagoge beeindruckte durch ihre Zentralkuppel, die weit sichtbar in den Himmel

Josef Hoffmann); Theodor Gomperz (1832–1912), sect. VII/6; Albert Figdor (1843–1927), crypt 2 behind the arcades (tombstone designed by Josef Hoffmann); Adolf Lieben (1836–1914), crypt 7 behind the arcades; the Kuffner family, group XXII/crypt 26; Max Gutmann (1857–1930), group XXII/crypt 33, and Karoline Gomperz-Bettelheim (1845–1925), group XXXII/3/22.

The most famous grave is the one of the Herzl family. Theodor Herzl was buried in sect. I/1/crypt 30 on 7 July 1904 in a ceremony attended by Zionists from all over the world. More than 6,000 people followed the coffin, and Herzl's 13-year-old son recited the Kaddish. In his eulogy, David Wolfsohn swore to the Zionists that Herzl's work would be continued and that his name would never be forgotten as long as there were Jews living on Earth. He concluded his speech with a passage from Psalm 137: "If I forget you, O Jerusalem, may my right hand forget its skill." Today, the grave is empty. After the state of Israel was founded, in 1949 Herzl's bones were transferred to the new state and buried on Mount Herzl in Jerusalem.

Favoriten Temple
10., Humboldtgasse 27

The Humboldt synagogue was the first synagogue designed by Jakob

aufragte. Auch vor diesem Gebäude machten die Nazis in der so genannten Reichskristallnacht nicht Halt.

Simmeringer Synagoge
11., Braunhubergasse 7

Der Simmeringer Synagoge wurde von Jakob Gartner geplant, der für diesen Bau – wie meistens – an die Romanik gemahnende Stilelemente verwendete, hier jedoch aus Geldgründen auf die für ihn typischen Türme verzichten musste. 1898 wurde der Bau an der Kreuzung von Braunhubergasse und Hugogasse errichtet. Der Grundriss des Betraums, der 249 Sitzplätze für Männer fasste, war ein Quadrat, auf den Galerien waren 133 Plätze für Frauen vorgesehen.

Die Synagoge wurde während des Novemberpogroms 1938 zerstört.

Zentralfriedhof
11., Simmeringer Hauptstraße 234

Im Jahr 1869 beschloss die Friedhofskommission des Gemeinderates die Errichtung eines Zentralfriedhofes im heutigen elften Wiener Gemeindebezirk. Die Einweihung des Areals fand 1869 statt, bereits ein Jahr zuvor hatte man der Kultusgemeinde eine Parzelle überlassen. 1877 wurde der Bereich vergrößert und gleichzeitig eine jüdische Zeremonienhalle errichtet, 1886 die israelitische Abteilung nochmals um rund vier Hektar erwei-

Gartner in Vienna. It shows his preference for Romanesque architecture, which he embellished with towers and turrets. The Humboldt synagogue was notable for its dome, which could be seen from afar.

The Nazis showed no appreciation of the building's finer points and destroyed it during the November Pogrom in 1938.

Simmering Synagogue
11., Braunhubergasse 7

The Simmering Synagogue was also designed by Jakob Gartner using Romanesque style elements, although the budget on this occasion was not sufficient for the characteristic towers. It was completed in 1898. The prayer room, which seated 249 men, was square, and there were seats for exactly 133 women in the gallery.

The synagogue no longer exists. It was destroyed during the November Pogrom.

Zentralfriedhof
11., Simmeringer Hauptstrasse 234

In 1869 the Cemetery Committee of the Vienna City Council decided to establish a central cemetery in today's 11th district. The yard was opened in the same year and the Jewish Community was allocated an area within it. In 1877, this area was enlarged, a Jewish burial hall was built. In 1886, the Jew-

tert. Der Zentralfriedhof löste damit den Währinger Friedhof als wichtigste jüdische Ruhestätte ab.

Die Zeremonienhalle wurde nach Plänen von Wilhelm Stiassny realisiert. Stiassny orientierte sich hierfür an Vorbildern der Antike und der Renaissance. Das Gebäude wurde im November 1938 angezündet und zerstört, die Ruine 1976 geschleift.

Eine weitere provisorische Zeremonienhalle nach Plänen des Architekten Jakob Gartner errichtete die Kultusgemeinde beim vierten Tor, wo sich seit 1916 die israelitische Abteilung befindet. 1926 erbaute der Architekt Ignaz Reiser hier eine momumentale Kuppelzeremonienhalle mit Leichenkammer, Beisetzungsräumen, Leichenkühlanlagen und anderen den rituellen und hygienischen Anforderungen entsprechenden Einrichtungen. Das Gebäude stellte ein würdiges Gegenstück zur Lueger-Kirche und zum Krematorium von Clemens Holzmeister dar. Auch diese beeindruckende Anlage wurde aber von den Nazis zerstört. Sie wurde gesprengt, jedoch nicht abgetragen, sodass sie Ende der Sechzigerjahre wieder errichtet werden konnte. Einige Wiener Juden wurden in Ehrengräbern bestattet, die außerhalb der Israelitischen Abteilung zu finden sind.

ish section was further enlarged by four hectares. At this time, the Zentralfriedhof replaced Währing cemetery.

The burial hall was built by the architect Wilhelm Stiassny based on Greco-Roman and Renaissance designs. This building was set on fire and destroyed in 1938 and the ruins were removed in 1976.

A second provisional burial hall was built by the Jewish Community from a design by Jakob Gartner at Gate 4, where the Jewish section has been since 1916. In 1926, a monumental domed burial hall with a mortuary, funeral parlor, refrigerated room and other facilities in accordance with ritual and hygienic requirements, was built by the architect Ignaz Reiser. This building was a worthy counterpart to the Lueger church and crematorium by Clemens Holzmeister. It was blown up by the Nazis but the rubble was not removed, which made it possible to restore and rebuild it in the late 1960s.

Some of Vienna's Jews are buried in honorary graves outside the Jewish sections.

Personenregister
Index of Names

Die eckigen Klammern verweisen
auf den englischen Teil des Buches.
[The square brackets refer to the
English section of the book.]

Glossar

Bet HaMidrasch Lehrhaus

Bima Lesepult in der Synagoge, von
dem aus die Toralesung erfolgt

Chanukka Lichterfest

Chanukka-Leuchter Leuchter mit acht
Brennstellen und einer neunten,
Schammasch (Diener) genannten,
die zum Entzünden der anderen
acht dient

Chassidismus Mystische Bewegung,
die seit dem 18. Jahrhundert vorwiegend in Osteuropa an Bedeutung gewann

Chevra Kadischa Bezeichnung für
eine Bestattungsgesellschaft (wörtlich „heilige Gesellschaft")

Gesera Mit diesem Wort wird die
Vertreibung und Ermordung der
Juden Wiens 1420/21 bezeichnet.
Als zweite Wiener Gesera gilt die
Vertreibung von 1670.

Gestapo Geheime Staatspolizei, politische Polizei im nationalsozialistischen Deutschland. Ihre Aufgabe
war neben der Ermittlung politischer Straftaten die Verfolgung
aller Personen, die das NS-Regime
als Gegner betrachtete.

Haskala Bewegung der jüdischen
Aufklärung im 18. Jahrhundert.
Moses Mendelssohn gilt als ihr
wichtigster Vertreter

Holocaust Wörtlich Brandopfer. Der
Begriff bezeichnet die systema-

Glossary

Ark Place where Torahs are stored, on
the eastern wall of a synagogue.

Bet HaMidrash House of study

Bimah Lectern in the Synagogue,
from where the Torah reading is
made

Chanukah Festival of lights

Chanukah Menorah Eight branch
candelabra with an extra, ninth
branch "shamas" (servant) used to
light the other eight

Chevra Kadisha Term for a burial
society (literally, "sacred society")

Gesera This word describes the expulsion and murder of Vienna's Jews
1420/1. The expulsion of 1670 is
considered the second Vienna
Gesera.

Gestapo Secret national police force,
political police in Nazi Germany.
Their job, in addition to the inves-
tigation of political crimes, was to
persecute all persons considered
enemies by the NS regime.

Hasidim Mystical movement, which
arose mainly after the eighteenth
century in Eastern Europe.

Haskala Jewish Enlightenment movement in the eighteenth century.
Its most important representative
was Moses Mendelssohn.

Holocaust Literally, "fire victim." The
term describes the systematic murder of approximately six million

tisch durchgeführte Ermordung von etwa sechs Millionen Juden während der nationalsozialistischen Herrschaft.

Jeschiwa Talmudhochschule

Jom Kippur Versöhnungsfest; der höchste jüdische Feiertag, ein strenger Fasttag

koscher Im engeren Sinne rituell reine Speisen

Menora siebenarmiger Leuchter, der zu den Tempelgeräten gehörte und aus diesem Grund zum Symbol des Judentums und des Staates Israel wurde.

Midrasch Lehre

Misrachi Religiöse zionistische Bewegung

Pesach Fest zur Erinnerung an den Auszug der Israeliten aus Ägypten

Rimmonim Thoraaufsätze

Schabbat Siebenter Tag der Woche, ein absoluter Ruhetag

Schoah Wörtlich Vernichtung. Das Wort ist in der jüdischen Welt der gebräuchliche Ausdruck für den Holocaust.

Stadlan Fürsprecher, die als Verteidiger der Juden nach außen wirksam waren

Talmud Sammlung rabbinischer Gesetzes- und Erzählstoffe, die um die Mitte des sechsten Jahrhunderts unserer Zeitrechnung abgeschlossen wurde

Thora Die fünf Bücher Mose

Jews during the time of national socialist reign.

kosher In the strict sense, the ritual of pure eating

Menorah Seven branch candelabra, which belongs among the temple's instruments. It was therefore made a symbol of Judaism and the State of Israel.

Midrash Teachings

Misrachi Religious Zionist movement

Pesach (Passover) Festival recalling the Israelites' escape from Egypt

Rimmonim Torah ornaments

Shabbat (Sabbath) Seventh day of the week, a day of complete rest

Shoah Literally "extermination." In Yiddish, the word is the common expression for the Holocaust.

Stadlan Spokespersons, defenders of the Jews who were effective in public.

Talmud Collection of rabbinical laws and narratives, which was completed in the middle of the sixth century according to western chronology.

Torah The five books of Moses

Yeshiva A Talmudic school

Yom Kippur Day of Atonement; the most holy of the Jewish holidays, after Shabbat. A strict day of fast.

Zionism Political movement arising in the second half of the nineteenth century, supporting the Jewish national state. The term

Thoraschrein Aufbewahrungsort der
Thora an der Ostwand einer
Synagoge

Zionismus In der zweiten Hälfte des
19. Jahrhunderts entstandene
politische Bewegung, die sich für
das Recht der Juden auf einen
eigenen Staat einsetzte. Der Begriff drückt die Sehnsucht nach
der Rückkehr ins Heilige Land
aus: Der Name Zion bezeichnete
ursprünglich einen Hügel in Jerusalem und wurde später auf die
ganze Stadt übertragen.

expresses the yearning for a return
to the holy land: the name Zion
originally identifies a hill in Jerusalem and was later transferred to
the entire city.

Einrichtungen jüdischen Lebens in Wien

Der Großteil der Informationen wurde uns dankenswerterweise von der Israelitischen Kultusgemeinde Wien zur Verfügung gestellt und ist auch über deren Website www.ikg-wien.at abrufbar.

Das jüdische Leben in Österreich ist untrennbar mit dem kulturellen Leben verbunden. Die Multiethnizität der Gemeinde spiegelt sich in zahlreichen Kulturveranstaltungen wider. Highlight ist die jährlich stattfindende Jüdische Kulturwoche im Frühling mit Konzerten, Theateraufführungen, Lesungen und dem beliebten Straßenfest.

Das Jüdische Museum Wien bietet kulturelle Erlebnisse auf hohem Niveau mit interessanten Dauer- und Sonderausstellungen. Kulturvereine bemühen sich um den Nachwuchs und die Erhaltung traditioneller Kultur. Das jüdische Zeitungswesen bietet neben aktuellen Informationen auch eine Plattform für junge Autoren, Wissenschaftler und Journalisten.

Bibliotheken

Bibliothek des Jüdischen Museums Wien, Seitenstettengasse 4, 1010 Wien
Website: www.jmw.at
Telefon: (01) 535 04 31
Öffnungszeiten: Mo.–Do. 10.00–16.00 Uhr

Buchhandlungen

Buchhandlung Chaj, Praterstraße 40, 1020 Wien
Telefon: (01) 216 46 21
In Wiens erster jüdischer Buchhandlung finden Sie neben Büchern, Musikalien und jüdischen Periodika stets auch ein offenes Ohr für diverse Fragen zu Judentum und jüdischem Leben in Wien sowie vieles andere mehr.

Singer's Bookshop im Jüdischen Museum
Dorotheergasse 11, 1010 Wien
Telefon: (01) 512 53 61

Jewish Life in Vienna

Most of the information listed below was generously provided by the Israelitische Kultusgemeinde (Jewish Community) of Vienna and can be found on their website, www.ikg-wien.at.

Jewish life in Austria is inseparable from cultural life. Numerous cultural events mirror the community's multi-ethnicity. The annual highlight is the Jewish Culture Festival each spring with concerts, theater productions, readings, and the ever popular street festival.

The Jewish Museum offers a highly sophisticated cultural experience with interesting permanent and special exhibitions. Cultural organizations endeavor to nurture the next generation and to preserve tradition.

In addition to providing up-to-date information, Jewish print media also offer a platform for young authors, academics, and journalists.

Libraries

Library of the Jewish Museum Vienna, Seitenstettengasse 4, 1010 Vienna
Telephone: (01) 535 04 31
Opening hours: Mon.–Thu. 10 a.m.–4 p.m.

Bookshops

Book Shop Chaj, Praterstraße 40, 1020 Vienna
Telephone: (01) 216 46 21
In Vienna's first Jewish bookshop, in addition to books, sheet music, Jewish journals, and other items, there is always someone willing to answer various questions about Judaism and Jewish life in Vienna, and a great deal more.

Book Shop Singer in the Jewish Museum, Dorotheergasse 11, 1010 Vienna
Telephone: (01) 512 53 61
The bookshop offers both novels and nonfiction in German and English as well as sheet music and gifts.

Die Buchhandlung bietet Belletristik und Sachbücher in deutscher und englischer Sprache sowie Musikalien und Geschenkartikel.

Friedhöfe

Friedhof Floridsdorf, Ruthnergasse 28, 1210 Wien
Für Besucher: Anmeldung in der technischen Abteilung der IKG unter der Telefonnummer 531 04-235.

Friedhof in der Rossau, Seegasse 9, 1090 Wien (Eingang durch das Pensionistenheim)
Öffnungszeiten: Mo.–Fr. 8.00–15.00 Uhr

Währinger Friedhof, Semperstraße 64 a, 1180 Wien
Öffnungszeiten: So.–Do. 10.00–15.00 Uhr
Derzeit nicht zugänglich

Zentralfriedhof, IV. Tor, Simmeringer Hauptstraße 244, 1110 Wien
Telefon: (01) 767 62 52
Öffnungszeiten: im Sommer So.–Do. 8.00–17.00 Uhr, Einlass bis 16.30 Uhr;
im Winter: So.–Do. 8.00–16.00 Uhr, Fr. 8.00–14.00 Uhr, Einlass bis 13.30 Uhr
bzw. 15.30 Uhr

Israelische Einrichtungen

Botschaft des Staates Israel, Anton-Frank-Gasse 20, 1180 Wien
Telefon: (01) 476 46-0

EL-AL Israel Airlines. Kärntner Straße 25, 1010 Wien
Telefon: (01) 512 45 61

Offizielles Israelisches Verkehrsbüro, Rossauer Lände 41/12,
1090 Wien
Telefon: (01) 310 81 74

Cemeteries

Friedhof Floridsdorf, Ruthnergasse 28, 1210 Vienna
Visitors must register in the technical division of the Israelitische
Kultusgemeinde (Jewish Community).
Telephone: (01) 531 04-235

Friedhof in der Rossau, Seegasse 9, 1090 Vienna
(enter through nursing home)
Opening hours: Mon.–Fri. 8 a.m.–3 p.m.

Währinger Friedhof, Semperstraße 64 a, 1180 Vienna
Currently not accessible

Zentralfriedhof, IV. Tor/Central Cemetery, Gate 4, Simmeringer Haupt-
straße 244, 1110 Vienna
Telephone: (01) 767 62 52
Opening hours: Summer: Sun.–Thu. 8 a.m.–5 p.m., entry until 4:30 p.m.;
Winter: Sun.–Thu. 8 a.m.–4 p.m., Fri. 8 a.m.–2 p.m., entry until 1/2 hour
before closing time

Israeli Institutions

Embassy of the State of Israel, Anton-Frank-Gasse 20, 1180 Vienna
Telephone: (01) 476 46-0

EL-AL Israel Airlines, Kärntner Straße 25, 1010 Vienna
Telephone: (01) 512 45 61

Official Israeli Travel Agency, Rossauer Lände 41/12, 1090 Vienna
Telephone: (01) 310 81 74

Jewish Welcome Service, Prof. Dr. Leon Zelman, Stephansplatz 10,
1010 Vienna
Telephone: (01) 533 27 30

Jewish Welcome Service, Prof. Dr. Leon Zelman, Stephansplatz 10,
1010 Wien
Telefon: (01) 533 27 30

Keren Hajessod Österreich
Desider-Friedmann-Platz 1, 1010 Wien
Telefon: (01) 533 19 55 oder (01) 535 53 66

Keren Kayemeth Leisrael, Opernring 4/II/7, 1010 Wien
Telefon: (01) 513 86 11

Österreich-Israelische Gesellschaft, Lange Gasse 64, 1080 Wien
Telefon: (01) 405 66 83

Österreichisches Komitee für Kinder- und Jugendalijah, Seilerstätte 10,
Stiege 2, 1010 Wien
Telefon: (01) 513 88 11

Jewish Agency for Israel (Sochnut), Desider-Friedmann-Platz 1/IV, 1010 Wien
Telefon: (01) 533 91 16

Zionistische Föderation in Österreich (ZFÖ), Desider-Friedmann-Platz 1,
1010 Wien
Telefon: (01) 214 80 11

Organisationen von Überlebenden und für Überlebende des Holocaust; Kampf gegen Antisemitismus

Dokumentationsarchiv des österreichischen Widerstandes (DÖW),
Wipplingerstraße 8, 1010 Wien
Telefon: (01) 534 36 01-771

Dokumentationszentrum des Bundes jüdischer Verfolgter des Naziregimes
(BJVN), Dipl.-Ing. Simon Wiesenthal, Salztorgasse 6, 1010 Wien
Telefon: (01) 533 91 31

Keren Hajessod Austria, Desider-Friedmann-Platz 1, 1010 Vienna
Telephone: (01) 533 19 55 or (01) 535 53 66

Keren Kayemeth Leisrael, Opernring 4/II/7, 1010 Vienna
Telephone: (01) 513 86 11

Austrian-Israeli Society, Lange Gasse 64, 1080 Vienna
Telephone: (01) 405 66 83

Austrian Committee for Children's and Youth Alijah, Seilerstätte 10,
Stiege 2, 1010 Vienna
Telephone: (01) 513 88 11

Jewish Agency for Israel (Sochnut), Desider-Friedmann Platz 1/IV,
1010 Vienna
Telephone: (01) 533 91 16

Zionist Federation in Austria (ZFÖ), Desider-Friedmann-Platz 1,
1010 Vienna
Telephone: (01) 214 80 11

Organizations from and for Holocaust Survivors; Struggle against Anti-Semitism

Documentation Archives of the Austrian Resistance Movement (DÖW),
Wipplingerstraße 8, 1010 Vienna
Telephone: (01) 534 36 01-771

Documentation Center of the Jewish Victims of the Nazi Regime (BJVN),
Dipl.-Ing. Simon Wiesenthal, Salztorgasse 6, 1010 Vienna
Telephone: (01) 533 91 31

Aktion gegen den Antisemitismus in Österreich/Action to counter anti-
Semitism in Austria, Theresienstraße 9/8b, 1090 Vienna
Telephone: (01) 319 68 18

Aktion gegen den Antisemitismus in Österreich, Theresienstraße 9/8 b,
1090 Wien
Telefon: (01) 319 68 18

ADL – Anti Defamation League, Spiegelgasse 21/Suite 14, 1010 Wien
Telefon: (01) 513 77 71

Jugendorganisationen

Bnei-Akiba, Judenplatz 8, 1010 Wien
Website: www.bneiakiva.at
Telefon: (01) 533 97 87

Haschomer Hazair, Desider-Friedmann-Platz 1, 1010 Wien
Telefon: (01) 533 74 99

Jad Bejad – Vereinigung bucharischer Jugend in Wien, Tempelgasse 7,
1020 Wien
Website: www.jadbejad.com
Telefon: (01) 958 08 97

Moadon – Club für alle 20- bis 30-Jährigen, Seitenstettengasse 4,
1010 Wien

Vereinigung jüdischer Hochschüler in Österreich, Währinger Straße 24,
1090 Wien
Telefon: (01) 317 54 99

Koschere Produkte

Fleischerei und Imbiss Bernat Ainhorn – Imbiss *Chez Berl* (unter der
Oberaufsicht von Rabbiner David L. Grünfeld, Agudas Israel), Große
Stadtgutgasse 7, 1020 Wien
Telefon: (01) 214 56 21

ADL—Anti Defamation League, Spiegelgasse 21/Suite 14, 1010 Vienna
Telephone: (01) 513 77 71

Youth Organizations

Bnei-Akiba, Judenplatz 8, 1010 Vienna
Website: www.bneiakiva.at
Telephone: (01) 533 97 87

Haschomer Hazair, Desider-Friedmann-Platz 1, 1010 Vienna
Telephone: (01) 533 74 99

Jad Bejad—Association of Bucharian Youth in Vienna, Tempelgasse 7,
1020 Vienna
Website: www.jadbejad.com
Telephone: (01) 958 08 97

Moadon—Club for 20–30-year-olds, Seitenstettengasse 4, 1010 Vienna
Telephone: 0699 1 101 91 281

Association of Jewish University Students in Austria, Währinger Straße 24,
1090 Vienna
Telephone: (01) 317 54 99

Kosher Products

Bäckerei Ohel Moshe/bakery (under the supervision of Rabbi Abraham
Y. Schwartz, Ohel Moshe), Hollandstraße 7, 1020 Vienna
Telephone: (01) 214 67 17

Fleischerei Bernat Ainhorn/butcher and snack shop—snacks *Chez Berl*
(under the supervision of Rabbi David L. Grünfeld, Agudas Israel), Große
Stadtgutgasse 7, 1020 Vienna
Telephone: (01) 214 56 21

Bäckerei Ohel Moshe (unter der Oberaufsicht von Rabbiner Abraham
Y. Schwartz, Ohel Moshe), Hollandstraße 7, 1020 Wien
Telefon: (01) 214 67 17

Fleischerei Rebenwurzel (unter der Oberaufsicht von Rabbiner Chaim
Stern, Machsike Hadass), Große Mohrengasse 19, 1020 Wien
Telefon: (01) 216 66 40

Koscherland-Supermarkt, Kleine Sperlgasse 7, 1020 Wien
Telefon: (01) 212 81 69 oder 0676 476 75 66
Öffnungszeiten: So.–Do. 8.00–20.00 Uhr, Fr. 8.00–17.30 Uhr

Rafael-Malkov-Supermarkt, Tempelgasse 6, 1020 Wien
Telefon: (01) 214 83 94
Öffnungszeiten: Mo.–Do. 9.00–17.00 Uhr, Fr. 9.00–14.00 Uhr

Sephardische Fleischerei – Khassidov Sinchaiva GmbH, Volkertplatz 8,
Stand 54, 1020 Wien
Telefon: (01) 214 96 50

Supermarkt Ohel Moshe (unter der Oberaufsicht von Rabbiner Abraham
Y. Schwartz, Ohel Moshe), Hollandstraße 10, 1020 Wien
Telefon: (01) 216 96 75

Weine aus Israel – Firma Gross, Nickelgasse 1, 1020 Wien
Website: www.gross-weine.at
Telefon: (01) 214 06 07

Kulturvereine

Jehuda-Halevi-Zentrum, Haidgasse 1, 1020 Wien
Telefon: (01) 214 55 95-11

Wiener Verein der russischen Juden, Haidgasse 1, 1020 Wien
Telefon: (01) 804 75 67

Fleischerei Rebenwurzel/butcher (under the supervision of Rabbi Chaim Stern, Machsike Hadass), Große Mohrengasse 19, 1020 Vienna
Telephone: (01) 216 66 40

Koscherland Supermarket, Kleine Sperlgasse 7, 1020 Vienna
Telephone: (01) 212 81 69 or 0676 476 75 66
Opening hours: Sun.–Thu. 8 a.m.–8 p.m., Fri. 8 a.m.–5:30 p.m.

Rafael-Malkov Supermarket, Tempelgasse 6, 1020 Vienna
Telephone: (01) 214 83 94
Opening hours: Mon.–Thu. 9 a.m.–5 p.m., Fri. 9 a.m.–2 p.m.

Sephardic butcher—Khassidov Sinchaiva GmbH, Volkertplatz 8, Stand 54, 1020 Vienna
Telephone: (01) 214 96 50

Ohel Moshe Supermarket (under the supervision of Rabbi Abraham Y. Schwartz, Ohel Moshe), Hollandstraße 10, 1020 Vienna
Telephone: (01) 216 96 75

Wines from Israel—Firma Gross, Nickelgasse 1, 1020 Vienna
Website: www.gross-weine.at
Telephone: (01) 214 06 07

Cultural Organizations

Jehuda-Halevi Center, Haidgasse 1, 1020 Vienna
Telephone: (01) 214 55 95-11

Kaukasische-Sephardische-Kulturelle Vereinigung/Caucasian-Sephardic cultural association, Novaragasse 7, 1020 Vienna
Telephone: (01) 492 31 36

Vienna Association of Russian Jews, Haidgasse 1, 1020 Vienna
Telephone: (01) 804 75 67

Kaukasische-Sephardische-Kulturelle Vereinigung, Novaragasse 7,
1020 Wien
Telefon: (01) 492 31 36

Verband der Sefardischen Juden, Tempelgasse 7, 1020 Wien
Telefon: (01) 216 69 76

Vereinigung Georgisch-Sefardischer Juden in Österreich, Tempelgasse 7,
1020 Wien
Telefon: (01) 216 57 82

Wiener Jüdischer Chor, Sterngasse 2, 1010 Wien
Website: www.wiener-juedischer-chor.com
Telefon: (01) 532 45 19

Medien

David
Website: www.david.juden.at
Die Kulturzeitschrift *David* befasst sich vor allem mit der lokalen Geschich-
te der Juden und deren Kulturbeiträgen in Österreich.

Die Gemeinde – Offizielles Organ der Israelitischen Kultusgemeinde Wien
Website: www.ikg-wien.at
Das Blatt ist heute sowohl Informationsinstrument in kulturellen und or-
ganisatorischen Belangen der IKG Wien als auch Sprachrohr der Gemeinde
nach außen.
Weiters erscheinen auch Mitteilungsblätter und Zeitschriften der einzelnen
politischen Organisationen innerhalb der IKG.

Illustrierte Neue Welt
Website: www.neuewelt.at
Als Nachfolgerin der von Theodor Herzl gegründeten *Welt* setzt sich die
Illustrierte Neue Welt hauptsächlich mit Themen wie interkultureller Ver-
ständigung, Geschichte, Politik und Kultur auseinander.

Club of Sephardic Jews, Tempelgasse 7, 1020 Vienna
Telephone: (01) 216 69 76

Organization of Georgian-Sephardic Jews in Austria Tempelgasse 7,
1020 Vienna
Telephone: (01) 216 57 82

Vienna Jewish choir, Sterngasse 2, 1010 Vienna
Website: www.wiener-juedischer-chor.com
Telephone: (01) 532 45 19

Media

David
Website: www.david.juden.at
The cultural journal *David* is concerned mainly with the local history of the
Jews and their cultural contributions to Austria.

Die Gemeinde—Official publication of the Jewish Community Vienna
Website: www.ikg-wien.at
The paper is currently both an informational medium for cultural and
organizational affairs of the Jewish Community as well as a forum for the
community to the outside. In addition, communication bulletins and newspapers for the individual political organizations within the Jewish Community are also published.

Illustrierte Neue Welt
Website: www.neuewelt.at
As successor to Herzl's *Welt*, the *Illustrierte Neue Welt* mainly confronts
themes such as intercultural communication, history, politics, and culture.

Das Jüdische Echo
Website: www.jewish-welcome.at/jwsecho.htm
The journal is published annually and reports on contemporary and histor-
ical Jewish life.

Das Jüdische Echo
Website: Website: www.jewish-welcome.at/jwsecho.htm
Die Zeitschrift erscheint einmal pro Jahr und berichtet über jüdisches
Leben in Gegenwart und Vergangenheit.

Museen und Gedenkstätten

Arnold Schönberg Center, Palais Fanto, Schwarzenbergplatz 6, 1030 Wien
(Eingang: Zaunergasse 1)
Website: www.schoenberg.at
Telefon: (01) 712 18 88
Öffnungszeiten: Ausstellung und Office: Mo.–Fr. 10.00–17.00 Uhr; Archiv
und Bibliothek: Mo.–Fr. 9.00–17.00 Uhr

Gedenkstätte für die Opfer des österreichischen Freiheitskampfes
Salztorgasse 6, 1010 Wien
Telefon: (01) 534 36-01775 (Dokumentationsarchiv des österreichischen
Widerstandes)
Öffnungszeiten: Mo. 14.00–17.00 Uhr; Do., Fr. 9.00–12.00 Uhr,
14.00–17.00 Uhr

Jüdisches Museum Wien, Dorotheergasse 11, 1010 Wien
Website: www.jmw.at
Telefon: (01) 535 04 31
Öffnungszeiten: So.–Mi.10.00–18.00 Uhr; Do. 10.00–20.00 Uhr, Fr. 10.00–
18.00 Uhr
Dependance am Judenplatz, Judenplatz 8, 1010 Wien
Telefon: (01) 535 04 31
Öffnungszeiten: So.–Do. 10.00–18.00 Uhr; Fr. 10.00–14.00 Uhr

Sigmund-Freud-Museum Wien, Berggasse 19, 1090 Wien
Website: www.freud-museum.at
Telefon: (01) 319 15 96
Öffnungszeiten: täglich 9.00–17.00 Uhr; Juli bis September täglich
9.00–18.00 Uhr

Museums and Memorials

Arnold Schönberg Center, Palais Fanto, Schwarzenbergplatz 6,
1030 Vienna (entry: Zaunergasse 1)
Website: www.schoenberg.at
Telephone: (01) 712 18 88
Opening hours: exhibition and office: Mon.–Fri. 10 a.m.–5 p.m.; archive
and library: Mon.–Fri. 9 a.m.–5 p.m.

Gedenkstätte für die Opfer des österreichischen Freiheitskampfes/Memorial
for the Victims of the Austrian Struggle for Freedom, Salztorgasse 6,
1010 Vienna
Telephone: (01) 534 36-01775 (Documentation Archives of the Austrian
Resistance Movement)
Opening hours: Mon. 2 p.m.–5 p.m.; Thu., Fri. 9 a.m.–noon, 2 p.m.–5 p.m.

Jewish Museum Vienna, Dorotheergasse 11, 1010 Vienna
Website: www.jmw.at
Telephone: (01) 535 04 31
Opening hours: Sun.–Wed. 10 a.m.–6 p.m.; Thu. 10 a.m.–8 p.m.;
Fri. 10 a.m.–6 p.m.
Dependance am Judenplatz, Judenplatz 8, 1010 Vienna
Telephone: (01) 535 04 31
Opening hours: Sun.–Thu. 10 a.m.–6 p.m.; Fri. 10 a.m.–2 p.m.

Sigmund Freud Museum Vienna, Berggasse 19, 1090 Vienna
Website: www.freud-museum.at
Telephone: (01) 319 15 96
Opening hours: daily 9 a.m.–5 p.m.; July–September daily 9 a.m.–6 p.m.

Guesthouses

Pension Liechtenstein, Große Schiffgasse 19, 1020 Vienna
Website: www.pension-liechtenstein.at
Telephone: (01) 216 84 99

Pensionen

Pension Liechtenstein, Große Schiffgasse 19, 1020 Wien
Website: www.pension-liechtenstein.at
Telefon: (01) 216 84 99

Pension Lerner, Wipplingerstraße 23, 1010 Wien
Telefon: (01) 533 52 19

Rabbinat

Oberrabbiner Paul Chaim Eisenberg
Telefon: (01) 531 04-111
Sprechstunden nach telefonischer Vereinbarung

Restaurants

Alef Alef, Seitenstettengasse 2, 1010 Wien
Website: www.alef-alef.at
Telefon: (01) 535 25 30

Maschu Maschu 1 – orientalische Spezialitäten (nicht koscher),
Rabensteig 8, 1010 Wien
Website: www.maschu-maschu.at
Telefon: (01) 533 29 04

Maschu Maschu 2 – orientalische Spezialitäten (nicht koscher),
Neubaugasse 20, 1070 Wien
Website: www.maschu-maschu.at
Telefon: (01) 990 47 13

Milk & Honey
Kleine Sperlgasse 7, 1020 Wien
Telefon: (01) 212 81 69

Pension Lerner, Wipplingerstraße 23, 1010 Vienna
Telephone: (01) 533 52 19

Rabbinate

Head Rabbi Paul Chaim Eisenberg
Telephone: (01) 531 04-111
Appointments can be made by telephone.

Restaurants

Alef Alef, Seitenstettengasse 2, 1010 Vienna
Website: www.alef-alef.at
Telephone: (01) 535 25 30

Maschu Maschu 1—Oriental specialties (non-kosher), Rabensteig 8,
1010 Vienna
Website: www.maschu-maschu.at
Telephone: (01) 533 29 04

Maschu Maschu 2—Oriental specialties (non-kosher), Neubaugasse 20,
1070 Vienna
Telephone: (01) 990 47 13

Milk & Honey, Kleine Sperlgasse 7, 1020 Vienna
Telephone: (01) 212 81 69

Schools

JBBZ—Jewish vocational training center, Adalbert-Stifter-Straße 14–18,
1200 Vienna
Website: www.jbbz.at
Telephone: (01) 3 31 06-0

Schulen

JBBZ – Jüdisches Berufliches Bildungszentrum, Adalbert-Stifter-Straße 14–18, 1200 Wien
Website: www.jbbz.at
Telefon: (01) 3 31 06-0
Das JBBZ bietet allen Jugendlichen nach Abschluss des neunten Pflichtschuljahres die Möglichkeit einer beruflichen Ausbildung mit anschließender Berufsreifeprüfung in den verschiedenen Berufssparten.
Das JBBZ bietet offeriert auch Erwachsenen und Jugendlichen die Möglichkeit, ihre beruflichen Aussichten durch Deutsch- und Integrationskurse zu verbessern.

Lauder Chabad Campus, Rabbi-Schneerson-Platz 1, 1020 Wien
Telefon: (01) 334 18 18-0
Krabbelstube, Kindergarten, Volksschule, Mittelschule und Hort. Die Schule besitzt Öffentlichkeitsrecht und wird bis zur achten Schulstufe als Ganztagsschule geführt.

Talmud Thora Volks- und Hauptschule – Machsike Hadass, Malzgasse 16, 1020 Wien,
Telefon: (01) 214 50 80
Fachschule mit Öffentlichkeitsrecht für jüdische Sozialberufe für 14- bis 16-Jährige.
Die Studiumsdauer beträgt drei Jahre.

Wiener Akademie für höhere rabbinische Studie, Lilienbrunngasse 19, 1020 Wien
Telefon: (01) 216 88 64
Ziel ist die Ausbildung von Religionslehrern für den orthodoxen Religionsunterricht.

Zwi Perez Chajes Schule, Castellezgasse 35, 1020 Wien
Website: www.zpc.nwy.at
Telefon: (01) 216 40 46-21

The JBBZ offers all youth, after completion of their ninth year of mandatory schooling, the possibility for vocational training followed by vocational certification for various careers.

The JBBZ also offers both adults and youths the opportunity to improve their career chances through German language and cultural integration courses.

Lauder Chabad Campus, Rabbi-Schneerson-Platz 1, 1020 Vienna
Telephone: (01) 334 18 18-0
Provides nursery school, kindergarten, elementary school, middle school, and daycare center. The school is accredited and is run as a day school through the eighth grade.

Talmud Thora Elementary and High School—Machsike Hadass, Malzgasse 16, 1020 Vienna
Telephone: (01) 214 50 80
Professional school with accreditation for Jewish social careers (three year course) for 14–16-year-olds.

Vienna Academy for Higher Rabbinical Studies, Lilienbrunngasse 19, 1020 Vienna
Telephone: (01) 216 88 64
The aim is to train religious teachers for orthodox religious instruction.

Zwi Perez Chajes School, Castellezgasse 35, 1020 Vienna
Website: www.zpc.nwy.at
Telephone: (01) 216 40 46-21

Service Points of the Jewish Community Vienna (www.ikg-wien.at)

Vienna's center for Jews persecuted by the NS from Austria and elsewhere and their descendants, Desider-Friedmann-Platz 1, 1010 Vienna
Website: www.restitution.or.at
Telephone: (01) 531 04-201

Servicestellen der Israelitischen Kultusgemeinde Wien (www.ikg-wien.at)

Anlaufstelle der Israelitischen Kultusgemeinde Wien für jüdische NS-Verfolgte in und aus Österreich und deren Nachkommen, Desider-Friedmann-Platz 1, 1010 Wien
Website: www.restitution.or.at
Telefon: (01) 531 04-201

Matrikenamt
Telefon: (01) 531 04 172
Archive der IKG zurück bis zum Jahre 1826 für öffentliche und private Forschungen. Ausstellung von Urkunden für amtliche und private Zwecke (teilweise kostenpflichtig). Beantwortung diverser mündlicher und schriftlicher Anfragen, teilweise in Kooperation mit der Anlaufstelle, der Friedhofsverwaltung und der Bibliothek des Jüdischen Museums.
Besuchszeiten für Gemeindemitglieder: Mo.–Do. 8.30–12.30 Uhr, 13.30 bis 16.00 Uhr; Fr. 8.30–12.30 Uhr
Für genealogische Forschungen: Mo.–Do. 14.00–16.00 Uhr

Soziales

Anne-Kohn-Feuermann-Tagesstätte des Witwen- und Waisenvereins im Sanatorium Maimonides-Zentrum, Bauernfeldgasse 4, 1190 Wien
Telefon: (01) 368 16 55-50
In der Anne-Kohn-Feuermann-Tagesstätte können Senioren mehrmals wöchentlich den Tag verbringen. Besucher, die keine öffentlichen Verkehrsmittel benützen können, werden mit einem Kleinbus abgeholt.

Psychosoziales Zentrum ESRA, Tempelgasse 5, 1020 Wien
Website: www.esra.at
Telefon: (01) 214 90 14
Öffnungszeiten: Mo.–Do. 8.00–19.00 Uhr, Fr. 8.00–14.00 Uhr
1994 entstand aus dem Zusammenwirken der Sozialabteilung der Israelitischen Kultusgemeinde Wien und der Stadt Wien das Psychosoziale Zent-

Matrikenamt
Telephone: (01) 531 04 172
Archive of the IKG through 1826 for public and private research. Issues certificates for official and private purposes (fees sometimes apply).
Answers diverse oral and written inquiries, at times in cooperation with the center, the cemetery administration, and the library of the Jewish museum.
Visiting hours for community members: Mon.–Thu. 8:30 a.m.–12.30 p.m., 1:30–4 p.m.; Fri. 8:30 a.m.–12.30 p.m.
For genealogical research: Mon. Thu. 2–4 p.m.

Social Affairs

Anne Kohn-Feuermann Tagesstätte des Witwen- und Waisenvereins im Sanatorium Maimonides-Zentrum / Senior's day center at the Maimonides Center, Bauernfeldgasse 4, 1190 Vienna
Telephone: (01) 368 16 55-50
At the Anne Kohn-Feuermann Tagesstätte, senior citizens can spend the day several times a week. Visitors who are not able to use public transportation may arrange to be picked up.

Psychosoziales Zentrum ESRA / Psychosocial center, Tempelgasse 5, 1020 Vienna
Website: www.esra.at
Telephone: (01) 214 90 14
Opening hours: Mon.–Thu. 8 a.m.–7 p.m., Fri. 8 a.m.–2 p.m.
In 1994, the psychosocial center ESRA arose from a collaboration of the social division of the Jewish Community Vienna and the city of Vienna. Since then, ESRA has cared for the medical, therapeutic, and social work needs of victims of the Shoah and their descendants, as well as providing counseling and therapy for Jews living in Vienna.
Further, ESRA offers integration help for Jewish migrants, mainly those from Eastern Europe.
ESRA is increasingly host to cultural events such as readings, exhibitions, and concerts.

rum ESRA. Seither bemüht sich ESRA um die medizinische, therapeutische und sozialarbeiterische Versorgung von Opfern der Shoah und deren Angehörigen sowie um die Beratung und Betreuung von in Wien lebenden Juden.

Weiters bietet ESRA Integrationshilfen für jüdische Migranten, vornehmlich aus osteuropäischen Staaten.

Es finden bei ESRA immer öfter auch kulturelle Ereignisse wie Lesungen, Ausstellungen und Konzerte statt.

Sanatorium Maimonides-Zentrum – Elternheim, Pflegewohnheim, Tagesstätte und Krankenanstaltsverwaltungs-Ges. m. b. H., Bauernfeldgasse 4, 1190 Wien
Telefon: (01) 368 16 55-0

„AMCHA" – Komitee zur Förderung der Psychosozialen Betreuung von Überlebenden des Holocaust, Lustkandlgasse 4, 1090 Wien
Telefon: (01) 315 43 69

Sportklubs

S. C. Hakoah Wien, Rötzergasse 41, 1170 Wien
Website: www.hakoah.at
Telefon: (01) 485 81 64
Sektionen: Schwimmen, Tischtennis, Basketball, Tennis, Fitness, Karate (ab 16 Jahren)

Sportclub Maccabi, Seitenstettengasse 4, 1010 Wien
Telefon: (01) 699 25 81
Sektionen: Fußball, Golf, Squash, Bridge, Schach

Synagogen

Agudas Israel, Grünangergasse 1, 1010 Wien
Telefon: (01) 212 00 94

Sanatorium Maimonides Zentrum—Old-age home, nursing home, day center, and hospital management GesmbH, Bauernfeldgasse 4, 1190 Vienna
Telephone: (01) 368 16 55-0

"AMCHA"—Committee for the support of psychosocial care for Holocaust survivors, Lustkandlgasse 4, 1090 Vienna
Telephone: (01) 315 43 69

Sports Clubs

S. C. Hakoah Vienna, Rötzergasse 41, 1170 Vienna
Website: www.hakoah.at
Telephone: (01) 485 81 64
Activities: swimming, table tennis, basketball, tennis, fitness, karate
(for those 16 and older)

Sport club Maccabi, Seitenstettengasse 4, 1010 Vienna
Telephone: (01) 699 25 81
Activities: soccer, golf, squash, bridge, chess

Synagogues

Agudas Israel, Grünangergasse 1, 1010 Vienna
Telephone: (01) 212 00 94

Agudas Israel, Tempelgasse 3, 1020 Vienna
Telephone: (01) 512 83 31

Agudas Jeschurun, Riemergasse 9, 1010 Vienna

Bet Hamidrasch Torah Etz Chayim, Große Schiffgasse 8, 1020 Vienna
Telephone: (01) 216 36 99

Prayer room in the General Hospital, Währinger Gürtel 18–20, 1090 Vienna

Agudas Israel, Tempelgasse 3, 1020 Wien
Telefon: (01) 512 83 31

Agudas Jeschurun, Riemergasse 9, 1010 Wien

Bet Hamidrasch Torah Etz Chayim, Große Schiffgasse 8, 1020 Wien
Telefon: (01) 216 36 99

Betraum im Allgemeinen Krankenhaus, Währinger Gürtel 18–20, 1090 Wien

Chabad Lubawitsch, Rabbiner-Schneerson-Platz 1, 1020 Wien
Telefon: (01) 334 18 18-0

Machsike Hadass, Desider-Friedmann-Platz 1, 1010 Wien

Machsike Hadass, Große Mohrengasse 19, 1020 Wien

Misrachi, Rabensteig 3, 1010 Wien
Telefon: (01) 535 41 53

Ohel Moshe, Lilienbrunngasse 19, 1020 Wien
Telefon: (01) 216 88 64

Rambam-Synagoge im Maimonides-Zentrum, Bauernfeldgasse 4,
1190 Wien
Telefon: (01) 368 16 55

Sefardisches Zentrum, Tempelgasse 7, 1020 Wien
Telefon: (01) 214 30 97
Das Sefardische Zentrum ist die Heimstätte des Dachverbandes der sefardischen Juden Österreichs, bestehend aus der Vereinigung der bucharischen Juden Österreichs und der Vereinigung der georgischen Juden Österreichs. Es beherbergt zwei Synagogen.

Stadttempel, Seitenstettengasse 4, 1010 Wien
Telefon: (01) 531 04-111

Chabad Lubawitsch, Rabbiner-Schneerson-Platz 1, 1020 Vienna
Telephone: (01) 334 18 18-0

Machsike Hadass, Desider-Friedmann-Platz 1, 1010 Vienna

Machsike Hadass, Große Mohrengasse 19, 1020 Vienna

Misrachi, Rabensteig 3, 1010 Vienna
Telephone: (01) 535 41 53

Ohel Moshe, Lilienbrunngasse 19, 1020 Vienna
Telephone: (01) 216 88 64

Rambam Synagogue in the Maimonides Zentrum, Bauernfeldgasse 4,
1190 Vienna
Telephone: (01) 368 16 55

Sephardic center, Tempelgasse 7, 1020 Vienna
Telephone: (01) 214 30 97
The Sephardic center is the home of the umbrella organization of Sephardic Jews in Austria, comprising the Austrian Association of Bucharian Jews and the Association of Georgian Jews. It houses two synagogues.

Stadttempel/City temple, Seitenstettengasse 4, 1010 Vienna
Telephone: (01) 531 04-111

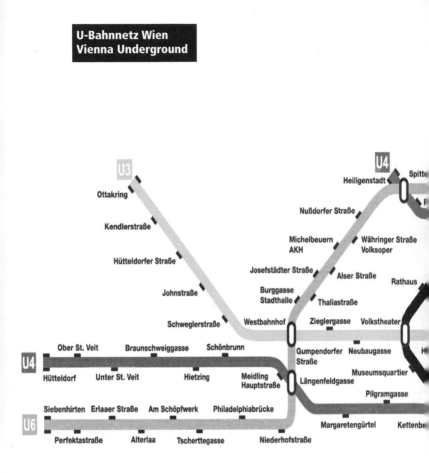

**U-Bahnnetz Wien
Vienna Underground**